OVER
bookés

RAHAF HARFOUSH

OVERbookés

Comment se libérer du culte de la productivité

DUNOD

Direction artistique : Élisabeth Hébert

Traduction : Caroline Abolivier

D'après la maquette originale d'Elyse J. Strongin, Neuwirth & Associate

Pictogramme : Timofei Rostilov © The Noun Project

Mise en pages : Nord Compo

11, rue Paul Bert
92240 Malakoff Cedex

ISBN : 978- 2-10-081751-1

À mon époux, Jesse.

Mon cœur. Mon ancre. My home.

SOMMAIRE

NOTRE FUTUR [SCÉNARIOS]

INTRODUCTION

Le grand départ des aoûtiens

Lors de mes premiers étés à Paris, j'enrageais. Au mois d'août, la ville se vidait, mes cafés, restaurants et boulangeries favoris gardaient porte close des semaines durant. La capitale se transformait en véritable ville fantôme. À mes yeux de Nord-Américaine, il était incompréhensible qu'un si grand nombre de personnes puissent, toutes au même moment, cesser de travailler. Ayant auparavant vécu en Suisse, je m'étais habituée à la générosité des Européens en matière de jours de congé. Mais jamais je n'utilisais tous ceux auxquels j'avais droit, et encore moins en une seule fois.

À cette époque, j'étais au summum de mon obsession pour la productivité, soucieuse de faire chaque jour un maximum de choses. Ma *to-do-list* était ma seule et unique boussole. Armée d'une multitude de méthodologies, d'applications, d'outils et de stratégies, je veillais à ne jamais perdre un instant.

Je n'étais d'ailleurs pas la seule : il me semblait que la moindre page Internet regorgeait d'astuces et de conseils pour m'aider à mener à bien cette mission.

J'étais convaincue qu'une éthique de travail inébranlable ne pouvait que mener au succès, que ma créativité était un puits sans fonds et que mon ambition suffirait à entretenir cet élan professionnel.

J'avais tort sur toute la ligne.

"SHE GRINDS FROM MONDAY TO FRIDAY, WORKS FROM FRIDAY TO SUNDAY[1]"

J'ai eu l'idée de ce livre alors que j'étais au fond du trou.

Nous étions en avril 2014, je venais de rentrer à Paris après le lancement de mon livre, *The Decoded Company*. Je me sentais nerveuse et inquiète. Je ne savais que faire de tout le temps libre dont je disposais soudain et j'éprouvais un sentiment de culpabilité face à tous les créneaux disponibles dans mon agenda. Chaque jour, je sentais peser une pression de plus en plus forte pour trouver l'idée de mon prochain livre, signer le projet ou le client suivant – autrement dit, faire quelque chose d'utile. Quelque chose de productif.

En naviguant sur le web en quête d'inspiration, j'ai découvert sur Tumblr un *post* qui avait été partagé des centaines de milliers de fois. C'était l'image d'une tasse en céramique blanche sur laquelle on pouvait lire : *Votre journée compte le même nombre d'heures que celle de Beyoncé.* À toutes fins utiles, la publication précisait que ce slogan était également disponible sur toute une gamme de produits, des sweats et des tasses aux oreillers en passant par les *tote bags*. Alors que j'étais là, assise en survêtement devant Tumblr un mardi après-midi, le fossé qui me séparait de Beyoncé, en matière de réussite comme de performance, m'a sauté aux yeux. J'ai craqué. Sans plus attendre, j'ai appelé ma petite sœur Riwa sur FaceTime : « Beyoncé a déjà fait tant de choses », lui ai-je dit. « J'ai perdu tellement de temps à être improductive. J'ai raté ma vie. » Riwa est quelqu'un de très pragmatique, adepte de l'adage *Si vous ne pouvez pas les vaincre, joignez-vous à eux*. « Beyoncé est géniale », a-t-elle admis. « Apprenons-en autant que possible sur elle pour voir comment elle fait ! »

C'est ainsi que nous sommes devenues les spécialistes de Beyoncé, parcourant Internet sans relâche à la recherche d'articles, d'interviews et de vidéos sur cette femme élue parmi les personnes les plus influentes de 2014 par le magazine *Time*, cette femme considérée comme l'une des plus grandes artistes vivantes au monde et qui, à trente-cinq ans, avait déjà transcendé la célébrité pour devenir une véritable icône culturelle. (Sans compter ses innombrables autres faits d'armes, dont plusieurs incroyables performances à l'occasion du Super Bowl, ses prestations lors des investitures présidentielles de 2008 et 2012, le fait qu'elle ait été la première femme à se hisser à la première place du Billboard 200 pour cinq de ses albums, ou encore ses cent soixante-dix-huit millions de disques vendus. Sans parler de « Beychella », *Lemonade*, *OTRII*, ou ce clip vidéo mythique tourné au Louvre).

Au départ, notre plan s'est retourné contre nous. Nous retrouver face à de tels accomplissements était démoralisant. Mais nous avons continué, déterminées à ne laisser aucun lien de côté. L'essentiel des articles sur Beyoncé se concentrait sur deux thèmes distincts : son évident génie créatif et son implacable éthique de travail. « *Let's Hear It for Beyoncé, the Hardest-Working Woman in Showbusiness* » (« Bravo à Beyoncé, la femme la plus travailleuse du show business[2]) titrait le journal britannique *The Guardian*. Solange Knowles a ainsi commenté le rythme incessant de sa sœur dans un article en une du magazine *ASOS*[3] : « Je n'ai jamais rien vu de tel de ma vie. C'est absolument fou. » Elle ajoutait que la maternité n'avait en aucun cas freiné la chanteuse. « Maintenant qu'elle est devenue mère, la façon dont elle parvient à tout équilibrer est tellement inspirant. Si l'envie me prend de me plaindre de mon rythme de travail, je me dis : “Eh ! Arrête !” ». Nous avons même découvert que la « célèbre éthique du travail » de Beyoncé avait fait l'objet d'une étude de cas à la Harvard Business School, la présentant comme l'exemple ultime de la créative productive : une femme ayant réussi à transformer avec succès ses activités créatives en un empire commercial lucratif et tentaculaire.

Quelques heures (jours ? semaines ? nos recherches nous avaient fait perdre toute notion du temps) plus tard, nous avons découvert un article de presse si court qu'il a failli nous échapper. Une brève citation faisait référence à la pause d'un an que la chanteuse s'était octroyée entre deux tournées en 2011. « Les choses commençaient à m'échapper », aurait-elle déclaré. « Je ne savais même pas quel jour nous étions, ni dans quelle ville je me trouvais. Je participais à des cérémonies, on me remettait un prix et je pensais simplement à ma prochaine date. Ma mère était intraitable et n'arrêtait pas de me répéter que je devais prendre soin de ma santé mentale ». Nous étions stupéfaites. Même Beyoncé, avec sa réputation de travailleuse acharnée (elle est réputée pour visionner les enregistrements de chacun de ses spectacles pour transmettre des notes à son équipe sur ce qui doit être amélioré ou corrigé), n'était pas à l'abri des périls de l'hyperproductivité et avait été victime d'un *burn-out*. Cette femme qui apparaissait partout comme la référence en matière de gestion productive de son temps avait pourtant encore le sentiment de ne pas en faire assez. Si Beyoncé, la quintessence du succès créatif, ressentait la pression d'une productivité créative constante, comment nous autres, simples mortels, étions-nous censés survivre ?

En tant que créatifs productifs, nous connaissons bien la pression qui naît du sentiment que notre dernière bonne idée est la seule preuve de notre valeur. Si même Beyoncé avait pu être victime du culte de la productivité, alors le sujet valait la peine d'être étudié. Après tout, au regard de notre société, elle représentait le sommet du succès créatif et financier : reconnue par l'industrie musicale comme l'artiste la plus nommée de tous les temps aux Grammy Awards, Beyoncé a sorti plusieurs albums acclamés par la critique et lancé une entreprise valorisée à plusieurs millions de dollars, qui englobe une ligne de vêtements, des parfums et des contrats de sponsoring. Que pourrait-elle vouloir de plus ?

Plus, toujours plus.

La réponse, semble-t-il, tient à ce que nous voulons tous : plus. Plus de temps, plus d'argent, plus de succès.

Voici l'une des facettes les plus intéressantes de notre inconscient collectif : *vouloir plus* est l'un des fondements de notre si vif intérêt pour la productivité. Nous voulons être meilleurs, plus rapides, plus forts, plus riches. Toutefois, en cherchant à en faire toujours plus, nous reconnaissons, dans une certaine mesure, que nous considérons que ce que nous faisons n'est pas suffisant ; une attitude qui se reflète dans la multitude de nouveaux services et outils destinés à nous aider à en faire le maximum.

Cette peur de manquer n'est pas sans conséquence sur notre estime de nous-mêmes, notre santé mentale et notre bonheur. À première vue, la productivité est présentée comme un moyen de nous libérer plus de temps. Nous partons du principe qu'en échange de la rationalisation de nos tâches et de nos obligations, nous disposerons de temps que nous pourrons consacrer à d'autres activités plus importantes. Au lieu de cela, beaucoup d'entre nous comblons ce temps libre par plus de travail.

Mais, dira-t-on, rien de tel n'arrive au pays des mythiques trente-cinq heures : la France est à l'abri de ce comportement toxique. Pas si sûr. Selon la BBC, ce pilier de la culture française du travail, si souvent cité en exemple, relève plus de la fiction que de la réalité. De nombreux cadres français déclarent travailler entre quarante-cinq et cinquante heures par semaine, ces chiffres étant plus élevés dans les entreprises internationales basées dans les grandes villes françaises. Siles données précises sur le nombre d'heures travaillées par les cadres ne sont pas évidentes à recueillir[4], selon l'Insee, en 2019, les Français ont travaillé en moyenne 43,1 heures par semaine. Les managers exerçant à temps plein ont travaillé mille huit cent cinquante heures par an[5], soit deux cents heures de plus que les autres employés qui, eux, ont travaillé en moyenne mille six cent neuf heures[6].

De plus, les travailleurs français sont aujourd'hui en concurrence sur les marchés internationaux et n'échappent pas à l'injonction de connexion permanente. Ils sont soumis à la prédominance des géants mondiaux de la tech, qui incarnent et diffusent auprès de milliards de personnes du monde entier un culte de la productivité qui ne dit pas son nom. Cette idéologie est présente dans tous les secteurs et toutes les industries : pour répondre à l'obsession permanente du rendement à tout prix, on sacrifie jusqu'à son sommeil et son temps libre. Ce phénomène est particulièrement inquiétant pour les travailleurs de la connaissance, qui doivent faire rentrer leur créativité au forceps dans ces process mécaniques, souvent rigides et qui exercent sur eux une pression constante pour produire, produire, produire.

Écrivez plus vite. Dessinez plus. Ayez constamment de nouvelles idées. Mais d'où vient cette injonction à faire toujours plus ? Comment s'est façonnée notre obsession collective pour la productivité ? Chercher une réponse à ces questions allait se transformer en un projet de recherche de trois années et en un livre, que vous tenez à présent entre vos mains.

J'ai commencé par échanger avec des personnes que j'ai définies comme étant des *créatifs productifs* : toute personne dont le travail implique des tâches non standardisées et une capacité cognitive élevée – spécialistes du marketing, de la stratégie, professionnels de la communication et des relations publiques, gestionnaires, avocats, comptables... la liste est longue. Si vous trouvez que cette définition est large, vous avez raison : la majorité des personnes qui exercent aujourd'hui un travail intellectuel est soumise à une forte pression pour produire. Partout, j'ai entendu la même rengaine : il est impératif d'améliorer les performances de chacun afin d'augmenter la production.

Au cours de mes échanges avec plus d'une centaine de professionnels, dont des entrepreneurs, des cadres, des artistes, des auteurs et des responsables de PME, j'ai entendu le même refrain : ils savent ce qu'ils devraient faire pour un meilleur équilibre au travail. Ils connaissent les vertus des pauses et de la méditation mais ne semblent pas parvenir à appliquer ces belles idées à leur vie quotidienne. Ils sont constamment overbookés. J'ai voulu comprendre pourquoi. En effet, ces personnes sont intelligentes, motivées et réussissent. Le décalage entre ce qu'elles devraient faire et ce qu'elles font réellement est frappant.

J'ai compris qu'il ne s'agissait pas d'un problème d'accès à l'information. Les conseils qui incitent à se réserver du temps pour soi, à bien dormir, à faire des pauses fréquentes et à être réalistes quant à ce que nous pouvons accomplir en une journée ne manquent pas. La vraie question n'est pas *Que dois-je faire ?* mais *Pourquoi ne le fais-je pas ?*

Une fois de plus, Beyoncé avait la réponse. Elle explique combien il lui est difficile de s'arrêter et de se reposer : « Il m'est extrêmement difficile, après avoir terminé un album et un clip, de me dire "je suis prête [à me détendre]". J'ai déjà une foule de mélodies et d'idées en tête. Je dois me dire : "Arrête-toi ! Repose-toi !" »

C'est alors que mon horizon s'est éclairé : l'importance accordée à la créativité dans le monde du travail moderne a donné naissance à une culture qui idolâtre la créativité tout en vénérant la productivité. Nos héros des temps modernes sont des entrepreneurs, des PDG et des célébrités qui sont devenus immensément riches grâce à leurs talents, et délivrent des récits très romancés qui exaltent les vertus du travail acharné. On y retrouve des thèmes récurrents, notamment les longues journées de travail, le manque de sommeil et la fierté de surpasser les autres par l'endurance et la force.

Nos efforts pour répondre à l'exigence d'un flux ininterrompu de production créative ont donné naissance à un véritable culte de la productivité. Actuellement, une recherche Google du terme *productivité* en anglais génère deux cent soixante-six millions de résultats. La catégorie *productivité* d'Amazon rassemble près de soixante-dix-neuf mille livres conçus pour nous aider à travailler mieux et plus vite afin de *stresser moins* et d'*en faire plus*.

Curieusement, la première sous-catégorie de la boutique Kindle est la *gestion du stress* – Amazon sait ce qui se vend.

L'App Store d'Apple propose lui aussi une section consacrée à la productivité, avec plus de trois mille cinq cents applications. Dans la course à l'amélioration de nos performances, nous sommes devenus *overbookés*, surchargés de travail et débordés. Mais la *productivité* est-elle un objectif valable en tant que tel ? Sommes-nous devenus à ce point obsédés par le travail que nous en avons perdu de vue la raison pour laquelle nous faisons tout cela en premier lieu ?

Nous voici confrontés à un casse-tête : en tant que créatifs productifs, nous nous sommes persuadés de notre capacité à être à la fois très productifs et très créatifs. Nous arrivons au travail armés de *to-do-lists*, d'astuces pour notre quotidien et de méthodes à la *Inbox Zero*. Nous sommes formés pour réagir au pied levé, gérer des priorités qui se bousculent et passer rapidement d'une tâche à l'autre. Nous nous attachons à atteindre une efficacité maximale tout en essayant de générer des solutions créatives avec la même rigueur que lorsque nous accomplissons nos autres tâches. Et lorsque tout ne se passe pas comme prévu, nous nous forçons à aller de l'avant, à travailler plus longtemps et plus dur pour venir à bout des idées qui semblent vouloir nous échapper.

En cherchant à être à la fois productifs et créatifs, nous nous sommes mis dans une situation intenable, inefficace, voire impossible.

Nous considérons notre travail comme un sport extrême où nos luttes et nos sacrifices sont encensés. Comment s'étonner du sentiment de culpabilité qui s'empare de nous lorsque nous éteignons nos téléphones ? Toutes les solutions et méthodes mentionnées ci-dessus n'ont jamais abordé que les symptômes superficiels de quelque chose de beaucoup plus profond : une vision du monde bien ancrée mais inconsciente qui fusionne notre identité personnelle avec notre profession, une culture valorisant l'affairement permanent comme la preuve de nos compétences et de notre valeur. En d'autres termes, notre société soumet les individus à une pression extrême pour qu'ils appliquent des principes de productivité hérités de la révolution industrielle dans des emplois qui exigent de la créativité. En forçant la créativité et la productivité à se conjuguer, nous voyons apparaître leur antagonisme, qui pèse sur tant d'entre nous, quotidiennement au travail.

La productivité, d'une part, est basée sur un modèle de rendement continu, sur la nécessité de justifier chaque minute de notre journée pour prouver que nous apportons bien notre pierre à l'édifice. La créativité, quant à elle, est un processus désordonné et décousu qui nécessite souvent de grandes plages de temps non structuré. Bien qu'il soit impossible de circonscrire notre créativité simplement à force de volonté et d'endurance, cela ne nous a pas empêchés d'essayer. Nous continuons à privilégier des modèles de travail qui récompensent les performances et la production ininterrompues et croyons à tort que doubler (ou tripler) nos efforts entraînera une augmentation proportionnelle de notre rendement créatif.

Ironiquement, notre comportement frénétique assèche nos ressources créatives. Alors que nous nous efforçons de tirer profit de chaque seconde, les processus que nous avons mis en œuvre pour être plus productifs nous desservent. Nos systèmes de croyances nous éloignent de ce dont nous avons réellement besoin : un équilibre entre créativité et productivité. Ce n'est qu'en prenant conscience de nos préjugés subconscients sur le travail et en y remédiant que nous pouvons nous trouver l'équilibre le plus juste entre ce que nous faisons et ce que nous sommes.

Ou, pour citer Beyoncé : nous devons vraiment nous arrêter.

UN SUJET COMPLEXE

Il n'y a pas un seul coupable. Le culte de la productivité gangrène presque tous les secteurs. J'ai assisté à des échanges passionnants dans un grand nombre de domaines différents et je suis convaincue que *Overbookés* est unique en ce sens qu'il ne craint pas cette complexité, mais embrasse l'interconnexion entre ce que nous sommes et ce que nous faisons. J'ai adopté une approche interdisciplinaire qui inclut les points de vue de neuroscientifiques, d'historiens, de critiques des médias, de sociologues, d'artistes, de managers, de PDG, de danseurs, d'artistes, de philosophes, de célébrités, d'entrepreneurs, etc.

Ce qui a débuté comme un questionnement sur mon propre comportement s'est transformé en une exploration des tensions croissantes entre productivité et créativité, telles que contextualisées par nos constructions sociales, historiques et biologiques. Je me suis efforcée de décortiquer la façon dont nos conceptions du travail contemporain ont évolué à travers le temps, et d'identifier les moments, les personnes et les idéologies qui ont façonné notre conception actuelle du travail. Je propose une vision holistique et profondément humaine des défis auxquels nous sommes confrontés en tant que créatifs productifs.

Depuis les origines du rêve américain (et sa diffusion à travers le monde) et l'avènement de l'idéologie du *Do What You Love* (*Suivez votre passion*), en passant par les indicateurs de performance obsolètes, nous ne pourrons jamais trouver l'équilibre si nous ne prenons pas conscience de l'empreinte que ces legs culturels ont laissé sur notre culture contemporaine du travail. Nous nous pencherons sur les forces cachées qui influencent nos comportements au travail en observant l'ensemble de récits culturels, archétypes, mythes et symboles qui renforcent subtilement la valeur travail dans nos sociétés modernes.

Ce livre est divisé en quatre parties. Les trois premières se concentrent chacune sur une force cachée qui, selon moi, sous-tend nos comportements et nos croyances modernes : nos systèmes, nos récits et nos identités. Ces trois forces combinées créent la base de notre système de croyances sur le travail, un puissant mélange d'histoire, de comportements acquis et de génétique qui influence inconsciemment nos comportements.

Overbookés est le premier livre à proposer une approche globale du sujet, qui examine la façon dont ces forces interagissent au sein d'un écosystème culturel et psychologique plus vaste. La quatrième partie transpose toutes ces forces dans l'avenir, en explorant le rôle que joueront les bouleversements technologiques dans la redéfinition de notre vision du monde et du travail.

1. Notre histoire [systèmes]

La culture contemporaine du travail est le fruit de centaines d'années de réflexion sur le rôle de la créativité, de la productivité et de la valeur du travail. En comprendre les origines s'avère essentiel pour dépoussiérer nos préjugés et les postulats que nous tenons pour acquis, ancrés dans les cultures d'entreprises qui régissent aujourd'hui nos vies.

Dans cette partie, nous examinerons comment les concepts de créativité et de productivité ont évolué tout au long de notre histoire. Nous verrons que les organisations militaires et gouvernementales ont été les premières à véritablement employer des indicateurs de productivité. Nous verrons également comment la créativité s'est transformée au fil des ans, d'un don divin des dieux en un ensemble de compétences perfectibles et surtout très prisées par les entreprises.

2. Notre culture médiatique [récits]

La deuxième partie se concentrera sur l'aspect culturel du travail ou comment, en tant que société, nous utilisons les médias, la presse et les arts pour diffuser une certaine définition de la réussite. Nous nous pencherons sur le rêve américain, l'un des concepts les plus puissants et les plus pérennes de notre histoire, et nous soulignerons le profond écho qu'il suscite encore à travers le monde. Sa création, son évolution et ses représentations dans la pop culture sont une fascinante exploration de la place centrale du travail dans nos représentations de la moralité et de la réussite.

Nous nous plongerons dans notre obsession culturelle pour l'entrepreneuriat et examinerons l'influence que des figures majeures comme Steve Jobs, Bill Gates, Mark Zuckerberg et Elon Musk ont sur notre manière de concevoir le travail et l'estime de soi.

Bien entendu, nous aborderons la révolution des réseaux sociaux et la quantité phénoménale de données créée par des individus ordinaires qui partagent en ligne des extraits de leur vie. Nous observerons comment l'émergence de certains *hashtags* (*#soblessed* ou *#hustle* en anglais, *#gratitude*, *#overbooké*) a créé une sous-catégorie au sein de la culture digitale qui dicte désormais notre manière de parler de notre travail et de partager nos succès (ou non) au sein de la société.

Nous retracerons comment la convergence du développement personnel, du culte de la productivité et de la spiritualité *New Age*, a engendré une nouvelle ère, dans laquelle le succès financier doit aussi s'accompagner d'un épanouissement spirituel, par la poursuite d'une vocation ou d'un but supérieur.

3. Notre biologie et notre ADN [identités]

Dans la troisième partie, nous adopterons un regard introspectif. Nous sommes une sorte de machine biologique, soumise à des stimulus et à des pulsions que nous ne contrôlons pas totalement. Nous nous pencherons sur certaines des dernières études menées dans des domaines tels que les neurosciences pour montrer comment la culture du travail moderne a pris en otage nos instincts primaires. Autrefois destinés à assurer notre survie, ces mêmes instincts nous orientent dans nos complexes hiérarchies de travail. Nous observerons les rôles joués par l'inné et l'acquis dans notre productivité et notre créativité. Dans cette partie, vous découvrirez comment l'ego et le désir de reconnaissance hiérarchique déclenchent souvent la sécrétion d'une multitude d'hormones et de substances neurochimiques complexes pouvant affecter notre comportement au travail. Nous nous attarderons également sur les débats autour de la transmission génétique de la créativité.

4. Notre futur [scénarios]

Dans cette partie, nous observerons certains des changements qui se profilent à l'horizon. Nous nous pencherons sur les coûts économiques de la surcharge de travail à travers le monde, et notamment sur la manière dont des pays comme l'Allemagne et la France adoptent de nouvelles lois pour protéger les travailleurs contre ses effets physiques et psychologiques. Nous réfléchirons à la manière dont sont façonnées les croyances, à ce que nous pouvons faire pour commencer à changer notre propre vision du monde. Vous découvrirez les promesses et les dangers de la *gig economy* orchestrée par les géants de la tech, et vous verrez comment la promesse d'Uber (offrir aux travailleurs l'autonomie et la liberté financière) s'accompagne d'une part d'ombre. Nous terminerons par plusieurs études de cas de pays qui explorent des alternatives au travail moderne, notamment par l'instauration d'un revenu universel de base ou la taxation des robots.

LA RENTRÉE

J'aimerais pouvoir vous dire que « l'incident Beyoncé » a déclenché en moi une prise de conscience. Cela n'a pas été le cas. Au cours de mes recherches pour ce livre, j'ai moi-même fait l'expérience des conséquences du surmenage.

J'ai été victime d'un tel *burn-out* que j'ai été incapable de produire quoi que ce soit pendant plusieurs mois. Le projet a pris du retard, j'ai eu encore plus honte de mon manque de productivité. J'ai eu l'impression que mon cerveau avait tout simplement cessé de fonctionner. Chaque fois que je tentais de trouver une idée ou d'accomplir une tâche d'ordre intellectuel, c'était comme si rien ne se passait. Cela a été l'une des expériences les plus pétrifiantes de ma vie. Pour ne rien arranger, j'ai souffert de symptômes physiques tels que la fatigue, l'insomnie et la perte de cheveux. La perte de cheveux a été un vrai un coup dur ; j'en ai pris conscience lorsque mon coiffeur a poussé un cri en me coiffant. J'ai levé les yeux et découvert une poignée de cheveux entre ses doigts. Je suis allée me réfugier dans les toilettes et j'ai pleuré toutes les larmes de mon corps, convaincue d'avoir ruiné à jamais ma santé et mon équilibre mental. Pendant tout ce temps, je me suis reproché de ne pas avoir su me ressaisir, de ne pas avoir suffisamment écrit, d'avoir manqué mes échéances éditoriales, de ne pas m'être réveillée à l'aube pour écrire mon journal et boire des smoothies au chou kale.

L'ironie de faire un *burn-out* alors même que je rédigeais un livre sur le culte de la productivité ne m'a pas échappé. La frustration m'a rappelé le fossé qui sépare souvent nos croyances de notre esprit rationnel.

Finalement, c'est le mois d'août qui m'a sauvé.

Fatigués, malheureux et déprimés, mon mari et moi avons décidé de quitter Paris. Nous sommes partis pour la Bretagne où nous avons loué une maison pour le mois. C'était la première fois que je prenais de longues vacances, sans voyager de ville en ville mais en restant dans une petite bourgade tranquille, sans rien à faire. J'étais tellement épuisée que même la petite voix dans ma tête qui me reprochait mon manque de productivité avait besoin d'une pause. Après deux semaines d'exploration de la campagne bretonne, d'après-midi paresseux où je me contentais de lire, de griffonner ou de contempler le ciel, j'ai commencé à me sentir mieux. Mon cerveau avait pour ainsi dire subi une réinitialisation à grande échelle. Après deux semaines, la magie a opéré : ma créativité a commencé à rejaillir. Pour la première fois depuis des mois, j'avais des idées de livres, de projets, de produits. J'avais besoin de ce temps réparateur pour reconstituer une ressource que j'avais cru inépuisable. J'avais besoin de guérir un corps qui avait sacrifié le sommeil au nom de l'ambition. À la fin de l'été, non seulement je me suis remise au travail, mais je me suis fait la promesse de toujours donner la priorité au repos.

Pour en être capable, il faut creuser en profondeur et déconstruire les récits que nous nous sommes racontés sur le travail et la réussite. Pour parvenir à les démêler un jour, nous devons nous forcer à regarder l'ensemble de l'écosystème qui crée et promeut le culte de la productivité. C'est le travail le plus important que nous puissions faire pour nous-mêmes et pour nos capacités créatives. Je crois que ce message est essentiel pour tous les créatifs productifs et c'est l'une des principales raisons pour lesquelles j'ai voulu écrire ce livre. Nous acquiesçons tous à l'idée de faire une pause, de travailler moins ou de prendre plus de vacances. Et pourtant, nous n'en faisons rien.

En 2019, l'Organisation Mondiale de la Santé a officiellement reconnu l'épuisement professionnel comme un *phénomène lié au travail* touchant les travailleurs du monde entier. En France, une proposition de loi visant à le reconnaître officiellement comme une maladie professionnelle a été rejetée en 2018 et 2017 – la même année, le rapport d'un cabinet de prévention des risques (Stimulus) indiquait qu'un quart des salariés français étaient en *hyperstress*, un niveau de stress potentiellement dangereux pour leur santé et leur bien-être. En 2019, une enquête auprès des travailleurs français a révélé que la moitié des personnes interrogées avaient été victimes d'un *burn-out*[7]. Parler ouvertement des problèmes de santé mentale tels que le *burn-out* suscite encore beaucoup de honte et de stigmatisation. Notre réponse culturelle est souvent celle de la résistance. Nous nions être affectés car l'admettre reviendrait à remettre en question un récit profondément puissant qui détermine qui mérite de réussir et pourquoi.

Ce livre n'offre pas de solutions toutes faites. Mais j'espère qu'il donnera lieu à des conversations qui nous aideront à initier des changements réels et positifs. Si nous ne commençons pas à déconstruire notre rapport au travail, à démonter toutes les briques édifiées par notre histoire, notre éducation, nos expériences, nos médias, alors nous continuerons à nous enfoncer dans un système de croyances nuisible.

De nouvelles économies, portées par des technologies disruptives et innovantes, redéfinissent la nature du travail. En tant que créatifs, nous sommes en première ligne.

Alors que le travail intellectuel occupe une part de plus en plus importante dans l'économie mondiale, le travail standardisé a depuis longtemps laissé place à la pression croissante d'innover toujours plus pour rester compétitif. Alors qu'autrefois les employeurs faisaient de la productivité l'attribut idéal de leurs employés, ils attendent aujourd'hui de leur main-d'œuvre qu'elle soit aussi infiniment créative. Les créatifs productifs d'aujourd'hui doivent être constamment créatifs et constamment productifs.

Ce livre est le premier à aborder la question de l'avenir du travail tout en étant spécifiquement destiné aux créatifs productifs. J'ai voulu partager ce que j'ai appris afin que d'autres, se trouvant dans la même situation, puissent s'en servir dans leur propre vie. J'ai créé et utilisé les outils proposés dans ce livre : j'espère qu'ils vous aideront dans votre propre cheminement vers une vie professionnelle plus équilibrée et épanouie.

Si vous occupez un emploi où les tâches non standardisées et la résolution de problèmes sont votre quotidien, alors ce livre est pour vous. Si vous vous débattez contre l'épuisement professionnel, si vous vous imposez un rythme intenable, si vous vous êtes déjà lamenté sur votre vie en la comparant à d'autres sur les réseaux sociaux, si vous vous êtes déjà réveillé au milieu de la nuit craignant de ne jamais venir à bout d'un projet, d'une idée d'entreprise, alors ce livre est pour vous. Si vous vous êtes déjà senti étouffé par la pression de produire, produire, produire, ce livre est pour vous. Si vous êtes prêt à remettre en question certaines des définitions les plus enracinées dans notre société en matière de succès et de réussite, ce livre est pour vous. Si vous êtes prêt à accepter qu'il existe une meilleure façon de faire et à vous poser des questions difficiles et peut-être douloureuses, ce livre est pour vous.

Overbookés est à la fois un témoignage de notre passé et un appel à l'action pour un avenir meilleur, plus humain et plus équilibré. Ce n'est pas seulement un livre sur le travail, mais un panorama complet de notre propre histoire, de nos identités et de nos croyances. C'est de notre histoire à tous qu'il s'agit, et donc de la vôtre. Nous sommes les créatifs productifs et il est temps de reprendre en main le monde du travail.

Bonne lecture,

Rahaf

NOTRE HISTOIRE [SYSTÈMES]

1.
LES HOMMES DE PREMIÈRE CLASSE

RETOUR À LA CASE DÉPART

En avril 2011, Merlin Mann donna enfin des nouvelles du livre sur lequel il travaillait depuis deux ans[1]. Il avait été annoncé comme le livre ultime sur l'*Inbox Zero*. Dans ce système de productivité personnelle, développé par Mann, les mails reçus sont tous traités quotidiennement en étant supprimés, délégués, traités, différés ou réalisés. Mais alors que ses lecteurs s'attendaient à ce qu'il annonce une date de sortie prochaine, ils furent terriblement déçus. À la place, Mann décrivit l'impact de la surcharge de travail sur sa vie personnelle, en particulier sur le temps qu'il consacrait à son épouse et à sa petite fille. « J'ai, sans le vouloir, fait fi de mon propre conseil de ne jamais laisser le travail acharné gâcher les bonnes choses », écrivait-il. « Alors, j'arrête de tout gâcher. J'arrête de trimer. Et je suis prêt à faire changer les choses. » Son livre ne verra jamais le jour.

Je tombais des nues. Mann m'avait ouvert les portes du monde de la productivité personnelle. À la lecture des premiers billets publiés sur son site 43folders.com, j'avais découvert David Allen, le saint patron de *Getting Things Done* (GTD pour les intimes), un système de gestion du temps présenté dans son best-seller de 2001. Pour moi, la méthode *Getting Things Done* avait été une révélation. Je l'avais mise en pratique ; mes simples *to-do-lists* s'étaient alors transformées en un système sophistiqué et efficace de gestion des tâches et ce n'était que le début. J'avais développé un appétit insatiable pour tous les livres sur le thème de la productivité (ou, comme on le dit parfois gentiment, la *productivity porn*) ; j'étais impatiente d'assimiler les trucs, astuces et systèmes qui m'aideraient à mieux travailler, à me perfectionner et, finalement, à devenir une meilleure version de moi-même. Au fil des ans, j'avais dévoré des centaines de livres, dont les ouvrages précurseurs de Stephen Covey (*Les sept habitudes de ceux qui réalisent tout ce qu'ils entreprennent*), Peter Drucker (*L'efficacité, objectif numéro 1 des cadres*), Cal Newport (*Deep Work*), Tom Rath (*Êtes-vous vraiment heureux ?*), Tony Schwartz (*The Way We're Working Isn't Working*), Greg McKeown (*L'essentialisme*), Arianna Huffington (*S'épanouir*), Tim Ferriss (*La semaine de 4 heures*), et bien d'autres encore.

Mais je ne m'étais pas arrêtée là. Comme ma sœur Riwa, j'ai installé une multitude d'applications pour améliorer mes performances, aussi bien sur ordinateur que sur mon smartphone. Il y avait Omnifocus, un logiciel aussi complexe qu'addictif basé sur le concept GTD d'Allen. Freedom, qui m'empêchait d'accéder aux réseaux sociaux pendant un certain temps pour rester vraiment concentrée sur ce que j'avais à faire. Pour automatiser des tâches ennuyeuses, comme la sauvegarde de mes photos sur le *cloud*, j'utilisais IFTT, sans parler de dizaines d'autres applications pour les calendriers, les *to-do-lists*, l'analyse des routines du sommeil, du sport, etc.

Sans conteste, j'étais entièrement, et de mon plein gré, plongée dans cet univers. J'écoutais des podcasts sur divers *hacks* de productivité. Je visionnais des vidéos de personnes détaillant leur *bullet journal* (pour l'anecdote, YouTube dédie une section entière, intitulée *Plan With Me*, à ce genre de vidéos). Je lisais puis j'appliquais diverses méthodologies. Je postais sur Pinterest des photos de mes calendriers si bien organisés.

Avais-je constamment le sentiment de ne jamais vraiment rien maîtriser ? Oui. Absolument.

A posteriori, j'aurais dû voir là mon premier véritable signal d'alerte. J'étais devenue experte en productivité et, pourtant, rien de ce que je mettais en place ne semblait durer. Quelques semaines avaient suffi pour que j'abandonne le *miracle morning*, la routine matinale préconisée par Hal Elrod. Des piles de carnets de notes vides, d'agendas et d'organiseurs s'entassaient sur mes étagères. Je téléchargeais des applications avant de les oublier aussi vite. Malgré tous ces systèmes, je m'épuisais. Merlin Mann lui-même l'avait dit : l'expertise ne suffit pas toujours à se protéger des aspects les plus sombres de la productivité.

Nous sommes depuis longtemps obsédés par la mesure et l'optimisation de la productivité. Déjà au XIIIe siècle, les marchands vénitiens calculaient avec soin la différence entre les coûts des expéditions maritimes qu'ils finançaient et ce qu'ils gagnaient en vendant les biens : c'était l'une des premières versions du calcul du retour sur investissement (ou ROI pour *Return On Investment*). Cette pratique donna naissance à la comptabilité en partie double et à l'équation *Actif – Dettes = Capitaux propres*, toujours utilisée aujourd'hui pour évaluer la rentabilité d'une entreprise. Pendant la révolution industrielle, les manufacturiers faisaient des calculs similaires pour déterminer la productivité de leurs usines : ils divisaient le montant total des sommes versées en salaires par la valeur des biens produits par leurs travailleurs.

La productivité était alors un concept économique simple, appliqué à de grands groupes de personnes.

Mais ce concept de productivité a depuis été repris par la psychologie, le management, les gourous du développement personnel et les entrepreneurs. Il est devenu un indicateur d'épanouissement personnel, une obsession collective et une voie soi-disant royale vers le bonheur, la prospérité et le succès. Il est passé d'un indicateur économique, applicable à de grandes entreprises et à de grands groupes de personnes, à une pratique très personnelle affectant tous les aspects de notre vie. Que l'on en soit conscient ou non, la productivité est aujourd'hui intimement liée aux valeurs culturelles et aux normes sociales qui dictent nos comportements.

Comment en sommes-nous arrivés là ?

Voilà mon principal objet de recherche. J'ai souhaité comprendre comment, d'un indicateur économique, la productivité s'est transformée en une douloureuse addiction que nous nous infligeons.

L'HOMME MESURE TOUT

Et si nos smartphones en savaient plus sur nous que nous-mêmes ? Ils connaissent le nombre de pas que nous faisons, combien d'heures nous dormons et le nombre de calories de notre déjeuner. Grâce à eux, nous pouvons analyser nos humeurs, nos comportements, nos habitudes et même nos déplacements. Nous nous laissons facilement séduire par le flot constant de nouvelles applications, de montres connectées, de logiciels et d'appareils intelligents conçus pour nous permettre de mieux nous comprendre.

On oublie facilement que, par-delà ces outils flambant neufs, notre besoin d'analyser et de mesurer trouve ses racines profondes dans notre passé primitif. Les humains ont toujours été obsédés par le fait de mesurer. Dans l'Égypte ancienne, les fermiers conservaient méticuleusement la trace de leurs récoltes et rendements : ils s'en servaient pour déterminer les périodes les plus propices aux semis et aux récoltes. Dans les montagnes qui séparent le Swaziland de l'Afrique du Sud, des scientifiques ont ainsi découvert une fibula de babouin vieille de quarante-trois mille ans : elle portait des marques grâce auxquelles nos ancêtres suivaient les différentes phases de la lune.

En matière de performance, on retrouve cette tendance forte à tout mesurer. L'un des premiers exemples de son évaluation remonte à la dynastie Wei, au IIIe siècle : les empereurs notaient leurs responsables selon différents paramètres. « Le Notateur Impérial évalue rarement les hommes selon leurs mérites », dénonce un document historique. « Mais toujours selon qu'ils lui plaisent ou déplaisent. » Déjà, l'évaluation des employés semblait être un sujet sensible…

Des systèmes comparables avaient cours pendant les guerres napoléoniennes. La Royal Navy comptait sur l'évaluation par les pairs pour distribuer avancements et promotions. On l'imagine sans peine, les intrigues internes étaient omniprésentes dans l'armée. Pour preuve, le témoignage du Capitaine Anselm Griffiths qui, en 1811, se plaignait des promotions dues au statut social ou à l'influence[2] : « Non seulement je suis un défenseur acharné d'une bonne discipline », écrivait-il, « mais aussi un ennemi résolu de cette étroitesse d'esprit qui consiste à courtiser les faveurs. » Déjà à cette époque, il semble que certains aient été plus intéressés par le fait d'exploiter le système que de vraiment travailler.

Si vous avez déjà vécu une mauvaise expérience lors d'un entretien d'évaluation, estimez-vous heureux de ne pas avoir travaillé dans les plantations de coton de Robert Owen au début des années 1800. Industriel et théoricien socialiste écossais, il avait inventé un système de contrôle de la qualité où des cubes de bois aux faces peintes étaient placés au-dessus des postes de travail de ses employés. Chaque couleur correspondait à une note qui indiquait quotidiennement (et publiquement) le niveau de qualité du travail de chacun. Blanc pour excellent résultat, noir pour « mauvais ». Owen mettait un point d'honneur à arpenter chaque jour son usine. « Les travailleurs m'observaient toujours quand je regardais ces tableaux de notes », écrivait-il. « En cas de noir, je me contentais de regarder la personne, puis la couleur. » Le petit regard en coin désapprobateur était né.

Tous ces systèmes de gestion des performances avaient alors un point commun : leur échelle. Le plus souvent, ils étaient utilisés par des organismes gouvernementaux, des entreprises et l'armée – des groupes disposant d'effectifs considérables, de structures hiérarchisées et d'unités décentralisées.

En 1813, l'armée américaine a même mis en place son propre système : des évaluations à échelles de choix forcé (où l'évaluateur doit choisir entre plusieurs affirmations descriptives) et des évaluations en lien avec les traits de caractère (où les comportements sont notés sur une échelle numérique). Au cours des décennies suivantes, le Congrès américain allait faire de même et évaluer ses employés sur la base de caractéristiques comme l'efficacité, la compétence l'attention et même la loyauté (on peut se demander, avec les scandales politiques à répétition, comment s'en sortiraient nos hommes politiques contemporains s'ils devaient se soumettre à ces évaluations de nos jours).

STANDARDISER LES « HOMMES DE PREMIÈRE CLASSE »

Malgré toute l'influence des empereurs et autres officiers de la marine en matière de productivité, c'est un autre homme qui allait changer pour toujours notre façon de travailler : un ingénieur en mécanique à lunettes, aux manières douces, et armé d'un chronomètre.

Au début des années 1900, Charles Schwab, président de Bethlehem Steel, engage un certain Frederick Winslow Taylor pour améliorer les opérations et augmenter les bénéfices de ses moulins de Pennsylvanie. Si on peut améliorer le rendement des machines en les optimisant, se dit Taylor, alors pourquoi ne pas faire de même avec les personnes ? Ce concept radical allait ouvrir la voie au management scientifique et s'imposer comme l'un des apports les plus significatifs dans le domaine de la productivité.

Plutôt que d'obliger les employés à travailler plus dur et le plus longtemps possible, Taylor émet l'hypothèse que les usines obtiendront de meilleurs résultats si chaque travailleur se concentre sur le développement d'une compétence spécifique qu'il pourra sans cesse reproduire, comme une machine. Il chronomètre alors les tâches individuelles des travailleurs. Il décompose chaque processus en micro-actions, les plus petites et les plus efficaces possible. Son but : que chaque travailleur s'entraîne à réaliser une seule tâche de façon extrêmement précise et standardisée. Chacun est réduit à une fonctionnalité spécifique, analysable et mesurable. Ce fut un choc pour les travailleurs, habitués à ce qu'on les laisse s'occuper de leurs machines sans les inciter à aller plus vite ni à être plus efficaces avec la garantie d'un emploi stable. Ils craignaient qu'une augmentation de la vitesse ne les mène tout droit au chômage. Mais convaincu que les travailleurs étaient avant tout motivés par l'argent, Taylor invente le concept de *salaire juste pour un travail juste*, où la rémunération est directement liée à la production. Son intérêt pour la standardisation donne naissance à deux idées importantes : la première est qu'il existe une façon optimale de réaliser chaque tâche ; et la seconde, qu'à chaque travail correspond un type optimal de personne.

Voici comment Peter Drucker, sans doute l'un des plus grands penseurs du management du XXIe siècle (et à qui l'on doit le terme *travailleur du savoir*) a décrit l'impact durable de Taylor :

> « Frederick W. Taylor a été le premier homme que l'Histoire ait connu à considérer que le travail méritait une observation et une étude systématiques. Sur son organisation scientifique du travail repose, par-dessus tout, la formidable augmentation des richesses au cours des soixante-quinze dernières années, qui a élevé les masses ouvrières des pays développés à un niveau encore jamais connu, même pour les nantis. Et pourtant, Taylor n'a fait que poser les premières pierres de la science du travail, dont il fut l'Isaac Newton (ou peut-être l'Archimède). Depuis, les choses ont peu évolué – bien qu'il soit mort il y a une soixantaine d'années » [*Management: Tasks, Responsibilities and Practices*, 1973, p. 181].

La rigidité du taylorisme, dans sa forme la plus pure, le rend obsolète dès les années 1930. Mais son héritage est toujours sensible dans les sciences de la gestion, en particulier pour des concepts comme l'efficacité, la standardisation des bonnes pratiques, le transfert des connaissances entre le management et l'opérationnel (et *vice versa*), et le fait de privilégier des prises de décisions opérationnelles, sur la base d'indicateurs. Les travaux de Taylor allaient ainsi ouvrir la voie au diagramme de Gantt (permettant de visualiser une charge de travail et les tâches) et permettre l'émergence d'autres disciplines, comme la psychologie industrielle.

Non seulement nous avons adopté les méthodes de Taylor, mais nous avons aussi hérité de certaines de ses croyances. Son vocabulaire témoigne d'une vision du monde très spécifique. Il appelait *hommes de première classe* les travailleurs enclins à appliquer son système pour augmenter leur production, ajoutant ainsi une touche d'élitisme et de moralité à l'évaluation des performances sur la base des résultats individuels. Pour Taylor, notre capacité de production reflétait notre valeur individuelle. Il définissait le succès comme un état de *prospérité maximale*, que l'on ne pouvait atteindre qu'en maximisant la productivité. En s'adossant à des idéaux culturels forts comme le rêve américain (sur lequel nous reviendrons en détail), il fit, sans le vouloir, germer l'idée selon laquelle le rendement maximal est un objectif moral à atteindre.

Les préceptes de la standardisation et le recours à la productivité comme impératif moral devinrent des parties intégrantes de la stratégie d'entreprise. Et ce, malgré divers travaux comme ceux du psychologue australien Elton Mayo, père des ressources humaines et de la psychologie organisationnelle. Ce dernier militait pour que soit prise en compte l'adéquation émotionnelle et psychologique d'un travailleur avec une tâche. Mais le lien entre l'estime de soi et le rendement est resté un thème récurrent, aujourd'hui encore enraciné dans notre comportement au travail.

Après la Seconde Guerre mondiale, les États-Unis doivent impérativement relancer l'emploi et augmenter au plus vite leur capacité de production. Les travailleurs sont considérés comme les rouages interchangeables d'une machine uniquement dédiée au rendement. Ceux qui ont travaillé sur l'évaluation des officiers de l'armée et sur les dispositifs de formation sont recrutés par les entreprises pour appliquer les mêmes méthodes aux cols bleus. Bon nombre des systèmes mis en place sont basiques, centrés sur les performances passées et souvent gérés par les seuls superviseurs, sans que les travailleurs ne soient vraiment consultés.

Mais, qu'il s'agisse de la ligne de front ou de celle de montage, ces systèmes partagent les mêmes conceptions : celles d'une main-d'œuvre interchangeable et d'un produit standardisé. Aujourd'hui, ni l'une ni l'autre n'ont leur place dans un paysage professionnel tourné vers la créativité. Beaucoup des personnes que j'ai rencontrées m'ont dit consacrer leurs journées à gérer des projets d'ampleur, à trouver des solutions pour leurs clients et à effectuer des tâches bien loin d'être standardisées. Et pourtant, il semble que nous ayons du mal à nous détacher de nos racines, ancrées dans la production industrielle.

Notez par ailleurs que les premières approches de la productivité reposaient sur l'idée de bénéficier à un groupe (les travailleurs dans leur ensemble). À l'inverse, dans leurs approches de la productivité personnelle, les créatifs privilégient aujourd'hui un prisme individuel. Ils se sentent souvent contraints par la rigidité d'un système hérité du passé qui ne reflète pas leur façon de travailler. Est-il vraiment cohérent que des économies du savoir, qui valorisent l'innovation et l'originalité, défendent encore des systèmes où prime la standardisation ? Les idées ne naissent pas sur une chaîne de montage. Nous remplissons nos plannings pour justifier notre valeur et notre coût vis-à-vis de nos chefs, ou pire, de nous-mêmes.

À ce stade de mes recherches, je commençais à comprendre quelques-unes des contradictions les plus profondes qui gouvernent les industries créatives et l'économie du savoir dans son ensemble ; mais j'avais bien conscience de n'en avoir qu'effleuré la surface. Au cours des mois suivants, j'ai poursuivi mes lectures, mes rencontres, mes interrogations. Quelques grandes tendances n'ont pas tardé à émerger. Elles m'ont permis de comprendre l'évolution de notre perception de la productivité.

L'ÉCONOMIE DU SAVOIR : L'AVÈNEMENT DE LA CRÉATIVITÉ COMME COMPÉTENCE

J'ai d'abord observé comment la créativité était passée du statut de compétence sans importance à celui de compétence indispensable dans de nombreux domaines.

Les principaux préceptes de théorie managériale datent d'une époque où, dans la plupart des postes, la créativité était inutile. Plus encore, les employeurs n'en voulaient pas. Si vous travailliez sur une chaîne de montage, votre meilleur atout en tant qu'employé était d'obéir et de produire des biens d'un niveau de qualité standardisé à une vitesse prédéfinie. Seule la capacité à travailler à grande échelle comptait pour les entreprises, dans une optique de rentabilité. Le management n'attendait pas des travailleurs qu'ils soient créatifs. Cela se traduisait d'ailleurs dans les textes recensant les bonnes pratiques : rentabilité, réduction des coûts et standardisation, telles étaient les meilleures manières de gérer les risques et de garantir une production uniforme.

Mais qu'advient-il lorsque le produit ou le service que nous fournissons devient, par nature, plus intangible ?

L'économie évoluant peu à peu vers un travail plus intellectuel, la créativité est soudain apparue comme une qualité hautement désirée. C'est alors que les *créatifs productifs* sont entrés en scène : pour rester compétitives et rentables dans une économie en mutation rapide, les entreprises avaient désespérément besoin de personnes capables de résoudre des problèmes, de penseurs stratégiques et de générateurs d'idées. L'onde de choc se répandit dans les milieux professionnels traditionnels : ils tentaient désormais d'appliquer cette approche à la classe créative. Les organisations devaient faire évoluer des systèmes vieux de plusieurs décennies où l'on développait des compétences organisationnelles standardisées, vers des systèmes créant des experts individuels, capables de répondre aux évolutions du marché de façon agile.

Peter Drucker fut l'un des premiers à identifier les tensions qui se créaient quand des créatifs productifs étaient soumis à une certaine pression pour fournir un travail de qualité dans un système conçu pour mesurer la quantité. Il identifia six facteurs principaux qui conditionnent la productivité des travailleurs du savoir :

1. la capacité à définir leurs tâches ;
2. l'autonomie dans la gestion de leur temps ;
3. le besoin d'innovation constante ;
4. les besoins permanents d'enseignement et d'apprentissage ;
5. un accent mis sur la qualité du travail produit plutôt que sur la quantité ;
6. la nécessité d'être reconnus par l'entreprise comme des actifs plutôt que comme des coûts à réduire.

Aussi pertinente que soit cette liste, un problème se pose néanmoins. Comme le dit Peter Drucker, « chacune de ces exigences (à l'exception peut-être de la dernière) est presque exactement le contraire de ce qui est nécessaire à l'augmentation de la productivité des travailleurs manuels. » Effectivement, il a raison. Comment les créatifs peuvent-ils exceller dans des environnements de travail qui font rimer performance avec des indicateurs tels que le nombre d'heures travaillées ?

Là où Taylor avait pour obsession de décomposer et de mesurer des tâches répétitives, Drucker comprit que le travailleur du XXIe siècle serait confronté à un environnement nécessitant de résoudre des problèmes de façon stratégique. Les créatifs productifs ont besoin de penser et de travailler à des niveaux tels qu'ils ne peuvent pas s'inscrire dans la rigidité d'un système conçu pour des chaînes de montage. Il fit aussi remarquer que ces employés d'un nouveau genre étaient en position de force : leurs idées, leurs expériences et leur capacité créative représentaient de précieux ensembles de compétences ; à tout moment, ils pouvaient changer de société et les emporter avec eux. Il en conclut que « la capacité à attirer et à retenir les meilleurs travailleurs du savoir est la première et la plus fondamentale condition préalable » non seulement à la prospérité, mais aussi à la civilisation elle-même. Comprendre et améliorer la productivité du travailleur du savoir est, écrivait-il, « la première condition de survie » des pays développés. Dans un chapitre suivant, nous traiterons de la manière dont ces dynamiques de pouvoir ont évolué.

Et pourtant, malgré ces avertissements, les entreprises persistent à prioriser la productivité et les vieux indicateurs de performance associés. Il est certes difficile de changer un système vieux de plusieurs décennies. Mais plutôt que de modifier leurs systèmes, les organisations se sont contentées de transférer la responsabilité de l'analyse de leur productivité aux créatifs eux-mêmes. Soudain, c'était à eux qu'il revenait de justifier la manière dont ils utilisaient leur temps. Pour prouver leur valeur ajoutée, ils ont dû faire entrer leurs responsabilités hors normes dans des cases que leur management pouvait facilement évaluer, compter et mesurer. Tout ceci peut sembler absurde. Et ça l'est, en effet.

Le système auquel nous adhérons tous, celui qui est inscrit dans les stratégies d'entreprises depuis la révolution industrielle, a joué en défaveur des créatifs dès l'origine. Voici pourquoi ils en ressentent douloureusement les limites : ce système n'a jamais été conçu pour le travail créatif.

Alors que nos tâches gagnent sans cesse en complexité, nous cherchons encore à adapter des indicateurs dépassés qui donnent la priorité au rendement continu plutôt qu'à l'expertise – ou, pour reprendre les mots de Peter Drucker, à la quantité plutôt qu'à la qualité. C'est de cette tension fondamentale qu'est né le dysfonctionnement actuel de la main-d'œuvre créative d'aujourd'hui.

LE MYTHE DU TRAVAILLEUR IDÉAL

Nous savons précisément ce que nous attendons des travailleurs du savoir : un ensemble de bonnes pratiques que les sociologues incarnent dans la figure du *travailleur idéal* – mais qui est de plus en plus déconnectée de notre réalité.

Voyons si ceci vous est familier : le travailleur idéal arrive au bureau de bonne heure, il est capable d'effectuer ses tâches de façon rapide et concentrée. C'est un homme de principe, ponctuel, avec des valeurs. Il ne proteste pas quand il s'agit de travailler tard, sachant que sa femme s'occupe des enfants et de la maison. Déchargé de ces responsabilités personnelles, il est libre de se consacrer pleinement à ses activités professionnelles. Dans la série télévisée *Mad Men*, Don Draper peut se permettre d'être un génie de la publicité : sa femme Betty s'occupe des enfants, sa maison est bien tenue et il n'a plus qu'à mettre les pieds sous la table. Mais ceci reflète-t-il notre situation ?

Sans que cela ne soit jamais explicité dans les manuels de stratégie d'entreprise, les systèmes de productivité des cols blancs se sont d'abord construits sur l'hypothèse suivante : un employé peut se dédier à son travail car le poids de la vie de son foyer repose principalement sur les épaules de son épouse. Ces standards implicites ont donné naissance à des idéologies du travail qui perdurent ; et ce, en dépit de l'évolution des conditions socio-économiques qui font qu'il est presque impossible aujourd'hui pour les créatifs productifs d'atteindre un tel niveau d'implication.

Les statistiques du travail révèlent à quel point nous nous sommes éloignés des conditions qui avaient rendu possible la naissance du concept de travailleur idéal. D'après le Bureau des statistiques du travail des États-Unis (BLS)[3], près de la moitié des couples mariés sont des familles avec deux revenus, où les deux partenaires travaillent. L'arrivée des femmes sur le marché du travail a été l'une des évolutions les plus marquantes des dernières décennies en matière d'emploi ; la part des mères qui travaillent représentant la plus grosse augmentation.

Sans surprise, ce sont les femmes qui pâtissent de ce décalage. Beaucoup des cadres masculins que j'ai rencontrés m'ont dit concilier sans peine vies personnelle et professionnelle, puisque les femmes continuent à supporter l'essentiel des charges familiales. En 2019, les sociologues Ariane Pailhe, Anne Solaz et Arthur Souletie ont publié un article intitulé « Que font les femmes et les hommes de leur temps libre ? Tâches ménagères et gardes des enfants depuis la réforme des trente-cinq heures en France » ; selon eux, l'arrivée des femmes dans le monde du travail n'a donné lieu qu'à une semi-révolution des sexes. « Malgré l'augmentation de la participation des femmes à la force de travail, d'énormes inégalités ont continué à subsister entre les hommes et les femmes pour ce qui est du travail non-rémunéré », écrivent-ils. « Le déclin spectaculaire du travail non-rémunéré des femmes n'a pas été compensé par une implication plus grande des hommes, car les femmes continuent à être en charge de l'essentiel des tâches domestiques et parentales dans tous les pays développés. » Par exemple, une étude sur l'utilisation du temps dans les familles françaises a montré qu'en semaine, les femmes consacrent en moyenne cent quarante-deux minutes par jour aux tâches ménagères, contre quatre-vingt-dix-sept minutes seulement pour leurs homologues masculins ; 83 % des femmes disent être responsables de l'essentiel des repas, tant en semaine que le week-end, contre 43 % des hommes ; 61 % des interrogées font l'essentiel du ménage, contre 26 %. Curieusement, alors que toutes les personnes interrogées travaillent moins (trente-cinq heures par semaine contre trente-neuf), les femmes augmentent leur temps consacré aux tâches ménagères et à l'éducation des enfants ; on retrouve donc un schéma traditionnel quant à la répartition des types de tâches : les hommes s'occupent du jardinage et du bricolage, les femmes de l'éducation et du ménage[4].

Malgré les discours officiels sur la place des femmes au travail, les chiffres montrent à quel point nous nous accrochons encore à des normes sociales obsolètes. Mais la situation n'est pas totalement négative. L'écart se réduit peu à peu ; chez les parents issus de la génération des millennials, notamment, la répartition des tâches ménagères est plus équilibrée. Il est plus probable qu'un père millennial s'occupe plus de la lessive ou des courses qu'un père de la génération X ou qu'un baby-boomer.

Mais force est de constater que le travailleur idéal n'a plus sa place dans le climat économique incertain actuel. Même les hommes sont tiraillés par l'augmentation de leurs responsabilités domestiques, en particulier pour ce qui touche à l'éducation des enfants. Et, alors que les baby-boomers atteignent l'âge de la retraite, beaucoup de millennials supportent à présent un poids supplémentaire : prendre soin de leurs aînés. Les créatifs d'aujourd'hui sont également confrontés à un paysage socio-économique bien plus complexe qu'auparavant. La structure familiale dite nucléaire (composée de deux adultes avec ou sans enfants et d'un seul revenu) a laissé place à de multiples variantes. Nos attentes envers les travailleurs ont pour fondement un modèle socio-économique en voie de disparition. Autrement dit, le monde a changé mais pas ce qui alimente nos standards de travail.

Ainsi, nous nous essoufflons à essayer de vivre conformément à des normes culturelles dépassées qui ne sont désormais ni réalistes ni atteignables.

DÉVOTION AU TRAVAIL ET MASCULINITÉ CORPORATE

On peut s'interroger sur la façon dont le mythe du travailleur idéal, cet artefact de l'époque de Don Draper, s'applique au travail des créatifs productifs. Pour la sociologue Mary Blair-Loy, auteure de *Dévotions contradictoires : carrière et famille chez les cadres occidentaux*, on trouve trace de son influence dans ce qu'elle nomme la *dévotion au travail*.

On attend des travailleurs qu'ils se battent et fassent des sacrifices pour prouver leur engagement dans leur poste envers leurs responsables et leurs collègues.

Ce phénomène se caractérise par des comportements du type arriver tôt et partir tard, se porter volontaire pour des missions supplémentaires et se rendre disponible à toute heure du jour et de la nuit, sans oublier de glisser à ses collègues à quel point on a travaillé dur et peu dormi.

Si, à la lecture de ces lignes, vous jugez ce comportement tout à fait normal, alors bienvenue dans le monde subtil de l'influence culturelle. « La dévotion au travail définit la carrière comme une vocation qui mérite une loyauté sans faille et donne du sens et un but à la vie, » écrit Mary Blair-Loy. Elle ajoute que, pour beaucoup d'entre nous, cet état d'esprit va de soi : nous n'avons même pas conscience de son influence sur notre façon de penser ou sur notre capacité à prendre des décisions. Ses recherches montrent que non seulement les personnes qui font preuve d'un haut niveau de dévotion au travail sont plus susceptibles d'être promues, mais qu'elles peuvent aussi s'attendre à ce que le niveau de dévotion au travail de leurs subordonnés augmente également, nourrissant ainsi le cercle vicieux des attentes déraisonnables.

La dévotion au travail est devenue une partie intégrante de notre idéologie culturelle. Voici pourquoi nous ne trouvons rien à redire aux comportements décrits ci-dessus. Au cours de ses entretiens, beaucoup de personnes ont confié à Mary Blair-Loy que le travail leur conférait un fort sentiment d'identité, de compétence et d'appartenance. Il est intéressant de noter ici que la dévotion au travail ne tient pas tant au travail en lui-même, qu'aux qualités morales de la personne en question. Il est moins question du travail que du fait d'être un « bon travailleur ».

Certaines entreprises tentent de s'adapter à ces évolutions en assouplissant leurs règles de fonctionnement. À première vue, cela peut sembler être une bonne réponse. On pourrait penser que la plupart des salariés en profiteraient pour mettre en place des horaires de travail plus arrangeants ; mais, de façon surprenante, une forte résistance est souvent à l'œuvre. Beaucoup de salariés ne s'autorisent pas à profiter de cette nouvelle flexibilité du fait des tensions entre les politiques progressistes (comme la flexibilité du temps de travail) et les croyances omniprésentes et souvent bien enracinées.

Dans *Repenser le débat entre travail et famille,* Joan C. Williams formule ainsi le choc entre les convictions liées à la dévotion au travail et la réalité des dynamiques familiales changeantes. Beaucoup de salariés hésitent à se saisir de l'assouplissement des règles du travail à cause du *stigmate de la flexibilité* – cette crainte d'être vus par leurs collègues comme étant moins impliqués et moins travailleurs qu'il ne faudrait et, par conséquent, d'être privés de promotion, de bonus ou autres récompenses. Pour résumer, ceux qui ne feront pas preuve du niveau de dévotion approprié au travail en paieront le prix social.

Dans un article du magazine *Forbes,* daté de 2013 et intitulé « Pourquoi les hommes ne prennent pas leur congé paternité », Jason Hall décrit les sentiments contradictoires qui animent beaucoup de pères face à ce congé[5]. « La honte d'être celui qui, au bureau, prend le maximum de congés hante beaucoup de pères », écrit-il. « Ce n'est pas vraiment la peur de perdre leur travail, mais une désapprobation implicite – et la possible remise en question de leur implication s'ils prennent un congé long. » Hall a, par exemple, rencontré le comptable d'une société du Kansas qui lui a confié n'avoir pris que deux jours après la naissance de son fils pour ne pas donner l'image d'un employé ne travaillant pas mais aussi par peur de se faire licencier.

En France, en 2017, une pétition a rassemblé près de soixante mille signataires pour réclamer un allongement du congé paternité, les pères n'ayant droit qu'à quatorze jours de congés payés[6]. Cette démarche trouva un écho favorable lorsque, en 2018, un rapport demandé par le Premier ministre recommanda un allongement du congé à vingt-et-un jours, plus cinq jours juste après la naissance. À partir de juillet 2021, le congé paternité sera de vingt-huit jours, dont sept obligatoires. Néanmoins, actuellement, 70 % des pères prennent leur congé paternité en France[7].

Cependant, les mesures généreuses d'un pays en matière de paternité ou de maternité ne sont pas pour autant synonymes d'absence de discriminations, ni de pressions pour continuer à faire preuve de dévotion au travail en cumulant les heures. Le blog *Dans ma tribu* a ainsi listé différentes pressions auxquelles sont soumises les femmes enceintes au travail en France et les difficultés auxquelles elles sont confrontées à leur retour de congé maternité. Une femme raconte comment son responsable lui a indiqué que sa grossesse tombait « au mauvais moment » et a fait pression pour qu'elle maintienne ses longues journées de travail. « Pendant ma grossesse, je n'ai pas pu adapter mes horaires de travail, j'étais donc en moyenne onze heures par jour sur mon lieu de travail. Avec le temps de transport, je ne rentrais jamais à la maison avant 20 h 30/21 h », écrit-elle. « J'étais épuisée. Mon gynécologue m'a arrêtée à cinq mois de grossesse pour éviter des complications. Mon corps ne suivait plus et je n'arrivais visiblement plus à nourrir suffisamment mon bébé[8]. » Une autre femme, fonctionnaire, a également partagé la manière dont son responsable s'est montré de plus en plus agacé par le fait qu'il lui soit impossible de travailler tard. « La première semaine se passe plutôt bien, je reprends doucement mes marques. Mais j'ai désormais un impératif : plus possible de faire des heures sup' le soir, car j'ai ma fille à aller récupérer », écrit-elle. « Mon responsable commence à me faire ressentir son insatisfaction : il n'est disponible que le soir. Je lui rappelle que c'est à lui de s'adapter aux horaires du service et non l'inverse, et les tensions deviennent de plus en plus présentes[9]. » Le site regorge d'histoires comme celles-ci. La situation est claire : il ne suffit pas d'une décision politique pour que, comme par enchantement, disparaissent les pressions culturelles sous-jacentes qui ne définissent la performance qu'en fonction de nos efforts au travail. En France, la discrimination dont sont victimes les femmes à leur retour au travail demeure un sujet d'actualité[10].

Pourtant, en 1992, la sociologue française Michèle Lamont publiait son livre *La morale et l'argent : les valeurs des cadres en France et aux États-Unis*. Elle y explorait déjà la façon dont notre lieu de travail nourrit les perceptions que nous avons de nous-mêmes, de notre identité et de notre valeur. « Nous savons que le travail occupe une place centrale dans la vie des cadres », écrit-elle. « Contrairement aux ouvriers, ces hommes se préoccupent rarement de *l'après travail* : c'est par le travail qu'ils se développent, s'expriment et se jugent eux-mêmes. » Elle conclut qu'il en résulte un système de convictions où avoir de l'ambition et travailler dur sont « doublement sacrés » ; en effet, la majorité des répondants voit chacune de ces deux caractéristiques comme « un élément central de la force morale. » Michèle Lamont poursuit : incarner ce type de comportements « est le signe d'une pureté morale et socio-économique. » À l'inverse, la paresse est décrite par les répondants comme « l'une des caractéristiques les plus méprisables qui soient. » D'autres études montrent elles aussi l'importance de l'emploi dans le respect que nous octroie la société[11].

À cette complexité vient s'ajouter une autre nuance : pour beaucoup d'hommes, le travail est aussi une forme de mise en scène de leur masculinité. En 2000, l'éminente sociologue Marianne Cooper a suggéré que notre transition émergente vers le travail intellectuel s'était aussi traduite par une nouvelle manière pour les hommes d'exprimer leur masculinité, en lien direct avec leurs identités de pères, de managers et d'individus. En observant des pères de la Silicon Valley et des travailleurs intellectuels, elle a montré comment ils mettaient en avant leur dévotion au travail par l'affirmation de leur force et de leur endurance. « Réussir à mettre en œuvre cette masculinité », écrit-elle, « implique d'exprimer sa fatigue, verbalement et physiquement, afin de faire ressentir l'intensité de son engagement, de sa résistance et de sa virilité. » Ces manifestations viennent renforcer le concept de travailleur idéal. Mais beaucoup de familles qui travaillent en sont désormais exclues, en particulier les mères qui doivent se battre pour subsister sans aide financière ni possibilité d'enchaîner des journées à rallonge.

Un certain sens commençait désormais à émerger de mes observations. Ce qui constitue le socle de nos comportements et de nos attentes au travail est le reflet d'une réalité qui a toujours en partie relevé du mythe et qui s'avère aujourd'hui tristement démodée.

DES CROYANCES ENRACINÉES

David Allen (auteur de la célèbre méthode GTD) a écrit qu'il devrait être « possible d'avoir un nombre écrasant de choses à faire tout en restant productif et détendu, avec une vision claire et un sentiment positif de contrôle. »

Les termes qu'il a choisi d'employer ont de quoi laisser perplexe. *Écraser* revient à *enterrer* ou à *noyer sous une énorme masse* – ici, le travail. Même confrontés à un énorme afflux de travail, la priorité resterait donc d'être *productifs* plutôt que de chercher à connaître l'origine de ce qui nous écrase.

Dans un article fascinant, intitulé « Les Européens travaillent pour vivre et les Américains vivent pour travailler (Qui est le plus heureux de travailler plus : les Américains ou les Européens ?) », Adam Okulicz-Kozaryn, de l'Institut des sciences sociales quantitatives (IQSS) à l'université de Harvard, a comparé le nombre d'heures de travail et le niveau de satisfaction des Européens et des Américains. Il a découvert que les Américains étaient plus heureux de travailler que leurs homologues européens, principalement du fait de la croyance perçue selon laquelle une éthique professionnelle forte est une qualité désirable et que travailler dur est un marqueur essentiel du succès. Nous démontrons notre droiture morale et le statut d'élite auquel elle nous donne accès en exhibant nos combats et nos sacrifices, renforçant ainsi encore l'ancrage de ces conceptions dans notre culture contemporaine du travail.

Pour la plupart d'entre nous, le problème n'est pas lié au manque de temps, mais plutôt à l'effritement des frontières qui nous expose à un flux ininterrompu de demandes, de mails, de réunions et d'informations, représentant à chaque fois une opportunité séduisante de prouver notre dévotion au travail à nos collègues, mais aussi à nous-mêmes. Nos sentiments envers le travail sont profondément ancrés, ils sont fondamentalement liés à l'idée que nous avons de notre propre valeur, de notre moralité et de notre identité. En dépit de tous les progrès que nous avons faits en matière d'efficacité, malgré les bonnes pratiques quotidiennes et la semaine de travail de quarante heures, nous n'avons pas encore consacré suffisamment de temps à l'examen de nos croyances sous-jacentes.

DU COLLECTIF À L'INDIVIDU

Au fond, les créatifs productifs – dont je fais partie – sont souvent coupables d'être devenus des Frederick Taylor en puissance, obsédés par la mesure de leur propre performance. Le chronomètre a laissé place à une ribambelle d'applications de productivité ; nous sommes devenus tellement obsédés par l'analyse de notre propre comportement pour conforter notre dévotion au travail que nous n'avons même plus besoin qu'un manager nous surveille – nous nous contrôlons nous-mêmes avec plaisir, au nom de l'optimisation. La productivité est passée d'une mesure collective à une mesure individuelle. Nous sommes partis d'une méthodologie utilisée à l'origine pour gérer de grands groupes de personnes et nous en avons internalisé les principes à l'échelle personnelle.

Même au plus fort de notre surcharge de travail, lorsque nous savons que nos systèmes de productivité sont en train de s'effondrer, nous nous blâmons. Nous cherchons encore et toujours un nouveau système qui viendrait optimiser notre performance et notre rendement, jusqu'à avoir regagné un sentiment de contrôle. Mais, en soi, la productivité est liée au fait de pouvoir anticiper, prévoir. Et les prévisions ne font pas bon ménage avec les professions créatives.

Notre obsession pour la productivité personnelle révèle à quel point les indicateurs traditionnels sont en réalité inefficaces. Nous considérons le temps comme un ensemble d'efforts. Cela souligne d'autant plus le caractère futile de notre tentative de reconquête d'un sentiment de certitude et de sécurité dans notre travail. Comble de l'ironie, la *productivity porn* se retourne contre nous : nous y gaspillons un nombre incalculable d'heures que nous pourrions utiliser pour véritablement travailler. Mais c'est comme si nous ne pouvions nous empêcher de nous *tayloriser* : nous espérons toujours découvrir le secret de *la* meilleure façon de faire qui fera de nous des *hommes (et des femmes) de première classe.*

Le comble est poussé à son extrême quand on sait que Frederick Taylor a fini par être renvoyé de Bethlehem Steel faute d'avoir obtenu des résultats concrets. Après un bref pic de performance, obliger les travailleurs à produire plus en moins de temps les épuisait au point que leur productivité globale en pâtissait sur le long terme. Le taylorisme ne joue alors pas seulement en défaveur des créatifs, il pénalise les personnes mêmes pour qui il a été conçu à l'origine. Et pourtant, nous y sommes pieds et poings liés.

La question de la productivité est donc complexe. Mais elle l'est plus encore lorsque l'on prend en compte le fait que la créativité a évolué au sein même de l'économie du savoir. Comme nous le verrons au chapitre suivant, la créativité subit ses propres mutations, dans une direction opposée : alors que les entreprises la valorisent de plus en plus comme une compétence stratégique, on ne considère plus la créativité comme une caractéristique individuelle, mais comme un facteur de production que de grandes sociétés et d'autres collectifs peuvent utiliser et gérer. Parmi tous ces changements, nous commençons à décrypter la tension qui est au cœur de cet ouvrage.

Petit résumé, grandes idées

- La productivité passe d'une responsabilité collective (celle des entreprises) à une responsabilité individuelle (celle des individus).
- La créativité est devenue une compétence valorisée sur le marché du travail.
- Les systèmes quantitatifs d'évaluation de la productivité sont toujours utilisés alors même que le marché du travail se tourne vers des savoirs et des compétences difficiles à quantifier.
- La dévotion au travail est un phénomène sociologique par lequel les travailleurs prouvent leur implication dans leur travail en exprimant leurs efforts et leurs sacrifices.
- Le concept de travailleur idéal a fait naître des attentes et des normes rendues possibles uniquement par le rôle joué par l'épouse à la maison ; aujourd'hui, la donne a changé et pourtant la pression pour se conformer à ces normes irréalistes perdure.

2.
LE BOOM DE LA CRÉATIVITÉ

« Je veux être une machine. » —Andy Warhol

Dès que j'ai commencé l'écriture de ce livre, j'ai souhaité échanger avec le plus grand nombre d'interlocuteurs possible. Il m'a suffi d'une publication sur Facebook pour passer des heures sur Skype, sur FaceTime, au téléphone, en rendez-vous avec des cadres, des entrepreneurs, des designers, des auteurs, des artistes, des responsables de la stratégie, des annonceurs, des danseurs, des freelances, etc. J'ai aussi pu organiser des ateliers et des temps d'échanges informels avec les équipes de plusieurs de mes clients pour affiner et développer mes idées.

Les ouvrages, ressources et outils pour construire, améliorer, affûter et développer notre créativité sont légion. Pourtant, il m'est rapidement apparu que le concept de créativité en tant que tel demeure abstrait, ambigu et sujet à de multiples interprétations, y compris au sein d'un même secteur.

Qu'est-ce qui distingue *un* créatif du fait d'*être* créatif ? À ma grande surprise, mon ami Darien Jay Saul, PDG d'iStrategy Labs (une agence de marketing digital basée à Washington), se considère comme créatif mais non comme *un* créatif. Il réserve l'emploi de ce terme aux photographes, vidéastes, artistes, designers graphiques et à tous ceux qui contribuent de manière directe au travail avec le client. Je m'attendais pourtant à ce que son poste stratégique de responsable marketing le classe dans cette catégorie.

D'autres avis divergent. Kane Sarhan (Head of Global Brand pour Starwood Capital Group et co-fondateur de The Well) considère que, même s'il ne participe pas directement au travail de production, la vision, les idées et la stratégie qu'il impulse font partie intégrante de son identité de créatif. Un avis partagé par Joel Halpern, ancien directeur artistique de Loaded for Bear à Paris, pour qui ce poste consiste à être payé pour réfléchir : « Je pense que le rôle du créatif est de jeter des ponts entre une idée et un client. Ou de permettre au client d'accéder à l'information d'une manière compréhensible et propre à susciter l'enthousiasme. » Laëtitia Vitaud, spécialiste du futur du travail, nous propose sa définition d'un créatif : « Toute personne qui fait une chose qui n'est ni automatisable, ni soumise à un processus, ni balisée. Cela peut inclure le travail manuel, sauf sur une chaîne de montage. Au sens large, nous pourrions parler d'artisanat. »

Certains de mes interlocuteurs faisaient plutôt le lien avec un talent artistique, comme savoir dessiner ou peindre. D'autres insistaient sur la dimension professionnelle, c'est-à-dire « un travail pour lequel vous êtes payé. » Malgré la diversité des opinions, une constante émergeait : peu importe la manière dont on choisit de la définir, la créativité est un atout. Une étude menée en 2010 par IBM auprès de plus de mille cinq cents leaders mondiaux l'a désignée comme la caractéristique la plus importante du leadership[1] : 60 % des répondants la plaçaient devant l'intégrité (52 %), la vision globale (35 %) et l'influence (30 %), et 63 % des PDG la considéraient comme une composante essentielle de leur fonction.

Ces données sont toujours valables. Paul Robson, président d'Adobe EMEA, a ainsi déclaré que « la créativité est la *soft skill* la plus recherchée par les entreprises aujourd'hui[2] ». En effet, dans une étude menée par Adobe, 80 % des entreprises qui déclarent investir dans les ressources favorisant la créativité de leurs salariés constatent une amélioration de leur productivité et un niveau de satisfaction supérieur de la part de leurs clients.

La créativité est, depuis peu, devenue une véritable obsession dans nos cultures contemporaines. Pourtant, les termes *créatif* et *créativité* n'ont fait leur apparition qu'en 1920 et 1940 dans les ouvrages américains. En France, il a fallu attendre les années 1970. Néanmoins, les ouvrages dédiés à la créativité ont désormais droit à leur propre catégorie : des guides d'inspiration pour entrepreneurs aux guides néo-spirituels pour atteindre un état de *flow* divin, Google Books recense près de cinq cent mille titres. Désormais, on ne compte plus le nombre de ressources pour *débloquer*, *libérer*, *canaliser* et *exploiter* nos forces créatives latentes. Certains font de la créativité une science, d'autres l'inscrivent dans la lignée des attributs archétypaux des artistes. Nous la considérons à la fois comme un attribut propre aux hommes et comme une vertu que nous vénérons. Science ou pratique spirituelle, le concept de créativité n'a pourtant émergé qu'il y a environ deux siècles.

Comment nos conceptions de la créativité ont-elles évolué ? Comment sont nées nos références en la matière et qu'est-ce qui sous-tend véritablement notre compréhension de ce concept ?

Comme nous l'avons vu au chapitre précédent, en même temps que la productivité passait de la mesure d'un travail collectif à un indicateur individuel, la créativité parcourait le chemin inverse – de l'individu au collectif. Dans ce chapitre, nous allons découvrir comment la créativité a évolué d'une caractéristique rarement évoquée à l'une des valeurs culturelles les plus importantes de notre époque.

LA CRÉATIVITÉ ET LES DIEUX

La créativité, un don des dieux

Ni le mot ni le concept de créativité tels que nous les connaissons aujourd'hui n'existaient véritablement dans l'Antiquité, que ce soit en Grèce, en Chine ou en Inde. La créativité ne pouvait être que le fruit d'une découverte ou d'une imitation des dieux. Ni valeur prisée, ni trait de caractère, les grands penseurs de l'époque rejetaient en bloc la notion même, à l'image de Platon. Lorsqu'on lui demandait si un peintre « produisait » véritablement quoique ce fût, il répondait « certainement pas, il se contente d'imiter[3]. » Cela peut surprendre, pourtant Platon considérait qu'aucune activité humaine n'était véritablement créative car nous nous contentons d'imiter ou d'associer des éléments préexistants. Pour Platon, seuls les dieux sont capables de créativité. Remarquez néanmoins que si les Grecs polythéistes attribuaient leur inspiration aux dieux, ils revendiquaient cependant la paternité de leurs créations : les noms des architectes du Parthénon étaient, par exemple, connus de tous. Plus tard, dans les sociétés grecques et judéo-chrétiennes, la créativité a trouvé ses racines dans l'histoire biblique de la création. Elle est alors considérée comme un acte humain venu de l'extérieur et n'est donc pas valorisée comme un trait de personnalité. Contrairement aux architectes du Parthénon, les bâtisseurs de cathédrales sont le plus souvent restés anonymes.

Ainsi, pendant longtemps, nous nous sommes peu souciés de créativité. D'incroyables œuvres d'art, poèmes et textes ont été créés depuis la naissance de l'humanité (l'une des premières œuvres d'art découverte dans une grotte calcaire d'Indonésie a été peinte il y a près de quarante mille ans) sans que la créativité n'accède au statut d'attribut vertueux et désirable qu'on lui confère aujourd'hui. Don divin des dieux, elle demeurait une force mystérieuse venue de l'extérieur. Aujourd'hui, l'influence des muses grecques, déesses des sciences et des arts est-elle encore visible ? Lorsque nous évoquons l'inspiration artistique, le concept de muse artistique est familier mais nous y associons désormais de simples mortelles. De la maîtresse de Picasso, Marie-Thérèse Walter (largement représentée pendant sa période surréaliste), à l'amour passionné de John Keats pour Fanny Brawne (qui lui a inspiré certains de ses plus beaux poèmes), les créatifs ont depuis longtemps intégré la présence d'une force extérieure qui les pousse à donner le meilleur d'eux-mêmes. Nous l'oublions parfois, mais les muses font aussi partie de notre vocabulaire quotidien : le terme *musée* vient du grec *mouseîon*, temple et lieu consacré aux muses (*mousa*) et l'adjectif *doué* renvoie à la notion de grâce et de bénédiction divines. Des milliers d'années plus tard, la manière dont nos ancêtres percevaient la créativité demeure inscrite dans notre langage et une part de leurs croyances fondamentales se retrouve encore dans notre perception de la créativité.

L'INDIVIDU CRÉATIF

La créativité ne peut être que le fait de génies

Ce n'est qu'avec la Renaissance, puis les Lumières, qu'émerge le lien entre créativité et performance. D'abord talent précieux dont seuls les génies auraient été dotés, la créativité apparaît progressivement comme une caractéristique plus largement humaine. La Renaissance italienne, à son apogée aux XVe et XVIe siècles, est marquée par un regain d'intérêt pour la culture classique gréco-romaine. Parmi les figures majeures de l'époque, se trouvent le formidable artiste et inventeur Léonard de Vinci, le philosophe humaniste Pico della Mirandola, le poète Dante Alighieri, l'artiste Michel-Ange et le philosophe politique Niccolo Machiavel, entre autres. C'est l'époque de l'humanisme, les réflexions se portent vers les actions humaines et la pensée critique émerge. Les penseurs tendent à s'émanciper des anciens dogmes et superstitions, ils valorisent une forme de liberté intellectuelle. Ils contribuent à changer le monde et souhaitent être reconnus pour cela. On considère d'ailleurs qu'ils créent à partir de rien. Le processus créatif est désormais moins une question d'imitation que d'imagination, d'intuition et d'originalité. Jusqu'alors, on disait des philosophes qu'ils *réfléchissaient* à des concepts, des peintres qu'ils *donnaient forme* à des peintures, des auteurs qu'ils *réalisaient* des idées, etc. Par-delà la sémantique, ce phénomène revêt une portée historique : il marque l'émergence d'une nouvelle perception du monde, centrée sur l'homme.

Au XVIIIe siècle, deux conceptions très différentes de la créativité voient le jour, posant les bases d'une tension fondamentale encore à l'œuvre de nos jours. D'une part, les rationalistes, qui défendent l'Âge de la Raison et se délectent des progrès scientifiques (Newton, Leibniz, Bacon) et philosophiques (Descartes,

Locke, Spinoza, Kant, Voltaire, Diderot, Montesquieu). L'Âge de la Raison est celui de « la retenue, de l'ordre, de la logique, de la précision technique, de l'équilibre, de la diction élégante, de l'attention portée à la forme plutôt qu'au fond, de la clarté, de la dignité et de la bienséance[4]. » L'intellect l'emporte sur l'émotion, l'esprit sur l'imagination et l'homme et son raisonnement sont au centre de l'attention. Pour ces grands penseurs, considérer la créativité comme mystique est absurde. Le développement de la méthode scientifique nécessite une approche objective, analytique. Sans surprise, ce nouveau cadre de pensée offre un nouveau prisme à notre compréhension de la créativité. La psychologie naissante rejette la notion de mystère, elle voit dans la créativité un acte intelligent, le produit d'une pensée consciente, bien loin d'une inspiration divine.

Plus significativement peut-être encore, l'Âge de la Raison coïncide avec l'émergence en Europe du capitalisme et de l'industrialisation. L'effondrement du système féodal s'accompagne d'autres changements. De nombreux artisans s'installent en ville et commencent à travailler dans les usines. De nouveaux métiers, styles de vie et loisirs apparaissent en même temps qu'une nouvelle économie. De son côté, la classe supérieure se met à consommer des biens culturels (peintures, sculptures, spectacles d'opéra, recueils de poésie, etc.), se distinguant des commerçants et ouvriers.

La notion de *rareté* devient clé : la valeur marchande d'une œuvre d'art est étroitement liée à la signature de « l'artiste ». Nous assistons à la naissance de l'idée de « génie » créatif. À cet égard, la créativité est valorisée, considérée comme un attribut personnel – dont ne sont cependant encore dotés que quelques rares hommes talentueux. Alors que l'idée de rareté créative s'impose (c'est-à-dire une denrée rare émanant d'un petit groupe exclusif suffisamment chanceux pour avoir été doté de ce talent spécial), un changement majeur s'opère quant au concept de créativité : celle-ci passe de l'idée de *créer à partir de rien* à celle de *créer de nouvelles choses*. Cette notion de nouveauté demeure très présente dans notre définition moderne. De la confrontation entre le rationalisme, le capitalisme et l'industrialisation, émerge une nouvelle hiérarchie créative où la rentabilité surpasse l'originalité, elle-même supérieure à l'imitation. À l'heure où apparaissent les premières lois sur les droits d'auteur, les bénéfices dégagés deviennent un indicateur de créativité.

Mais, à la même époque, nous assistons à l'émergence d'une autre école de pensée aux conceptions radicalement différentes en matière de créativité. À la fin du XVIIIe siècle et au début du XIXe, les romantiques s'emparent de la notion de *génie* et font de l'imagination et de la liberté ses principales qualités. Ils réfutent l'idée que la créativité soit un choix conscient et rationnel et font primer l'imagination sur la raison[5]. En rejetant le concept rationnel de créativité, les romantiques la considèrent comme le fruit de la pensée inconsciente. L'imagination a non seulement un pouvoir de transformation, mais c'est une manière de vivre et de trouver un sens au monde qui nous entoure. Le poète et penseur romantique, Samuel Taylor Coleridge, propose ainsi une habile distinction entre deux types d'imaginations : d'une part, l'imaginaire pratique qui nous sert à comprendre le monde et à « nous remémorer des souvenirs, planifier et résoudre des problèmes », d'autre part, l'imagination au sens plus noble qui est « un éclairage supplémentaire qui change tout ce qu'il illumine » où l'individu et le monde ne font qu'un. Les romantiques ajoutent une dimension spirituelle à la créativité, toujours perceptible aujourd'hui de par le rôle transcendantal qu'elle joue dans nos vies personnelle et professionnelle (nous y reviendrons).

De nombreux romantiques refusent alors de faire de l'art un objet de vente, dénoncent le développement des économies modernes (le capitalisme) et de la production de masse (l'industrialisation) comme des signes de déclin culturel. Certains, comme Coleridge et Matthew Arnold, sont convaincus que l'élite artistique demeurée « à l'abri du commerce » et son art peuvent grandement influencer la société[6]. Nous pouvons y voir les premiers signes d'un conflit qui ne fera que s'intensifier par la suite.

Nos croyances modernes en matière de créativité sont le reflet de cette tension originelle entre rationalisme et romantisme : le premier attribue la créativité à l'esprit conscient tandis que le second la considère comme le fruit de la pensée inconsciente, voire de l'âme. Les tendances artistiques qui ont suivi traduisent la prédominance du romantisme au cours du XIXe siècle. Puis la tendance oscille, entre le détachement froid du modernisme du XXe siècle (du côté du rationalisme), l'abstraction spontanée et l'inspiration folle de l'expressionnisme (du côté du romantisme) et, enfin, le post-modernisme minimaliste et dénué d'émotions (le rationalisme)[7]. Que la créativité soit le fruit d'une pensée consciente ou non, les deux courants se rejoignent sur un point : elle appartient sans conteste au monde des humains et non à celui des dieux. Ce recentrage sur l'humain marque une étape importante : la créativité est devenue le propre des humains plutôt qu'un don divin.

CRÉATIF = FAIRE

Nous avons retracé les grandes lignes du passage de la créativité en tant que caractéristique extra-humaine à une caractéristique intrinsèquement liée aux capacités individuelles, incarnée dans des génies et des talents rares. Cette conception n'allait pas non plus tarder à changer. La fin du XIXe siècle a été propice à l'exploration de la créativité, sous l'influence de la poursuite du développement des méthodologies scientifiques mais aussi en partie du fait des différences innées entre les hommes, identifiées par Charles Darwin. Après la Première Guerre mondiale, le champ de la créativité s'est élargi pour dépasser le cercle des artistes : scientifiques, politiques, spécialistes des technologies, tous sont entrés dans la catégorie des créateurs. La compréhension du *processus créatif* a fait l'objet d'un regain d'intérêt, une manière de documenter les processus de découverte.

Cette étude des *processus* de créativité s'est développée en parallèle d'avancées dans le domaine de la psychologie. Le philosophe et psychologue français, Théodule-Armand Ribot, a été parmi les premiers à chercher à catégoriser et à mieux comprendre la créativité. Il a publié *L'évolution des idées générales* en 1897 et *Essai sur l'imagination créatrice* en 1900, vingt-six ans avant le psychologue américain Graham Wallas qui lui, pour sa part, a développé l'un des premiers modèles de pensée de la créativité dans son livre *The Art of Thought* (dont les quatre étapes sont la préparation, l'incubation, l'illumination et la vérification[8].)

C'est aux États-Unis, dans les années 1950 et 1960, que les études sur la créativité ont véritablement commencé dans le domaine de la psychologie. Des médecins comme J.P. Guilford, Osborn et Torrance se sont attelés à une tâche difficile : mesurer une chose aussi intangible que la créativité. La définition de l'imagination créative donnée par le romantique Coleridge était pourtant impossible à mesurer. Guilford a donc préféré opter pour une définition plus concrète : la génération d'idées.

En 1967, il propose un test, désormais célèbre, consistant à trouver autant d'usages que possible à un trombone (ou à une brique, un stylo, etc.). Ce moment marque alors une étape importante car il établit une distinction aussi subtile que significative : nous nous sommes mis à mesurer la créativité à l'aulne de ce que nous faisons plutôt que ce que nous sommes. Une grande part de notre compréhension actuelle de la créativité découle de cette distinction subtile, qui traduit un biais dans notre manière de la définir.

Prenez par exemple les études qui associent dévotion au travail et créativité. Une multitude de travaux viennent confirmer que cette dernière, dans le domaine scientifique comme artistique, résulte d'un travail délibéré, appliqué et conscient. Dean Keith Simonton, chercheur en psychologie à l'université de Californie a montré que « les lauréats du prix Nobel publient en moyenne deux fois plus que les autres scientifiques qui figurent cependant dans la liste des American Men and Women of Science[9]. » La créativité apparaît comme la résultante du temps passé, des efforts fournis et du travail acharné – elle est alors mesurée en fonction du résultat produit.

C'est ainsi que la créativité a gagné en accessibilité : nous avons rationalisé et codifié son processus en rejetant l'élitisme romantique au profit d'une conception plus démocratique. Ce faisant, nous avons accepté que la créativité ne soit plus ce que nous sommes mais ce que nous faisons. En basculant vers une conception rationnelle de la créativité, nous avons remis en avant ce qui est créé, le résultat de la créativité, contrairement à la conception prônée par les romantiques. Ce mouvement vers une créativité rationnelle a aussi laissé de côté le fait de se désintéresser de ce qui est créé, prôné par les romantiques.

CRÉATIF = ÊTRE

Faisons un saut dans le temps : au XXIe siècle, toute trace d'un quelconque élitisme a disparu, remplacée par l'idée selon laquelle nous sommes tous créatifs. L'approche socioculturelle a évolué : nous dépassons le cadre de l'individu et de son génie pour nous intéresser à des facteurs tels que l'éducation, les réseaux d'entraide et de collaboration. La créativité n'est pas individuelle, elle est collective. Elle ne relève pas du hasard, c'est une science. Sans remettre en cause le processus créatif décrit par Wallas, bien d'autres modèles sont nés du corpus grandissant de recherches et d'études.

Nous avons abandonné l'idéal romantique mais nos croyances et perceptions de la créativité y restent attachées. Nous la considérons avec un mélange quelque peu déroutant de romantisme et de rationalité. Nous défendons l'individu et nous célébrons l'intuition tout en demeurant convaincus de l'efficacité des méthodes de créativité en dix étapes. Des auteurs partagent avec conviction le récit de la puissance créative extérieure qui les traverse, comme Elizabeth Gilbert, ou dénoncent la manière dont les écoles tuent la créativité de façon systématique, comme Ken Robinson.

Pour mesurer la créativité, nos modèles de pensée s'appuient sur des résultats tels que la génération d'idées, la nouveauté et les efforts produits. Si vous ne produisez rien, alors vous êtes *bloqués* (contrairement à la vision romantique qui vous autorisait à être créatif sans rien créer). Le culte de la créativité s'infiltre dans les sphères personnelles comme professionnelles. À tel point que non seulement chacun se doit d'être créatif, mais nous ne comprenons pas non plus que quiconque puisse remettre en cause ou rejeter cette idée.

LES ENTREPRISES CRÉATIVES DANS UNE ÉCONOMIE GLOBALISÉE

Le développement des organisations créatives a éclipsé les individus créatifs, en même temps que se développait une littérature des sciences de la gestion. Autrefois apanage des dieux, puis des hommes, la créativité est désormais un indicateur économique et une priorité pour les entreprises. La mondialisation de la concurrence représente un véritable défi pour les organisations qui doivent répondre aux bouleversements engendrés. Face à ces transformations, l'économiste et auteur Michael Porter a identifié deux réponses possibles : réduire les coûts en maîtrisant la productivité (taylorisme) ou augmenter l'innovation (en renforçant la créativité).

La première option a été celle privilégiée au début du siècle dernier, avec la recherche d'une main-d'œuvre étrangère bon marché et l'introduction de processus et de technologies pour accroître l'efficacité. Mais, alors que les industries manufacturières cèdent la place à une économie du savoir plus spécialisée, la productivité n'est plus le seul critère de compétitivité. La recherche de créativité s'affirme comme un avantage concurrentiel. Pour gagner en compétitivité, les gouvernements et les entreprises misent sur ces atouts et cherchent à maximiser la créativité des individus, des organisations et de l'économie. La majorité des MBA proposent aujourd'hui des cours d'innovation, de créativité individuelle ou organisationnelle, et même Harvard a lancé un programme court en pensée créative (*Creative Thinking: Innovative Solutions to Complex Challenges*).

Des programmes alternatifs ont aussi fait leur apparition, comme la THNK School of Creative Leadership ou la Berlin School of Creative Leadership. Partout dans le monde, des écoles d'art proposent désormais des diplômes en management et en entrepreneuriat. Les entreprises, les modes de gouvernance, le management, la constitution de réseaux, l'expertise et les études : tout converge pour créer les conditions stratégiques visant à favoriser la créativité. L'individu comme fer de lance de la créativité, tel que prôné par les romantiques, n'est pas un modèle réplicable à grande échelle, il ne permet pas de développer cette compétence au sein des organisations.

La créativité est donc devenue une préoccupation essentielle pour les entreprises : elles ont compris l'avantage compétitif qu'elle représente et sont désireuses de la mettre au service de leurs objectifs de productivité. La productivité personnelle n'est pas en reste, avec de nombreux ouvrages sur la gestion du temps à destination des créatifs qui illustrent parfaitement la manière dont le souci de productivité est passé d'une priorité pour les entreprises à une priorité individuelle. Nous attendons des créatifs productifs qu'ils trouvent dans ce dédale de livres de quoi maximiser leur rendement créatif. La question du manque de temps est notamment un thème récurrent sur lequel nous reviendrons.

Avec du recul, toutes ces publications nous renvoient aux considérations globales sur les évolutions de notre rapport au travail. Notre société a poussé très loin la réflexion sur le rôle de la créativité dans nos vies professionnelles. Nous avons hérité d'un concept autrefois réservé à un petit groupe privilégié d'artistes de génie et nous en avons fait l'un des fondements de nos modèles économiques contemporains.

DES ÉCONOMIES CRÉATIVES

L'avènement de la ville créative

Ce redimensionnement de la créativité a dépassé le cadre des entreprises, allant jusqu'à affecter les priorités économiques nationales. En 2001, John Howkins a développé le concept d'*économie créative* modifiant le paradigme des ressources économiques : plutôt que d'utiliser les terres, le travail et le capital pour créer de la valeur, l'économie créative est un système qui utilise « de nouvelles qualités d'imagination ». Cette idée relativement récente n'est pourtant pas nouvelle : comme le rappelle Howkins, « ni la créativité ni l'économie ne sont nouvelles, mais c'est la nature des relations qui les lient qui l'est ». Ce lien croissant entre créativité et économie oblige les gouvernements à reconsidérer leurs indicateurs statistiques. Les indicateurs classiques comme le PIB, le taux de croissance annuel moyen, le chômage, le coût de la vie et les réserves de change ne sont plus en phase avec la nature changeante de l'économie, ni avec les facteurs de compétitivité du futur. C'est ainsi que la créativité s'est invitée dans le calendrier politique. Si certains gouvernements tardent à prendre ce virage, nous observons des signaux qui témoignent du mouvement de fond qui s'opère.

En 2004, la Région administrative spéciale (RAS) de Hong Kong a mis en place un *Creativity Index*, indicateur statistique visant à évaluer le capital créatif de Hong Kong, à jauger sa compétitivité et à « comparer sa vitalité créative avec ses voisins ». Référence en termes de planification politique et stratégique, le *Creativity Index* se veut comme une réponse à « une nouvelle ère économique », en pleine évolution et dans laquelle la créativité s'affirme comme un facteur clé de production.

Nombreux sont les pays les plus développés qui ont opté pour cette même approche et fait de la créativité un impératif économique. En 2015, à l'occasion d'un voyage au Japon, le Premier ministre français de l'époque, Manuel Valls, avait lancé *Créative France*, une campagne de communication internationale visant à promouvoir l'économie créative française. L'opération mettait en lumière quelques-uns des « ambassadeurs » français, dont Cédric Vilani, Thierry Marx, Hélène Darroze et Philippe Starck en en faisant des symboles de la créativité française, témoins de « la capacité à construire un nouveau monde, à revitaliser les écosystèmes et à créer des emplois en France[10] ».

De 1997 à 2007, le nouveau parti travailliste britannique a voulu redynamiser la croissance et la compétitivité nationales en élargissant le champ des industries créatives pour englober les secteurs de la finance et des services. Le titre du rapport annonçait fièrement *Nous sommes tous créatifs*. De la même manière, l'Australie a publié *Industries créatives – une stratégie pour l'Australie du XXI*e *siècle*, dont le slogan était *Une nation créative est une nation productive*.

Monica Mokre, présidente de l'European Institute for Progressive Cultural Policies, relativise le phénomène de « mode » qui auréole les industries créatives. Elle nous explique pourquoi les pays ont tout intérêt à faire de la créativité un véritable moteur de leur croissance économique. Pour des raisons stratégiques et politiques, tout d'abord : élargir le champ de la définition des industries créatives revient à augmenter le nombre de personnes qui se sentent parties prenantes. Le second motif est d'ordre pratique : grâce à une définition plus large, les statistiques prouvent effectivement que les industries créatives sont des moteurs de croissance économique. Les décisions politiques qui profitent aux industries créatives et culturelles ont des effets positifs sur l'emploi et la compétitivité internationale[11].

Au fil des études, la notion de la créativité s'est peu à peu imposée comme une force économique majeure à travers le monde. Alors que les socles industriels des économies développées se contractaient, les industries créatives ont largement pris le relais. L'art, la culture et la créativité sont désormais prêts à devenir des valeurs économiques. La créativité apparaît comme l'indéniable atout de notre époque qui se traduit de façons multiples et subtiles. Comme le souligne Elizabeth Wilson dans son livre *Bohemians: The Glamorous Outcasts*, la flexibilité et la mobilité qui caractérisent le créatif d'aujourd'hui trouvent racine dans la figure des marginaux ; elles sont l'héritage de ces artistes qui refusaient les règles et la rigueur du modernisme[12]. Les artistes ne sont plus les seuls à travailler dans un atelier créatif à des horaires décalés : ces prérogatives sont désormais aussi celles de la nouvelle classe des créatifs productifs. On notera l'ironie qu'il y a à s'approprier les marqueurs des artistes bohèmes et autres opposants du système pour les intégrer dans ces mêmes systèmes et institutions. Mais ce n'est finalement pas si mal. Alors que nous aspirons à un monde meilleur au cœur d'un système défaillant, nous sommes souvent en quête de modes de vie et de travail plus éthiques. Comme le souligne à juste titre Elizabeth Wilson, nous devons cependant rester attentifs à ce qui motive et façonne inévitablement nos croyances profondes quant au rôle de la créativité dans nos vies.

L'évolution de notre compréhension de la productivité et de la dévotion au travail a fortement affecté nos croyances quant à la nature du travail ; il en va de même avec la créativité. Les politiques économiques et culturelles influencent nos vies. Elles modifient nos cultures car nous intégrons peu à peu, et de façon subtile, leurs valeurs implicites, jusqu'à ce que nos attitudes et comportements nous paraissent évidents et naturels tant ils nous sont familiers.

Mais désormais, rares sont ceux qui considèrent la créativité comme l'apanage d'une minorité. Une étude menée par Adobe a révélé que seuls 25 % des personnes interrogées considèrent qu'elles exploitent pleinement leur potentiel créatif[13]. Plus de 75 % jugent aussi que leur pays accuse un certain retard en la matière.

Par ailleurs, en intégrant à notre réflexion des principes de libre-échange, comme la compétitivité et l'entrepreneuriat, nous dépassons le cadre de « l'industrie » pour toucher à l'individu – puisque nous mesurons nous-mêmes rythme de production, création et valeur. Mais, à l'image des classes privilégiées du XVIIIe siècle, nous nous sommes laissé aveugler par l'idée de pouvoir pour nous différencier et nous distinguer en tant qu'êtres créatifs en nous contentant de consommer ou de participer à la commercialisation de la créativité.

Joshua Rothman a parfaitement résumé ce phénomène dans son article pour le *New Yorker* intitulé « *Creativity Creep*[14] » :

> « Nous vivons dans une société de consommation qui repose sur l'idée de nous exprimer par le biais de la nouveauté. Nous pensons pouvoir nous trouver en faisant l'acquisition de nouveaux biens. De façon peut-être inévitable, nous avons réinterprété la créativité comme une forme de méta-consommation : un moyen de nous frayer un chemin de l'autre côté de l'équation consommateur-producteur, de nager à contre-courant vers la source. De là naît l'urgence, perceptible dans ma pile d'ouvrages sur la créativité, de réinterpréter tous nos modes de vie comme fondamentalement créatifs, de clamer que nous pouvons tous *donner libre cours à notre créativité*, que nous soyons investisseur,

auteur, pharmacien, professeur, athlète ou coach. En même temps que ces termes viennent requalifier le travail comme un art, ils suggèrent à quel point l'art a été requalifié en travail : nous parlons désormais difficilement de créativité sans faire référence à un métier, quel qu'il soit. »

Et c'est ainsi que nous mêlons la « créativité » à une économie extrêmement compétitive.

UNE QUESTION D'ÉCHELLE

Le 21 avril 2001, Toronto a lancé le *World Creativity and Innovation Day*, une initiative impulsée par l'experte en créativité, Marci Segal, pour encourager les citoyens à se servir de leur créativité pour rendre le monde meilleur. En l'espace de cinq ans, cette journée s'est transformée en une semaine – qui débute toujours le 15 avril, date d'anniversaire de Léonard de Vinci. Partout dans le monde, des individus se rassemblent pour partager leurs idées et participer à des formations, ateliers et conférences sur les thèmes de la créativité et l'innovation[15].

Le génie créatif solitaire doté d'une compétence rare a laissé place à une communauté – un concept plus ouvert qui englobe une grande diversité de nouvelles compétences essentielles au dynamisme des économies du savoir émergentes. C'est une idée encore relativement récente, trouvant son ancrage dans l'avènement des créatifs productifs qui ont élargi leur définition pour y inclure de nouveaux champs et des compétences jusqu'alors inexistantes. La créativité n'est plus le privilège des seuls artistes et l'on pourrait dire que les créatifs sont partout : de la science des données à la communication.

Au cours des deux derniers siècles, nous avons totalement repensé ce que signifie *être créatif* en termes de caractéristiques individuelles, de compétences acquises et, pour beaucoup d'entre nous, de vocation. L'adjectif a pris une connotation globale : il qualifie aussi bien de nouvelles formes de management (le leadership créatif, le management créatif) que des notions économiques (les économies créatives, la classe créative). Même notre emploi du mot a évolué : d'*être créatif* (en lien avec une activité) à être *un créatif* (en lien avec notre identité). Le terme de *créativité* s'est imprégné de références culturelles et de sens tout en demeurant ambigu et rarement pertinent. Nous l'érigeons en pilier de notre culture du travail contemporaine et de notre système de valeurs, nous nous accordons à dire que nous avons besoin de plus de créativité, sans véritablement savoir ce dont nous parlons.

Mais la définition de la créativité continue de s'élargir. Il n'est plus question d'artistes priant pour être touchés par l'inspiration divine, mais de créatifs productifs qui contribuent pleinement aux économies et aux marchés construits sur les principes de la productivité. Après s'être développés en parallèle pendant des milliers d'années, les concepts de créativité et de productivité se sont entrechoqués de façon spectaculaire.

Dans le prochain chapitre, nous verrons ce que signifie vivre et travailler dans un monde où créativité et productivité se disputent brutalement le devant de la scène. Concluons avec une citation courte et lapidaire de Nora Roberts, auteure de plus de deux cents best-sellers :

« Chaque fois que j'entends un auteur parler de *sa muse*, je n'ai qu'une envie : le gifler. Il s'agit d'un travail. Faites votre travail. »

Petit résumé, grandes idées

- La plupart des réflexions sur la créativité ne datent que de quelques siècles.
- La créativité passe peu à peu de l'échelle individuelle à l'échelle collective.
- Au fil du temps, la créativité s'est transformée : d'un don venu des dieux, elle devient une part essentielle de l'identité, d'une compétence dont nous disposons à une unité de production économique.
- La créativité est désormais le moteur des nouvelles économies : cela se traduit par la création de nouvelles politiques gouvernementales, témoignages de sa valorisation croissante à l'échelle mondiale.

3.
TRAVAILLER PLUS ET PLUS VITE

"*Never get high on yo' own supply*[1]." —Notorious B.I.G.

LE GRAND MENSONGE

La langue japonaise est réputée pour sa concision et sa capacité à exprimer des notions complexes avec une grande précision. Par exemple, *boketto* signifie regarder au loin dans le vide ; alors que *fuubutsushi* renvoie aux sentiments, aux odeurs ou aux images qui évoquent les souvenirs ou l'attente d'une saison. L'un de mes mots préférés est *tsundoku* qui désigne l'accumulation, sous forme de piles, de livres que l'on achète sans jamais les lire.

Dans les années 1970, un nouveau mot a fait son apparition dans le vocabulaire japonais : *karōshi*, qui signifie littéralement *la mort par excès de travail*. Au plus fort de la bulle économique japonaise dans les années 1980, les décès de jeunes cadres haut placés se sont multipliés et ce terme socio-médical a traduit l'émergence d'une épidémie de fatigue et de stress psychologique extrême, légalement reconnue comme pouvant entraîner la mort[2]. Ce phénomène est toujours relativement présent. De récentes études ont révélé des motifs professionnels pour huit mille des trente mille suicides annuels environ. On attribue chaque année au *karōshi* dix mille autres décès par attaques cardiaques, AVC ou même hémorragies cérébrales. Les rescapés du *karōshi* ont droit à un dédommagement. En novembre 2014, le tribunal du district de Tokyo a reconnu la responsabilité d'une chaîne de restaurants pour le suicide d'un manager de vingt-quatre ans qui s'était donné la mort par pendaison en 2010. Il avait travaillé en moyenne cent quatre-vingt-dix heures mensuelles au cours des sept mois précédents[3].

Qui plus est, les études révèlent une baisse de la productivité au Japon, parallèlement à une baisse du taux de natalité. La population semble tellement absorbée par son travail qu'elle manque de temps et d'énergie pour fonder des familles. Pour gérer ce problème, le Japanese Labor Board a mis en place une nouvelle réglementation : en 2015, le Parlement a voté une loi obligeant les salariés à prendre au moins cinq jours de congé payés par an. Remarquez que la responsabilité repose sur les employés et non sur les employeurs. Si les salariés japonais ont droit à dix-huit jours de congé payés et seize jours fériés, ils n'en utilisent pourtant qu'environ neuf par an, en comptant les congés maladie.

Mais il ne suffit pas d'une loi pour faire bouger des systèmes de croyances et des comportements profondément enracinés.

« Parce que le travail est une partie de l'identité des Japonais, surtout pour les hommes, leur équilibre vie professionnelle-vie personnelle est désastreux », ajoute Cary Cooper, professeur à l'université de Lancaster et expert de la culture du travail au Japon. Demander du temps pour soi est jugé désinvolte et même déloyal envers les collègues qui devront compenser. Cela peut générer beaucoup de honte et d'anxiété dans un système où règnent des normes culturelles complexes et conformistes fondées sur l'harmonie, la fierté, l'honneur et le sens du devoir.

Pour comprendre à quel point ces valeurs sont ancrées dans la société japonaise d'aujourd'hui, il suffit d'écouter une conversation entre deux collègues, en fin de journée. Le premier à partir annoncera : *Osakini shitsurei shi-masu* (*Je suis désolé de partir alors que tu restes*). Ce à quoi l'autre répondra : *Otsukarasama deshita* (*Tu as travaillé dur aujourd'hui, tu dois être fatigué*). Même dans ce banal échange nous percevons le poids du bagage culturel qui imprègne la notion d'éthique du travail.

Yuu Wakebe, responsable du ministère de la santé et du travail en charge de ces réglementations au Japon, cumule en moyenne une centaine d'heures supplémentaires par mois et ne s'accorde que cinq jours de congé par an (y compris lorsqu'il est souffrant). Avec ce genre d'exemple, comment attendre des salariés qu'ils se saisissent de la loi anti-*karōshi* ? « Un salarié a droit à des congés payés », aurait déclaré Yuu Wakebe. « Mais, au Japon, travailler nécessite de faire preuve de beaucoup de bonne volonté[4]. » La bonne volonté se traduit ici par des heures supplémentaires non-rémunérées (une pratique classique au Japon) et non comptabilisées dans les indicateurs de productivité (ce qui explique pourquoi, en théorie, les salariés japonais travaillent moins d'heures chaque année que les Américains[5]). On estime en millions le nombre d'heures supplémentaires annuelles non-rémunérées au Japon[6].

Le phénomène du *karōshi* trouve sa source dans la nécessaire revitalisation de l'économie japonaise d'après-guerre, qui doit beaucoup à l'implication des *salarymen*, ces employés qui se dévouaient pour leur entreprise (une version japonaise du travailleur idéal du chapitre 1). Sans surprise, l'émergence de ce type de travailleur est en grande partie due aux travaux du management scientifique (ce qui nous ramène à Frederick Taylor, une fois de plus). W. Edward Deming a largement contribué à poser les bases de l'économie de cette époque ; il a également pesé sur la création du système de production et de management japonais, qui insiste sur le *kaizen*, ce souci d'amélioration continue qui allait révolutionner l'industrie manufacturière.

Le *kaizen* a pour but l'amélioration de la productivité et vise à réduire le gaspillage au sens large. Malheureusement, le Japon a élargi la définition de l'inefficacité au-delà des traditionnelles mesures de réduction des coûts pour y inclure tout le temps qui n'est pas consacré au travail : les loisirs, les pauses et même les vacances. De nombreuses entreprises japonaises encouragent leurs salariés à formuler en permanence des propositions d'amélioration, même si elles les desservent. Il en résulte une culture du travail où les journées à rallonge sont devenues la norme, le seul moyen de répondre aux demandes extravagantes qui vont de pair avec la pression constante d'amélioration de la productivité, en dépit des difficultés économiques comme la crise économique de 2008 (dont l'impact psychologique a été unique en son genre, comme nous le verrons.) Comment s'étonner que, soumis à des objectifs commerciaux inatteignables, au manque de sommeil, de vacances ou de loisirs, les travailleurs souffrent d'anxiété, de dépression et d'une longue liste de troubles physiques ?

En même temps que se construisait l'image du travailleur idéal américain, au Japon, la répartition genrée des rôles s'imposait comme une évidence, les femmes étant en charge de l'essentiel des tâches domestiques et de l'éducation des enfants. Aux États-Unis, la situation a radicalement évolué et les mères qui travaillent représentent une grande part des nouveaux entrants sur le marché du travail. Au Japon, la position des femmes est beaucoup plus compliquée. Seuls 64 % d'entre elles travaillent ; c'est l'un des taux les plus bas des économies de l'OCDE ! Le Japon occupe également la 104e place du classement sur l'égalité femmes/hommes du Forum Économique Mondial, sur cent quarante-deux pays : à poste égal, les femmes ne gagnent que 70 % du salaire des hommes[7].

Pour le congé parental, l'influence persistante de la répartition traditionnelle des genres est flagrante. Le Japon est l'un des pays les plus progressistes en matière de congés payés pour les jeunes parents, le congé maternité y est en vigueur depuis 1947 et le congé parental depuis 1992 – date à laquelle sa durée a été étendue à une année complète pour chacun des parents[8]. Mais, en 2014, seuls 2,3 % des pères ont fait valoir leurs droits, pour l'essentiel par peur des représailles sociales envers les hommes qui s'écartent des normes de la masculinité. En 2016, Kensuke Miyazaki, représentant au Parlement du Parti libéral démocrate, a annoncé son intention de prendre un mois de congé paternité. Sa décision, unique parmi les sept cents parlementaires, lui a attiré les critiques du secrétaire général de son propre parti qui a déclaré à la presse que son absence pourrait pénaliser le parti : « Cela va poser problème en cas de situation extrêmement tendue, si un seul vote peut faire la différence[9]. » Il faut prendre la mesure d'une telle situation : un jeune père est publiquement humilié dans les médias pour vouloir profiter d'une mesure politique soutenue par son propre parti. Voilà une nouvelle illustration des tensions qui naissent du mot d'ordre « faites ce que nous disons, pas ce que nous faisons ».

Au Japon, la dévotion sans faille envers le travail s'inscrit dans ce que les psychologues industriels nomment *les trois trésors*. Ces *trésors* définissent le régime du travail et incluent l'emploi à vie, les salaires en fonction de l'ancienneté et les syndicats d'entreprise. Ils créent à la fois un impératif moral et une norme sociale tacite qui donne lieu à une culture du travail souvent punitive. Shinzo Abe, Premier ministre japonais, a conscience des défis à relever pour faire profondément évoluer l'éthique de travail de son pays, dont il reconnaît qu'il s'agit d'« une culture qui valorise à tort les horaires à rallonge[10]. » L'interaction est forte entre les systèmes que nous appliquons et la culture que nous créons.

Le Japon illustre la manière dont des valeurs culturelles différentes peuvent aboutir à une même obsession pour le travail. C'est un phénomène global, qui n'est pas propre aux seuls Américains et dont l'impact résonne à travers de nombreuses industries et pays. Il est fascinant d'observer comment des moteurs sociaux, tel que le sens du devoir envers le collectif, peuvent engendrer les mêmes symptômes de surcharge au travail que lorsque les Américains se concentrent, eux, sur le succès individuel. Des deux côtés de l'océan, des croyances très différentes ont créé des conditions de travail étrangement similaires.

Les expressions *overbooké, surchargé* et *stressé* sont entrées dans le vocabulaire courant des entreprises partout dans le monde. En Corée du sud et en Chine, en pleine croissance économique, nombreux sont ceux guidés par l'idée selon laquelle « tout travail qui mérite d'être fait mérite de l'être de façon immodérée ».

En Chine, il existe aussi un terme pour désigner la mort au travail : *guoalogi*. On évalue à six cent mille le nombre de Chinois qui meurent chaque année de stress professionnel. Les Coréens ont également leur mot : *gwarosa*. Ce n'est qu'en 2001 que leur semaine de travail a été réduite de six à cinq jours par semaine. Auparavant, les salariés coréens travaillaient en moyenne deux mille quatre cent quatre-vingt-dix-neuf heures par an, un record selon une étude annuelle publiée par l'OCDE[11]. À titre de comparaison, sur la même période, les Américains avaient travaillé mille huit cent quatorze heures. Le nombre d'heures travaillées annuellement a légèrement diminué en Corée mais, malheureusement, en 2014, il s'élevait toujours à deux mille cent vingt-quatre[12].

Le système anglo-américain ne vaut pas tellement mieux. Certes, il n'a pas d'équivalent du mot *karōshi*, mais les liens entre épuisement professionnel (*burn-out*), maladie et dépression sont largement démontrés. L'extrême dévotion au travail et la loyauté sans faille des travailleurs japonais a assurément fait du Japon une superpuissance économique, mais le prix à payer a été conséquent. La diminution de la population et le faible taux de natalité révèlent le peu de temps dont dispose la force de travail japonaise pour autre chose que l'activité professionnelle.

Le contraste est vif avec l'essence de la culture française du travail qui donne, en théorie, priorité à l'équilibre vie personnelle-vie professionnelle. En 2017, une loi a été adoptée pour accorder aux travailleurs le droit à la déconnexion, en particulier dans l'environnement actuel de connexion permanente. D'après l'OCDE, les salariés français ont consacré 16,4 heures par jour à des activités personnelles et de loisirs, ce qui est supérieur à la moyenne mondiale de quinze heures, établie par l'OCDE. Dans l'Indicateur du vivre mieux de l'OCDE, la France a une meilleure qualité de vie que la moyenne. Les taux de fécondité et d'emploi pour les femmes restent supérieurs à la moyenne des pays de l'OCDE et la pauvreté infantile y est inférieure. Globalement, le nombre de congés payés, les congés maternité et paternité rémunérés et les restrictions en matière de surcharge professionnelle créent des conditions de travail favorables. D'après l'OCDE, le travailleur français travaille environ mille cinq cent vingt heures annuelles, contre mille trois cent soixante-trois heures en Allemagne, mille six cent quatre-vingt au Japon et mille sept cent quatre-vingt-six aux États-Unis[13]. Mais, nous l'avons vu, cette conception du travail subit l'influence de pressions externes. Le marché global, les nouveaux écosystèmes qui se créent autour des start-up et de l'idéalisation du travail participent à l'allongement des journées de travail des salariés français. Cette situation est regrettable car, selon le PIB par heure travaillée calculé par l'OCDE, la France produit plus en travaillant moins. Les travailleurs français contribuent au PIB à hauteur de 108,80 dollars par heure, contre 104,7 aux États-Unis et 106,6 au Japon[14]. Cela démontre bien la puissance que les récits sur la culture du travail ont aux États-Unis : malgré les apparences, les résultats du culte de la productivité – en l'occurrence, le rendement – ne sont pas au rendez-vous ; et pourtant, nous persistons à la présenter comme la référence ultime, où la réussite découle du travail acharné.

CRISE DE 2008 : PESSIMISME ET HEURES SUPPLÉMENTAIRES

La crise dévastatrice qui a frappé le Japon au début des années 1990 avait donné aux économies développées un avant-goût de ce qu'elles allaient vivre dans les années qui suivraient l'effondrement de 2008, lorsqu'elles paieraient le lourd tribut de la stagnation économique. On a parlé de la *décennie perdue* (1991-2000), certains économistes allant jusqu'à inclure la période 2001-2010 en référence aux *deux décennies perdues* (*ushinawareta nijūnen* en japonais, ou *lost score* en anglais). En réalité, la consommation n'a pas encore retrouvé son niveau d'avant le krach.

Nous avons largement souligné les influences et croyances qui ont façonné notre rapport toxique au travail ; aucune n'aura été aussi importante que la crise économique mondiale des années 2007-2012 (que les anglophones nomment la Grande récession). L'incertitude quant à la sécurité de l'emploi – ainsi qu'à la stabilité et la viabilité de nos économies dans leur ensemble – a eu des impacts psychologiques colossaux toujours visibles aujourd'hui. À l'instar des Japonais pendant la décennie perdue, nous continuons à ressentir les effets d'évènements qui se sont produits il y a dix ans ou plus. Jusqu'alors, les économistes s'appuyaient sur des cycles plutôt bien définis où les récessions étaient suivies de périodes de vraie reprise : cette situation inattendue est allée à l'encontre de leurs convictions car ce qui s'est produit au Japon et en Occident n'a pas répondu à ces schémas traditionnels. Les crises se prolongent désormais plus longtemps que nous ne le pensions et nous avons baptisé d'*effet cicatrice* leurs effets à long terme, tant sur les individus que sur la société.

John Irons, chercheur à l'Economic Policy Institute, a décrit ces répercussions durables dans un article visionnaire de 2009 : « La chute des revenus peut pousser des familles à repousser ou abandonner l'éducation supérieure de leurs enfants. Le gel des marchés des crédits et la crise des dépenses de consommation peuvent mettre un terme à la création de petites entreprises dynamiques, et les plus grandes entreprises risquent de reporter ou de réduire leurs dépenses en R&D ». Il indique de plus que l'augmentation des taux de crédit et la baisse de la consommation affectaient fortement les petites et nouvelles entreprises. En 2008, quarante-trois mille cinq cents entreprises ont fait faillite, contre vingt-huit mille trois cents en 2007 et dix-neuf mille sept cents en 2006. Irons soulignait aussi que les effets de ce type d'évènements pouvaient se répercuter sur plusieurs générations. Si vos parents ont rencontré des difficultés financières, il est probable que cela soit aussi votre cas. Une étude de 2005 (Oreopoulos *et al.*) a ainsi montré que les enfants dont le père avait perdu son emploi gagnaient 9 % de moins que des enfants issus de familles comparables dont le père avait bénéficié d'un emploi stable.

TRAVAILLER PLUS : UN RÉFLEXE D'AUTODÉFENSE ANTI-CRISE

De manière schématique, l'économie repose sur trois piliers : la Bourse, l'immobilier et l'emploi. Si l'un de ces marchés est touché par une crise, les deux autres sont là pour éviter que tout l'édifice ne s'écroule. Par exemple, lors de la crise américaine de 1981-1982, le marché du travail a été durement frappé (le taux de chômage a grimpé de 7,2 à 10,8 %), mais les prix de l'immobilier sont restés stables et les indices boursiers ont même progressé. La crise de 2001 a été marquée par un effondrement boursier et une légère hausse du taux de chômage mais ces deux effets ont été compensés par une augmentation des prix de l'immobilier. Malgré ces temps difficiles, le consommateur était en quelque sorte protégé : rien à voir avec la tempête de 2008, lorsque les trois marchés se sont effondrés.

En 2010, Michael D. Hurd et Susann Rohwedder du National Bureau of Economic Research ont publié les résultats d'une série d'enquêtes récurrentes dans lesquelles deux mille six cents foyers ont été interrogés chaque mois sur l'impact de la crise entre novembre 2008 et avril 2010. Près de 40 % d'entre eux étaient en retard sur leurs paiements immobiliers, au chômage, sous le coup d'une saisie ou en fonds propres négatifs. Un effet domino avait tendance à se dessiner. À cause de la popularité des prêts immobiliers à taux variables et sans mise de fonds, de nombreux propriétaires devaient faire face à l'explosion de leurs mensualités de remboursements alors que le marché immobilier s'effondrait et que leurs biens perdaient de la valeur. Les personnes sans emploi puisaient dans leurs allocations chômage et dans leurs économies et beaucoup d'entre elles – même celles qui avaient emprunté de façon raisonnable et dûment remboursé – risquaient de perdre leur maison et tous leurs capitaux.

Avant la crise, le marché du travail était florissant. Les éditions 2003 à 2007 des rapports *Future of Work* de Randstad montraient que la confiance des salariés avait atteint un niveau exceptionnel, beaucoup se disant prêts à changer de poste et à négocier de solides avantages sociaux. Quand la situation a commencé à évoluer à mesure que la crise de 2008 approchait, Randstad a remarqué une diminution du niveau de confiance : les salariés considéraient que le nombre d'offres d'emploi était moins élevé et se préoccupaient surtout de sécuriser leur emploi face à des employeurs de nouveau en position de force. Il est intéressant de noter que, dans leur rapport, Hurd et Rohweder ont observé que, malgré cette nouvelle incertitude économique, le niveau de satisfaction au travail était à son plus haut depuis 2004 : alors que la menace des licenciements approchait et que les marchés financiers étaient en chute libre, les salariés s'estimaient déjà heureux d'avoir un travail.

Ces études soulignent les variations qui peuvent s'opérer en matière d'impacts psychologiques en l'espace d'une seule année. Entre les résultats de 2007 et de 2008 la proportion de travailleurs considérant la période comme propice à chercher un travail plus rémunérateur, réclamer de meilleurs avantages ou négocier une hausse de salaire a, sans surprise, diminué. Un comportement retient cependant l'attention : seuls 35 % des répondants se déclaraient prêts à demander de l'aide à leur employeur afin *d'alléger leur charge de travail*. À l'inverse, 68 % considéraient que la période se prêtait à travailler plus. Ces deux chiffres révèlent que les répondants ne voulaient pas donner l'impression de ne pas être en capacité de gérer leur charge de travail ; ceci s'explique probablement par leur inquiétude à se voir remplacés. Les salariés cherchaient alors à prouver leur valeur à leur employeur (ce que le rapport présente comme une tentative pour mettre leur emploi à l'abri de la crise) en sollicitant du travail supplémentaire. Le mécanisme de défense à l'œuvre consistait ainsi à travailler plus, plus rapidement et plus longtemps dans l'espoir de prouver à leur responsable qu'il avait tout intérêt à les garder dans l'équipe. Les études révèlent aussi que le nombre d'heures travaillées a alors augmenté de douze points par rapport à l'année précédente.

Online Psychology Degree, une organisation s'intéressant aux profils de carrière, a réalisé un panorama du phénomène d'obsession pour le travail au XXIe siècle, par le prisme de la psychologie. Le sentiment décrit ci-dessus y est corroboré. « À cause de la menace de réductions d'effectifs et de licenciements qui plane désormais en permanence sur les salariés, beaucoup se sentent contraints de crouler sous une avalanche de responsabilités. Ils veulent être considérés par leur employeur comme des atouts non négligeables pour l'équipe et assument des charges de travail démesurées pour se protéger ; ils se disent que personne ne veut se débarrasser des fonceurs », résume le rapport. « Dans leur esprit, faire preuve d'une dévotion presque fanatique au travail augmente leurs chances d'accéder à une forme de reconnaissance en étant augmentés ou promus. »

Le rapport publié par Randstad ajoute que non seulement les salariés travaillaient plus, mais qu'ils aimaient tellement ce qu'ils faisaient qu'ils étaient moins susceptibles de réclamer des horaires de travail flexibles, des opportunités de promotion ou des congés payés (dont l'augmentation était qualifiée d'*importante* par 47 % des répondants en 2008, contre 53 % en 2006.) Ils étaient aussi prêts à travailler plus pour gagner moins. Les attentes des salariés vis-à-vis du travail qui avaient le plus baissé entre 2006 et 2008 concernaient la compétitivité des salaires. Les plus fortes chutes quant à l'importance accordée aux compensations financières s'observaient chez les salariés des générations X (70 %, en baisse de neuf points) et Y (71 %, en baisse de quinze points) – ce qui est cohérent avec l'idée d'être globalement satisfait rien que du fait d'avoir déjà un emploi.

Aux États-Unis, la productivité a doublé chaque année entre 2008 et 2010. Selon un rapport publié par l'Economic Policy Institute, les profits des entreprises ont bondi de près de 22 % depuis 2007. Les bénéfices ont augmenté alors même que le nombre de travailleurs diminuait. Pour l'économiste Brad DeLong, professeur à l'université de Californie à Berkeley, les sociétés d'aujourd'hui « tirent parti du fléchissement de la demande pour rationaliser leurs opérations et accroître la productivité au travail en mettant en avant auprès de leurs salariés les impératifs commerciaux pour faire face à la crise ». En somme, les employeurs ont profité de la crise pour resserrer les budgets et augmenter les charges de travail. De leur côté, les salariés n'ont pas protesté car ils s'estimaient déjà chanceux d'être employés. Les sociétés s'en sont sorties ainsi et ont même généré des bénéfices. Elles n'ont donc pas réembauché les salariés licenciés et ceux en poste ont assumé des charges de travail plus conséquentes et des horaires de travail allongés, sans compensation financière. Les entreprises ont tout simplement battu leurs records de bénéfices au détriment de leurs masses salariales surchargées. Carl Van Horn, politologue chez Rutgers, a résumé de façon succincte cette nouvelle réalité : « Tout penche en faveur de l'employeur. [...] L'employé ne dispose d'aucun levier. Si votre responsable vous dit "Je veux que tu viennes travailler les deux prochains samedis", qu'allez-vous répondre – non ? »

TOUJOURS PLUS

En 1941, le Temporary National Economic Committee américain publie un rapport intitulé *Investigation of Concentration and Economic Power* (*Enquête sur la concentration et la puissance économique*). Ce rapport s'appuie sur des témoignages d'économistes, universitaires et experts pour dresser un état des lieux de l'économie américaine au cours des deux décennies précédentes ; il résume aussi un certain nombre de pratiques liées au travail, en vigueur dans divers secteurs.

Le chapitre intitulé « La technologie dans notre économie » est particulièrement intéressant. À peu de chose près, il pourrait s'appliquer à notre situation actuelle : « La technologie, cette évolution historique sans plan ni objectif global, s'est imposée dans nos modes de vie modernes », peut-on y lire. « Ses avantages et inconvénients sont par conséquent entremêlés et mélangés avec les complexités de la situation actuelle et requièrent une analyse et une évaluation à partir d'un point de vue ancré dans des considérations de santé économique et de bien-être humain[15]. » C'est aussi le point de départ de notre ouvrage, et semble donc être une problématique récurrente depuis le début de l'intégration de la technologie aux processus économiques. En cause, l'impact profond du travail sur le reste de nos vies.

« La nature ou la fonction de la technologie dépend des caractéristiques essentielles de l'ordre social contemporain en un lieu et un moment donnés », poursuit le rapport en listant différents facteurs susceptibles d'influencer la façon dont la technologie est adoptée au travail, comme la « nature » de l'économie, les caractéristiques du réservoir de travailleurs disponibles, la composition des classes dirigeantes et « les habitudes populaires dominantes en matière de goût, d'ambition et de sujets de préoccupation. » Tout ceci déterminera non seulement la façon dont la technologie (un outil neutre en soi) est déployée mais aussi les réactions individuelles qu'elle suscitera.

Les auteurs nous rappellent que, dans les économies capitalistes, le principal moteur des avancées technologiques est la recherche du profit, ce qui crée une certaine pression pour aboutir à des améliorations rapides et continues. « La rapidité des avancées techniques sous l'impulsion capitaliste a été telle que les contrôles nécessaires à une amélioration des conditions sociales de l'emploi sont souvent en retard, de sorte que la machine est encore aujourd'hui employée à des fins barbares, dignes du Moyen Âge », écrivent-ils. « En conséquence, toute invention moderne intéressante sera exploitée, au moins dans une certaine mesure, par ceux dont la conscience sociale est la moins développée ».

Cet extrait nous invite à ne pas considérer uniquement la technologie telle qu'elle est utilisée au travail mais aussi les intentions, les valeurs et les croyances de ceux qui sont aux avant-postes car ils influencent également l'évolution des rituels et des cultures qui en découlent. Malheureusement, aux débuts de la révolution industrielle, la compétitivité était souvent le moteur des rapports au travail. Les travailleurs n'étaient rien de plus que des pions pour leurs responsables qui se souciaient peu de leur bien-être émotionnel ou physique. C'est ainsi que sont nés les syndicats, lorsque les travailleurs se sont organisés pour se protéger.

Parmi les exemples de pratiques déloyales de l'époque, on trouve les principes d'*accélération* et d'*élargissement*. L'accélération consistait à demander à un travailleur de réaliser ses tâches plus rapidement qu'à l'habitude, tandis que l'élargissement consistait à lui ajouter des tâches. Dans les deux cas, il n'était pas question d'augmenter les salaires, ce qui permettait aux employeurs d'accroître leurs bénéfices puisqu'ils avaient besoin de moins d'ouvriers pour effectuer la même quantité de travail.

Qui plus est, les responsables n'hésitaient pas à avoir recours à des techniques de manipulation tout à fait contraires à l'éthique. La syndicaliste américaine Sarah Bagley était alors l'une des chefs de file de la critique des conditions de travail. En 1848, elle a publié dans *The Voice of Industry* (un journal de Nouvelle-Angleterre) un article racontant l'histoire révoltante d'une filature de coton qui avait réussi à doubler le nombre de ses métiers à tisser – et donc son rendement – sans embaucher de personnel supplémentaire[16]. Une nuit, les responsables ont modifié en secret la vitesse des machines afin de réduire leur rendement global. Lorsque les ouvrières ont signalé cette baisse de production, on leur a répondu que ce qu'elles fabriquaient se vendait mal et qu'il fallait donc soit accepter une rémunération à la pièce inférieure, soit être licenciées. Puis, une alternative qui semblait généreuse leur avait été proposée : si elles acceptaient de prendre en charge plus de métiers à tisser, elles pourraient conserver leurs postes. Bon nombre d'ouvrières ont dû accepter afin de pouvoir continuer à payer leur gîte et leur couvert. C'était la phase d'élargissement. Puis, la situation a encore empiré. Dès que les ouvrières ont commencé à gérer le double de métiers à tisser, les responsables ont de nouveau modifié la vitesse des machines pour la rétablir à son niveau initial, obligeant les ouvrières à travailler à un rythme éreintant et les contraignant à produire plus pour un prix à la pièce inférieur. C'était la phase d'accélération. On leur a alors annoncé qu'elles étaient mieux payées que leurs responsables, ce qui était inacceptable. Pour résoudre ce problème, on leur a confié encore plus de responsabilités et de tâches (l'élargissement) tout en réduisant leurs salaires. Bagley concluait ainsi : « En 1840, une journée de travail [équivalait] à cent vingt yards [de tissus] et à un salaire de soixante-quinze cents. Aujourd'hui [en 1848], une journée de travail [correspond] à cent quarante yards, pour un salaire de quarante-quatre cents ».

Cette situation était courante : les usines exigeaient un rendement toujours supérieur tout en rognant sur les tarifs à la pièce, obligeant les ouvriers à se plier à ces nouvelles exigences pour espérer maintenir (ou augmenter très légèrement) leur salaire. Certaines usines avaient même instauré des mesures punitives, comme des amendes ou des châtiments corporels pour ceux qui ne se conformaient pas au rythme de travail ou dont les rendements étaient jugés mauvais[17]. « Les entreprises ne payent pas plus pour le même travail », écrivait Bagley, « mais les ouvrières travaillent plus qu'auparavant. Il y a quelques années, aucune fille ne s'occupait de plus de deux métiers à tisser. Désormais, c'est quatre, voire cinq ; et sous prétexte qu'elles gagnent quelques cents de plus, on clame partout que leurs salaires ont été augmentés ».

Ces pratiques déclenchèrent souvent des échanges houleux, parfois des émeutes violentes, des grèves et des débrayages jusqu'à ce que, après quelques décennies de lutte, les négociations entre syndicats et patronat aboutissent à des directives et des mesures de protection des salariés claires. En 1941, la Chambre des Représentants américaine lança une enquête sur les pratiques de travail jugées déloyales. Dans son rapport, le Temporary Committee américain épinglait les employeurs qui « donn[aient] à leurs employés plus de travail qu'ils ne [pouvaient] en faire[18]. » Augurant la suite, le rapport ajoutait que si « une généralisation à l'économie toute entière n'[était] pas possible, [...] il [était] juste d'en déduire que pour une grande partie de la période allant de 1919 à 1939, les gains des travailleurs n'[avaient] pas été à la hauteur des gains de productivité ».

L'histoire s'est répétée en 2008. Cette fois, ce sont les travailleurs du savoir qui n'ont pas bénéficié de négociations collectives ni de la protection de syndicats. À la place, les nouvelles technologies permettent désormais au management d'exiger que les employés soient en permanence connectés, et notre culture du travail célèbre le sacrifice et le combat. Il est regrettable de constater que, malgré la quantité de preuves qui mettent en évidence notre surcharge de travail systématique et nos manques de moyens, un discours ambiant insidieux nous fait croire que nous sommes responsables de notre incapacité à suivre le rythme – une conséquence de notre incapacité à « travailler suffisamment dur », elle-même née de croyances profondément ancrées quant à notre valeur individuelle dans la société.

SUPER-BOULOTS ET SUPERS-TRAVAILLEURS : LA MORT DE LA SEMAINE DE 40 HEURES

Nous l'avons vu, dans un contexte anxiogène, accepter plus de responsabilités est une manière de répondre à un marché du travail imprévisible et sans cesse menacé par les licenciements. Les salariés font tout pour se rendre indispensables, se sacrifiant pour prouver leur dévotion au travail à leurs responsables et à leurs collègues. Travailler dur est devenu la seule manière de montrer que vous êtes à la hauteur, de survivre à la prochaine vague de réduction des effectifs. Et c'est ainsi que le temps de travail hebdomadaire moyen a augmenté, passant aux États-Unis de quarante à cinquante-cinq heures et plus.

Désormais, nous n'utilisons plus les termes *accélération* ni *élargissement* ; à la place, nous avons imaginé un nouveau terme qui encapsule ces deux concepts : le *super-boulot* (*super job*). D'après le Wall Street Journal, qui l'a inventé en 2011, les sociétés ont tiré profit de la crise de l'emploi en « demandant à leurs salariés de prendre en charge des tâches supplémentaires éloignées de leurs fonctions ou expertises d'origine – avec des ingénieurs qui font de la vente, des comptables au service clientèle et des responsables financiers qui se retrouvent à gérer une division[19]. »

Si l'on passe en revue les nombreuses théories du management nées au XXe siècle, il apparaît que le passage aux quarante heures hebdomadaires (largement facilité par les luttes syndicales) est fréquemment considéré comme l'une des meilleures pratiques qui soit. Si les dirigeants d'entreprises ont fini par accepter le changement pour lequel militaient les syndicats, c'est parce qu'ils avaient la possibilité d'en mesurer l'impact positif : preuve était faite que la réduction des heures travaillées en usine s'accompagnait d'une hausse des bénéfices et de la productivité. Même les expériences menées par Frederick Taylor allaient en ce sens.

Si l'origine exacte de la semaine de quarante heures reste floue, le principe de la semaine plus courte n'est pas nouveau. L'un des premiers à l'avoir défendu est Robert Owen (qui utilisait des blocs de bois colorés pour évaluer la performance quotidienne de ses travailleurs). En 1817, il a lancé une campagne intitulée *Huit heures de travail, huit heures de détente, huit heures de repos*[20]. En 1866, dans *Le Capital*, Karl Marx a souligné les bienfaits d'une semaine de travail raccourcie et Sidney Webb et Harold Cox ont publié *The Eight Hours Movement* en 1884. Mais c'est Henry Ford qui, en 1914, rend célèbre la semaine de quarante heures aux États-Unis : il prend la décision, radicale pour l'époque, de doubler le salaire des ouvriers en réduisant leur nombre d'heures de travail quotidiennes, de neuf à huit. Contrairement à une idée communément répandue, ce n'est pas Ford qui a inventé ce concept, que beaucoup d'économistes appellent *fordisme* ; il s'est contenté d'adopter cette pratique qui a rencontré un franc succès auprès de ses travailleurs – aussi devenus ses consommateurs. D'autres concurrents lui ont rapidement emboîté le pas, jusqu'à ce que la semaine de quarante heures devienne la norme et soit juridiquement officialisée par le New Deal. Le Fair Labor Standards Act, introduit en 1938 aux États-Unis, instaure officiellement la semaine de cinq jours et de quarante heures comme la norme nationale. Au cours des décennies suivantes, des études en ont confirmé les avantages – à tel point que, dans la plupart des usines, personne n'aurait imaginé la remettre en cause dans l'Amérique des années 1940 à 1960. Chacun considérait que les salariés disposaient des capacités physiques et mentales pour travailler huit heures par jour. Lors des négociations pour l'obtention d'indemnités d'invalidité et la sécurisation des lieux de travail, les syndicats se sont appuyés sur de nombreuses études montrant qu'une surcharge de travail risquait d'engendrer de sévères accidents, d'entraîner de graves blessures, des décès et – ce qui effrayait peut-être encore plus les managers et chefs d'entreprise – des risques financiers liés à la mise hors service de machines et à l'arrêt des chaînes de montage[21]. Tous s'accordaient à dire que pousser les travailleurs au-delà de leurs limites était non seulement cruel et inutile mais aussi dangereux[22].

Dans les années 1980, un rapport publié par The Business Roundtable montre néanmoins qu'il existe un cas de figure où les entreprises peuvent accroître leur productivité en faisant passer la semaine de travail de quarante à soixante heures, mais uniquement sur une période brève et à leurs risques et périls. Deux inconvénients majeurs sont mis en évidence : d'abord, les gains à court terme n'obéissent pas à un ratio de 1/1 ; augmenter le nombre d'heures travaillées de 30 % ne se traduit pas nécessairement par une augmentation de 30 % du rendement, mais plutôt par un rendement bien inférieur. Dans la mesure où la durée optimale du temps de travail est de huit heures, la capacité des salariés à se concentrer et à exécuter leurs tâches diminue au fil du temps. Au-delà, leur performance est mise à l'epreuve et la qualité de leur rendement va décliner jusqu'à ce qu'ils soient épuisés. Ensuite, les recherches ont montré que des effets cumulatifs s'ajoutaient à l'épuisement quotidien dû à la surcharge de travail[23]. Non seulement la qualité et le rendement des travailleurs diminuent après huit heures, mais leur productivité hebdomadaire en souffre aussi. Le rendement d'une force de travail poussée à bout et qui ne peut se reposer suffisamment va rapidement décliner au fil des semaines de surcharge, en même temps que la capacité des travailleurs à se concentrer et à réagir sera fortement compromise.

Après huit semaines de dépassements d'horaires soutenus (soixante heures hebdomadaires), la productivité est tellement affectée qu'il aurait été préférable (et plus sûr) de s'en tenir à un rythme de quarante heures. Si le rythme hebdomadaire s'élève à quatre-vingts heures, ce point de bascule est atteint encore plus vite – en seulement trois semaines. Qui plus est, les effets s'en font ressentir bien après le retour à la normale – il faut plusieurs semaines pour retrouver des niveaux d'activité optimaux, d'après l'étude de The Roundtable. Ainsi, si la pression par le temps est mal employée, les effets à court et long terme seront encore perceptibles bien après qu'elle ne soit retombée. Les travailleurs ont besoin de temps pour récupérer de la fatigue mentale et physique d'une surcharge de travail. L'étude préconise ainsi un à deux jours de congés pour chaque semaine d'horaires élargis. Reste à voir le nombre d'entreprises qui proposent ces mesures – et le nombre de salariés qui en profitent.

Nous portons toujours en nous l'héritage et le poids de notre passé. En quittant les chaînes de montage pour les bureaux, nous avons conservé les journées de huit heures, sans jamais remettre en question la pertinence de cette durée. Certes, nous savons que la productivité des travailleurs manuels atteint son maximum après huit heures, mais qu'en est-il des travailleurs du savoir ? La question mérite d'être posée car le résultat a de quoi surprendre : leur nombre optimal d'heures productives est *inférieur* à celui des travailleurs des usines. Il avoisine plutôt les six heures quotidiennes. Après six heures de travail intellectuel, le cerveau atteint ses limites. Hormis avancer notre point de bascule, continuer ne nous apportera rien, ni à nous ni à notre responsable.

Que peut-on en déduire ? D'une part, que la norme de la journée de travail de huit heures est déjà inadaptée. Pour rester performants, les créatifs devraient probablement travailler plutôt une trentaine d'heures hebdomadaires. Ce chiffre peut sembler étonnamment bas.

Les postes de créatifs (à temps plein et donnant droit à des avantages sociaux) sont très prisés. Au Royaume-Uni, 43 % de l'industrie créative travaille en freelance et l'on peut s'attendre à passer la barre des 50 % en 2020. En France, plus de vingt-cinq mille nouveaux emplois créatifs ont été créés entre 2007 et 2012 dans la métropole parisienne[24]. Beaucoup d'indépendants doivent cumuler plusieurs postes pour couvrir leurs frais et compenser leur manque de protection sociale. Ce travail supplémentaire, parallèle et souvent non déclaré, accapare une part de plus en plus importante de notre temps – même pour ceux qui n'occupent pas un poste créatif. Il est intimement lié à ce que notre conception de l'éthique du travail nous pousse à attendre des créatifs qui « réussissent » et sont productifs.

Il est ironique de se rendre compte que notre chiffre de référence (qui découle d'un système conçu pour un type de travail complètement différent) est déjà trop élevé. Les concepts créatifs et stratégiques innovants ne se créent pas à la chaîne comme de simples écrous sur une chaîne de montage. D'un point de vue logique et objectif, se référer à un indicateur de huit heures quotidiennes est totalement vain. Tony Schwartz propose de mesurer notre énergie plutôt que le temps nécessaire pour maximiser notre rendement créatif.

Un travail intellectuel très exigeant peut nous fatiguer après trois heures et nécessiter une pause ou un arrêt. Les travaux de Tony Schwartz, entre autres, ont été essentiels et nous reviendrons plus en détail sur cette nouvelle approche radicale qui redéfinit notre manière de travailler.

LÂCHER PRISE

La crise de 2008 a profondément marqué notre rapport non seulement au travail, mais aussi à la surcharge de travail. Pour des millions de personnes, la peur du chômage est devenue une réalité effrayante et tangible. Dans un tel contexte d'incertitudes, nous nous sommes naturellement concentrés sur des éléments concrets et contrôlables : le nombre d'heures travaillées et les efforts consentis pour prouver notre valeur à nos responsables. Nous avons été conditionnés pour travailler beaucoup et nous en estimer heureux et chanceux. L'inquiétude et les angoisses nées de ces périodes de trouble économique se sont infiltrées dans notre inconscient collectif.

Les délocalisations et les innovations technologiques ont entraîné une hausse des licenciements et porté un coup dur aux cols bleus. Pour reprendre les termes d'un article poignant intitulé « Mortalité et morbidité au XXIe siècle », une fois supprimés, ces postes ne devaient jamais être recréés (contrairement à d'autres dans les industries créatives[25]). Les productions créatifs s'en sont à peine mieux sortis. La reprise des industries créatives après la crise n'a été possible qu'au détriment des salaires et des conditions de travail (avec quelques décennies de retard, des cols blancs qui ont subi les mêmes mauvais traitements que les cols bleus).

Dans les deux cas, les salariés ont intériorisé bon nombre de leurs angoisses professionnelles, surtout entre 2007 et 2009. En les fusionnant avec une culture de la dévotion au travail déjà bien enracinée, les créatifs se sont construit un environnement de travail toxique caractérisé par la surcharge de travail, le *burn-out* et une obsession fanatique pour le rendement. Dans son étude sur la créativité, Adobe cite une notion récurrente dans les industries du savoir : le *gap de créativité au travail,* défini comme « une pression au travail plus forte pour être productif que créatif[26] ». Bien que la créativité soit une valeur essentielle et un avantage compétitif fondamental, nous ne lui accordons pas suffisamment de temps.

Je l'ai moi-même récemment vécu lors d'une session d'écriture où une discussion a dérivé sur les façons de rester compétitif dans le monde de l'édition. On m'a indiqué que la seule manière de tirer mon épingle du jeu consistait à augmenter radicalement mon rendement d'écriture. Certains auteurs se vantent de publier quatre livres par an. Ils sont dans l'accélération. On m'a aussi conseillé de m'intéresser plus au marketing, à la promotion et aux réseaux sociaux, indispensables pour construire une communauté de lecteurs. Une démarche typique du phénomène de l'élargissement. Ce mouvement est sensible dans toutes les industries. Chacun s'évertue à faire plus, avec moins, et pour moins. Et cela ne fonctionne pas.

Au cours de la dernière décennie, nous avons renforcé le culte de la productivité, nous l'avons transformée en un symbole de réussite personnelle et en un impératif de survie professionnelle. Ces émotions complexes et intenses nous empêchent d'y voir clair, expliquant pourquoi nous ne modifions pas notre comportement, même si nous savons qu'il nous est nocif. Les conséquences sont perturbantes. Nous savons que nous ne sommes pas les seuls à être overbookés et, pourtant, on nous assure que cette incapacité à suivre le rythme est le reflet d'une mauvaise gestion de notre propre productivité. Les entreprises profitent de cette ambiguïté alors que, dans les faits, il est tout simplement impossible d'effectuer le travail de deux ou trois personnes en une seule journée de huit heures (ou même de dix ou douze). Alors, nous essayons de tenir bon, nous promettons de faire des efforts, nous cherchons des astuces, nous mettons en place des méthodes de productivité, nous nous attaquons avec détermination à notre boîte mail. Il nous est pourtant impossible de gagner à ce jeu : les règles sont truquées.

Petit résumé, grandes idées

- La crise financière de 2008 a eu des impacts psychologiques dévastateurs nous incitant à travailler plus pour sauvegarder nos emplois – des comportements qui perdurent malgré la reprise économique.
- Après la reprise économique, de nombreux employeurs ont eu recours aux principes d'accélération (exigeant des salariés qu'ils augmentent leur rythme de production) et d'élargissement (ajoutant de nouvelles responsabilités à leurs fonctions). Ces procédés sont venus se surimposer au culte de la productivité.
- La semaine de quarante heures, héritée de la révolution industrielle, a été conçue pour les travailleurs manuels et n'est pas adaptée aux conditions de travail des créatifs productifs d'aujourd'hui.

NOTRE CULTURE MÉDIATIQUE [RÉCITS]

4
LE CÔTÉ OBSCUR DU RÊVE AMÉRICAIN

UN HOMME, UN MYTHE, UNE LÉGENDE

Steve Jobs : un homme et une légende. Héros obsessionnel à l'origine de l'ascension d'Apple, son histoire fait désormais partie de la légende de la Silicon Valley. Deux films et une biographie à succès de près de six cents pages, écrite par Walter Isaacson, lui ont été consacrés. Difficile d'ignorer son influence, sa notoriété et son rôle dans la réinterprétation du conte de fées de celui qui « réussit en partant de rien ». Jobs a contribué à ancrer le mythe de la start-up née dans un garage, devenu un thème récurrent chez les entrepreneurs : rien d'impossible à celui qui travaille dur.

Les tendances et les thèmes qui émergent de son histoire, ou de celles d'autres héros archétypaux, sont révélateurs ; ils nous donnent des indices sur ce qui, aujourd'hui, façonne nos croyances. Les personnes que nous choisissons de mettre sur le devant de la scène en littérature, en art et dans les médias sont des produits de leur époque et sont, en tant que tels, relativement éloquents. Par exemple, la plupart des récits sur nos héros des temps modernes tendent à se focaliser sur un thème central : le travail. Qu'il s'agisse de Steve Jobs ou de Beyoncé, de Bill Gates ou d'Oprah Winfrey, de Mark Zuckerberg ou d'Elon Musk, les récits que nous leur consacrons se concentrent presque toujours sur leur imperturbable concentration et leur capacité de travail apparemment sans limite. Travailler dur est le nouveau marqueur des héros et un élément essentiel de notre conception du monde.

Le rêve américain est au cœur de notre rapport contemporain au travail, la philosophie ultime qui résume notre désir collectif de nous réaliser pleinement. Persistant et omniprésent, il fait miroiter la promesse d'opportunités et de prospérité à quiconque est prêt à travailler dur. Cette notion, dont l'influence a largement dépassé les frontières américaines, est devenue un mythe sans cesse ressassé sous toutes les formes possibles, des livres aux émissions télévisées, des journaux à la politique.

Plus important encore, la révolution technologique a été en grande partie portée par des sociétés américaines. Google, Microsoft, Facebook, Apple, Amazon, autant de géants qui ont créé des infrastructures largement utilisées aujourd'hui et qui influencent notre propre perception du monde. Au-delà de leurs technologies, ces sociétés sont devenues des marques aspirationnelles, des modèles à suivre dont les PDG sont vénérés comme les titans de leurs industries. Alors que la Silicon Valley s'affirmait comme le creuset de start-up valorisées à des milliards, les écosystèmes du monde entier se sont empressés d'en recréer les conditions, et notamment l'éthique de travail qui est au cœur de la société américaine

Le rêve américain s'est exporté à travers le monde entier, a été adopté par des pays désireux d'en copier les réussites. Même si vous n'êtes pas Américain, nul doute que vous avez déjà été au contact de cette idéologie par le biais de la littérature, de la musique ou d'autres formes de culture. Alors que nous vivons dans un monde de plus en plus connecté, elle s'est répandue et a affecté notre vision du succès et de ceux qui peuvent réussir.

Vieux de plus de deux cent quarante ans, le rêve américain s'est adapté ; il a évolué, s'est modifié et transformé en réponse à un monde en mutation constante. Mais d'où vient cette obsession de *travailler dur* ? Quand avons-nous commencé à valoriser le fait de nous tuer à la tâche ?

Dans la Grèce antique, les élites se distinguaient par leur oisiveté. Avoir du temps libre – c'est-à-dire du temps à consacrer à des quêtes aussi nobles que le débat philosophique et le développement personnel – était vu comme un véritable marqueur de succès. Le travail était considéré comme une nécessité désagréable à déléguer aux esclaves et aux membres des classes inférieures. Travailler plus que nécessaire était mal vu.

Toutefois, la définition grecque du travail, apparue bien avant le concept d'économie du savoir, renvoyait au travail manuel. Mieux comprendre le monde grâce à la philosophie et les sciences était l'expression ultime de la finalité du genre humain. À la lumière de l'évolution du travail intellectuel, les Grecs auraient probablement considéré une bonne part du travail créatif d'aujourd'hui comme relevant du domaine des classes inférieures ; en effet, les systèmes actuels caractérisés par la surcharge de travail laissent souvent peu de temps à la réflexion.

Au Moyen Âge, les dogmes chrétiens ont commencé à influencer nos rapports au travail de différentes manières. Le travail était alors considéré comme une punition divine de l'homme pour son péché originel, une pénitence. Ce n'est qu'au XVIe siècle, avec la réforme protestante, que le travail a acquis une connotation positive. Pour John Calvin et Martin Luther, il était une forme de culte, une opportunité directe de servir Dieu. Cette idée allait énormément influencer notre conception actuelle du travail.

Naissance d'un rêve

Nous devons l'expression du *rêve américain* (*American dream*) à l'historien James Truslow Adams dans son ouvrage populaire *The Epic of America* de 1931. Il l'y décrivait comme « le rêve d'un ordre social dans lequel chaque homme et chaque femme pourra atteindre pleinement son potentiel inné et sera reconnu par les autres pour ce qu'il est, quelles que soient les circonstances de sa naissance et sa classe sociale ». Bien que son livre soit, de façon ironique, paru en pleine période de Grande Dépression, le sentiment du rêve américain trouve son origine dans l'attrait pour l'inconnu, l'exploration de territoires et la prospérité qui en découle. En dépit de toutes leurs difficultés, les pionniers européens jouissaient de beaucoup plus de liberté dans ce Nouveau Monde que dans les sociétés aristocratiques hiérarchiques européennes qu'ils avaient quittées. Arriver en territoire nouveau leur donnait l'occasion de se réinventer.

LA CITÉ SUR LA COLLINE

Les racines du rêve américain remontent aux idéologies des puritains, ces protestants réformés qui s'étaient réfugiés en Nouvelle-Angleterre pour échapper aux persécutions religieuses au début du XVIIe siècle. Pour l'historien Perry Miller, professeur à Harvard et spécialiste du puritanisme américain, « si l'on ne comprend pas le puritanisme, on ne comprend pas l'Amérique ». L'universitaire Andreea Mingiuc renchérit, « nous pouvons sans conteste affirmer que la puissante vision des puritains a construit l'Amérique et sa mythologie ».

John Winthrop était le leader spirituel de l'un des contingents de navires puritains qui quittèrent l'Angleterre en 1630. Il avait une vision très précise de ce que le Nouveau Monde avait à leur offrir : une société modèle construite sur les principes de la charité chrétienne et qui servirait d'exemple pour le reste du monde ou, selon ses termes restés célèbres, « la cité sur la colline », expression tirée du sermon sur la montagne prononcé par Jésus Christ. Ces mots qui finiront par devenir la métaphore des idéaux américains, seront repris par John F. Kennedy, Ronald Reagan et Barack Obama. Ce dernier a d'ailleurs déclaré dans un discours de remise de diplômes en 2006 : « Je vois des étudiants venus de plus d'une centaine de pays différents, convaincus, comme les premiers pionniers, de pouvoir eux aussi trouver une place dans cette cité sur la colline, de trouver le succès dans le plus improbable des endroits ».

Les puritains avaient la conviction d'avoir été élus, choisis par Dieu dans un but spécifique et conduits par Lui vers une terre promise. Cette conception a posé les bases de l'*exceptionnalisme américain* qui allait devenir une partie intégrante du rêve américain et un élément crucial de l'identité du pays.

Le travail est une vertu

Nous faisons souvent référence à l'expression d'*éthique de travail puritaine* ou *protestante* sans jamais vraiment savoir ce qui poussait les puritains à travailler si dur. Ils étaient mûs par une croyance inébranlable en la doctrine de la prédestination. Rejetant la notion de libre arbitre de l'Église catholique romaine, les puritains pensaient que Dieu avait déterminé dès leur naissance s'ils accéderaient ou non au paradis. Ne le sachant point, ils devaient alors se contenter d'être attentifs aux signes de cette prédestination. Ils réfléchissaient sans cesse à leurs actions, y cherchant des indices sur le destin réservé à leurs âmes. Le style de vie était considéré comme révélateur du statut de l'âme puisque les élus du paradis accomplissaient de bonnes œuvres, priaient et se rendaient régulièrement à l'église, mais montraient aussi une forte éthique de travail, un sens de la frugalité et, ce n'est pas un hasard, s'enrichissaient de façon significative.

C'est ici que le travail entre en jeu : même ceux qui étaient élus devaient travailler dur et préparer cet acte de grâce en menant une vie juste. La paresse était le signe de ceux qui n'avaient pas été élus et n'accéderaient pas au salut des âmes. Ainsi, le travail est devenu à la fois un acte et une preuve de vertu morale, en lien direct avec le destin des âmes immortelles, alors que la paresse était considérée comme un vice. Le travail était aussi une forme de culte à la gloire de Dieu et au bénéfice de la société. Les premières pierres de la désormais classique légende du « *rags to riches* », de celui qui devient riche en partant de rien, étaient posées. S'extraire de la pauvreté n'était pas seulement une question de réussite matérielle, mais témoignait également d'une réussite spirituelle.

Cette philosophie était en parfait accord avec les besoins de la révolution industrielle : il était pratique de définir le travail comme moral et bon au moment même où les industries grandissaient rapidement et où les besoins en main-d'œuvre augmentaient dans les usines. L'éthique de travail protestante auréolait le labeur de dignité, quelle que soit la tâche à accomplir. On en trouvait encore des traces dans le discours du président Richard Nixon à la nation, le jour de la Fête du travail de 1971 lorsqu'il déclarait : « L'éthique de travail veut que le travail soit bon en soi ; qu'un homme ou une femme au travail apporte non seulement une contribution à son prochain, mais devienne une meilleure personne en vertu de l'acte de travail. Cette éthique de travail est ancrée dans le caractère américain. C'est pourquoi la plupart d'entre nous considérons qu'il est immoral d'être fainéant ou paresseux – même si une personne est assez aisée pour se passer de travailler ou si elle évite délibérément de travailler en faisant appel à l'aide sociale ». Le choix des termes est clair : la paresse est immorale. Le travail est une vertu. De là est née l'une de nos croyances les plus fortes, de celles qui contribuent encore à nous influencer, comme nous le verrons plus loin.

« Celui qui souffre conquiert »

En étudiant l'influence des puritains sur le rêve américain, j'ai été frappée par la force morale dont ils ont su faire preuve dans les moments difficiles. Leur histoire a été tellement marquée par les persécutions qu'ils sont devenus un peuple qui affrontait les difficultés tout en acceptant et en accueillant la lutte comme une étape indispensable à leur triomphe. Le pasteur puritain John Gere résume ainsi ce sentiment : « Celui qui souffre conquiert ». Nous retrouvons la connotation positive accolée au sacrifice et à la souffrance, comme pour la dévotion au travail du chapitre 1.

Les puritains considéraient la souffrance comme une voie vers la rédemption du péché originel. C'est l'un des fondements de la conception qui veut que l'« on n'ait rien sans mal », et qui associe le travail aux récompenses spirituelles et matérielles. Ceci explique pourquoi nous avons appris à prendre le travail au sérieux : il était considéré à une époque comme un acte de piété, intimement lié à notre force morale, voire au destin de notre âme immortelle. Que le président des États-Unis lui-même condamne la paresse comme un acte immoral souligne à quel point ces systèmes de croyances sont ancrés dans nos esprits et comportements contemporains.

Mais, aussi puissant soit-il, le rêve américain a sa part d'ombre.

MÉFIEZ-VOUS DU CÔTÉ OBSCUR

Le rêve américain va au-delà de la croyance selon laquelle quiconque travaille suffisamment dur peut réussir. En réalité, il s'accompagne d'un corollaire moins reluisant : si vous ne réussissez pas, c'est sans doute que vous n'avez pas assez travaillé. C'est le côté obscur du rêve américain, sa conséquence logique. Si, en tant qu'individus, nous croyons si fermement en notre fameuse capacité à réussir, alors cela signifie que ceux qui ne réussissent pas sont responsables de leur échec.

Une part irrationnelle de nous-mêmes ne peut s'empêcher de considérer que chacun est responsable de ses échecs et ce, même si nous savons que c'est faux, car la capacité d'une personne à s'élever est limitée par une réalité socio-économique. Nous considérons que la persévérance et la résilience sont des facteurs importants pour surmonter les obstacles et réussir. Certes, mais elles ne font pas tout. Pour la première fois de notre histoire, une jeune génération – celle des millenials, la génération la plus instruite jusqu'à présent – sera moins à l'aise financièrement que la génération précédente[1].

Les créatifs productifs de la génération des millenials font face à une augmentation des prêts étudiants, à une stagnation des salaires et à un marché immobilier scandaleusement cher. Sans parler des impacts catastrophiques de la crise financière de 2008 qui a eu de profondes et durables répercussions sur nos revenus potentiels. Comme le dit l'économiste Steven Rattner, « les diplômés des périodes économiquement plus difficiles gagnent en général moins que ceux qui entrent sur le marché du travail pendant des périodes plus stables. Si vous partez avec une longueur de retard, il est rare que vous la rattrapiez ». Pour résoudre une grande part des défis auxquels sont aujourd'hui confrontés les créatifs productifs, il ne suffit pas de travailler plus dur. Nous l'avons vu au chapitre précédent, nous travaillons déjà plus que jamais – et cela ne fonctionne pas.

Il ne s'agit pas ici de tout voir en noir mais bien de mettre en lumière une sombre réalité : les systèmes dans lesquels nous évoluons sont en décalage avec bien des récits dont se berce notre société au sujet du travail, de la réussite et des efforts. Nous semblons incapables d'imaginer une situation qui ne puisse être résolue en fournissant plus d'efforts car, depuis plus d'un siècle, nous avons été culturellement programmés pour penser ainsi.

Cet ouvrage a pour objectif de vous faire prendre du recul, pour regarder les forces en présence et admettre que la réussite ne dépend pas que de nous, en dépit des récits et mythes culturels qui tentent de nous convaincre du contraire.

Dans son best-seller *Tous winners ! Comprendre les logiques du succès*, Malcolm Gladwell a observé les deux principaux facteurs qui influent sur la réussite des gens célèbres ; la détermination à atteindre un niveau élevé de maîtrise (sa fameuse règle des dix mille heures[2]) mais aussi les heureux hasards : des conditions économiques favorables, des opportunités heureuses et des rencontres fortuites qui ont contribué à leur célébrité. Prenez l'histoire de Bill Gates. Il a eu la chance que son école achète un ordinateur et que son lycée soit à proximité de l'université de Washington qui lui offrait à la fois les équipements informatiques dont il avait besoin pour progresser et l'occasion de rencontrer son futur associé, Paul Allen. Sans compter que son père, Bill Gates Senior, était avocat pour le compte de start-up, lui-même féru de technologie et entouré d'un bon réseau ; autant de facteurs supplémentaires en faveur du hasard.

Gladwell a beaucoup insisté sur le fait que les personnes qui réussissent « bénéficient invariablement d'avantages cachés, d'extraordinaires opportunités et d'héritages culturels qui leur permettent d'apprendre, de travailler dur et de comprendre le monde d'une manière qui leur est propre ». Pourtant, le concept qui a le plus retenu l'attention des lecteurs de *Tous Winners !* a été la règle des dix mille heures : encore un nombre qui quantifie le retour sur investissement de l'éthique de travail.

Notre travail (ainsi que les systèmes politiques et économiques dans lesquels il s'insère) façonne nos identités sociales ; et, en retour, ces identités nous conduisent à faire des choix pour perpétuer ces systèmes. C'est un cercle sans fin.

Nous consacrons en moyenne un tiers de notre vie (quatre-vingt mille heures) au travail. Tout ce temps que nous passons dans un environnement social et psychologique façonne notre perception du monde. Nous nous interrogeons rarement sur la manière dont notre travail a intimement contribué à nous construire. Pourtant, au-delà de nos identités professionnelles, nos personnalités et nos perceptions du monde sont profondément influencées par nos environnements de travail.

À la lecture de toutes ces preuves historiques, je me suis demandé si, en un sens, nous ne nous étions pas conditionnés pour être malheureux – si une grande part du mécontentement que nous ressentons aujourd'hui ne venait pas de cette croyance bien ancrée comme quoi la souffrance est noble, l'oisiveté immorale et la richesse matérielle un signe visible de mérite. Nous avons été programmés pour croire que la propriété immobilière est un droit et l'ascension économique aussi immuable que la loi de la gravité. Comment alors s'étonner que la crise de 2008 ait eu un impact psychologique à ce point dévastateur ?

Petit résumé, grandes idées

- ➜ De nos jours, le rêve américain est l'une des croyances sur le travail les plus fondamentales et les plus enracinées.
- ➜ Les origines puritaines de ce rêve mêlent souffrance et sacrifice en en faisant des marqueurs moraux essentiels à la réussite.
- ➜ Le rêve américain a sa part d'ombre : la croyance implicite selon laquelle si vous échouez, c'est parce que vous n'avez pas travaillé assez dur.

5
LE MYTHE DU *SELF-MADE MAN*

Pourquoi un livre censé traiter du futur du travail, et en particulier du travail créatif, s'intéresse-t-il à ce point au passé ? Ce n'était pas mon intention première. Au contraire même, je prévoyais de me plonger dans les bouleversements et les futurs possibles ; mais je me heurtais sans cesse à des éléments qui m'échappaient : un comportement, un récit ou une réaction qui me faisaient m'interroger. Alors, j'ai tiré sur chaque fil pour voir d'où il partait et comment il nous impactait. Dans un monde où l'innovation est extrêmement rapide, continuer à regarder dans le rétroviseur peut paraître étonnant ; et pourtant, le miracle s'est produit : c'est en comprenant notre passé, comment et pourquoi nos idéaux et nos conceptions du travail sont ce qu'ils sont aujourd'hui, que j'ai pu mieux distinguer le futur. Les tendances et schémas qui président à nos comportements depuis des générations me sont apparus avec plus de netteté.

Le rêve américain a façonné le concept de *self-made man*, et entériné le lien entre la pureté morale et le travail acharné.

La richesse et la prospérité sont un dû pour ceux dont l'éthique de travail est infaillible.

Dans ce chapitre, nous observerons comment la montée de l'entrepreneuriat et la popularisation d'une vision du travail comme porteur de sens se sont mêlées et diffusées grâce à la fusion de la culture de la célébrité et des réseaux sociaux pour créer une nouvelle explosion de symboles et de récits. Car si le rêve américain a évolué, ses racines fondatrices sont toujours bien présentes. Ainsi, un rapport de l'Association nationale des agents immobiliers américains a par exemple révélé que la plupart des millenials rêvent encore de devenir propriétaires, malgré une situation économique défavorable[1].

Nous nous sommes éloignés de l'esprit d'origine du rêve américain mais son écho continue de résonner : c'est un étrange mélange d'éthique de travail puritaine, de dépenses matérialistes et d'une survalorisation du travail comme vecteur de réalisation de soi. Les médias nous révèlent l'émergence de nouveaux symboles qui viennent consolider à leur manière ces anciens récits. Intéressons-nous à quelques uns d'entre eux.

LE *SELF-MADE MAN* 2.0

Le mythe du pauvre devenu millionnaire, ressassé depuis le XIXe siècle, a été enrichi pour être mis au goût du jour. Notre définition des « riches » s'est élargie pour inclure un nouveau type de millionnaires – les fondateurs d'entreprises et de marques mondiales qui ont changé notre manière de vivre. Ces nouveaux héros traduisent aussi les changements qui s'opèrent, alors que nous avons quitté l'époque de la révolution industrielle pour entrer dans l'ère de l'information et du travail intellectuel (*cf.* chapitre 1).

La technologie ouvre la voie à une nouvelle ruée vers l'or. À grande échelle, ce sont des histoires comme celles de Bill Gates et Steve Jobs, fondateurs de Microsoft et d'Apple, ces sociétés multimilliardaires, qui ont révolutionné l'informatique domestique. De la création du système d'exploitation Windows au lancement de l'iPhone, ces deux locomotives ont redéfini la notion de succès à l'américaine et l'attrait culturel exercé par la fonction de PDG.

Pour la génération des millennials, ces figures sont incarnées par Jeff Bezos, fondateur d'Amazon, et Mark Zuckerberg, qui a créé Facebook alors qu'il était encore étudiant ; ce réseau social, le plus puissant au monde et qui connecte deux milliards de personnes, a durablement changé la nature de nos relations. Oprah Winfrey, une Afro-Américaine partie de rien et devenue milliardaire, magnat et personnalité médiatique, s'impose elle aussi comme la preuve vivante de l'accessibilité du rêve américain. Le Royaume-Uni n'est pas en reste : on raconte que J.K. Rowling, l'auteure écossaise de la série des *Harry Potter*, vivait dans sa voiture avant de rencontrer le succès et devenir milliardaire.

Parce qu'elles sont fidèles aux récits d'ascension sociale et qu'elles témoignent d'une éthique de travail inébranlable, les histoires de ces nouveaux héros ont inspiré le monde entier. Elles cochent toutes les cases : la dévotion au travail, le sacrifice, la lutte, la détermination sans faille et la récompense sous forme d'une richesse matérielle inimaginable. Plus encore, ces histoires éveillent en nous la conscience de notre propre potentiel. Elles viennent consolider les thèmes qui façonnent nos conceptions du travail depuis des siècles.

Voici quelques extraits d'une rapide recherche Google sur la couverture médiatique de ces célèbres entrepreneurs :

- Un portrait de Bill Gates paru dans le magazine *Vanity Fair* le cite : « J'étais un fanatique du travail, je travaillais le week-end, je trouvais que les vacances ne servaient à rien. » L'article raconte même qu'il apprenait par cœur les plaques d'immatriculation de ses salariés pour vérifier leurs horaires d'arrivée et de départ du bureau[2].
- À la question de son nombre d'heures de travail quotidiennes, Mark Zuckerberg répondait : « Si vous comptez le temps que je passe au bureau, sans doute pas plus de cinquante à soixante heures par semaine. Mais si vous comptez tout le temps où je suis concentré sur ma mission, c'est à peu près toute ma vie[3]. » Dans un autre article, on lit qu'il lui arrive régulièrement de travailler quinze heures par jour[4].
- Aux débuts d'Amazon, Jeff Bezos travaillait douze heures par jour, sept jours sur sept.
- Tim Cook, l'actuel PDG d'Apple, est un « drogué du travail qui envoie tous les jours des mails à ses équipes dès 4 h 30 du matin. [...] [Alors directeur des affaires opérationnelles, il] se targu[ait] d'être le premier au bureau et le dernier parti. Chez IBM, il s'était porté volontaire pour travailler à l'usine les jours de Noël et du Nouvel An[5]. »
- Les collègues de Marissa Mayer, alors PDG de Yahoo, la décrivaient comme quelqu'un qui « travaill[ait] littéralement 24h/24, sept jours sur sept[6]. »
- Le PDG de Starbucks, Howard Schultz, enchaîne treize heures par jour au bureau puis continue à travailler une fois chez lui. Un article note qu'il « sort rarement » et travaille le dimanche[7].

- Jeffrey Immelt, qui a été PDG de General Electric, fait du sport dès 5 h 30 et travaille cent heures par semaine depuis vingt-quatre ans.
- Indra Nooyi, ancienne PDG de Pepsi, racontait aux salariés que sa journée commençait habituellement à sept heures et ne s'achevait pas avant vingt heures.

En lisant ces lignes, vous pensez peut-être, comme moi, que vous n'aimeriez pas être à la place de Bill Gates. Mais il ne s'agit pas tant de vouloir imiter Bill Gates que d'observer l'impact, même subtil, de notre exposition permanente à un même message sur le travail et le succès.

À force de lire ces articles, nous intégrons certaines de ces valeurs. Bien qu'elles ne nous concernent pas directement, elles déteignent sur notre perception du monde. Ces personnalités nous sont présentées comme les héros de notre temps, comme les personnes que nous devrions chercher à imiter. Le fait d'idolâtrer un type bien particulier de personnalités en dit long sur notre société ; et ce n'est pas un hasard si ces dernières semblent incarner les mêmes idéaux que ceux que nous retrouvons dans l'éthique de travail qui nous attire depuis que les puritains ont quitté l'Europe pour partir à la conquête de l'Ouest, avides de richesse et d'aventure. Mais, aujourd'hui, c'est l'industrie qui est devenue le lieu de la célébrité – et les PDG, eux-mêmes transformés en marques, font la promotion de leurs valeurs auprès du monde entier.

Du fait des évolutions technologiques, ces personnalités sont également devenues des icônes médiatiques : des mannequins, des stars du rap, des chanteurs et des athlètes. Aux yeux des plus jeunes, Kim Kardashian est la dernière incarnation de notre obsession pour le mythe de l'ascension sociale : après avoir transformé une *sextape* en un empire médiatique comprenant des applications, un jeu et une série de téléréalité fleuve, elle pèse aujourd'hui des centaines de millions de dollars. Le boum de la tech a ainsi donné naissance à une nouvelle vague d'entrepreneurs qui comptent sur des applications pour faire décoller leur carrière et qui se servent des réseaux sociaux pour devenir des « influenceurs ».

Dans ce monde où l'attention est au centre de tout, la viralité est la nouvelle ruée vers l'or. En un sens, la surabondance de contenus donne l'illusion de l'accessibilité. Je peux poser une question à Bill Gates sur Quora, il me répondra ; la distance qui nous sépare semble diminuer. Si les entrepreneurs sont des gens comme tout le monde, pourquoi ne pourrions-nous pas tous en être ?

L'émergence des influenceurs ou des microcélébrités est venue compléter de façon intéressante l'écosystème des stars et des entrepreneurs : ils sont des versions modernes de Steve Jobs dont la start-up est née dans un garage. Désormais, quelqu'un diffuse en direct un contenu vidéo sur YouTube à partir de sa webcam. Parmi les dernières célébrités nées sur YouTube, on peut nommer Yuya, une vlogueuse beauté mexicaine de vingt-sept ans qui teste des produits et propose des tutoriels à ses 24,6 millions d'abonnés. L'Histoire recèle-t-elle d'autres exemples de périodes où une jeune femme ordinaire de vingt-sept ans aurait gagné des millions de dollars et touché des millions de personnes grâce à une plateforme ?

Autre exemple, Felix Kjellberg, un suédois de trente ans qui se fait appeler PewDieDie. Sa chaîne YouTube est l'une des plus suivies au monde, avec cent six millions d'abonnés et un chiffre d'affaires annuel de quinze millions de dollars[8].

D'autres stars d'Internet ont également lancé avec succès des livres, des produits et des entreprises ; elles ont ainsi contribué à accréditer l'idée selon laquelle, grâce à Internet, quiconque est prêt à travailler dur pourra accéder à la gloire.

SUIVEZ VOTRE PASSION

Confucius a dit : « Choisis un travail que tu aimes et tu n'auras pas à travailler un seul jour de ta vie. » Joseph Campbell a écrit : « Suivez votre bonheur et l'univers vous ouvrira des portes là où il n'y avait que des murs. » En 2005, dans un discours désormais célèbre, Steve Jobs déclarait à une assemblée de jeunes diplômés que « la seule façon de faire du très bon travail est de faire ce que vous aimez », en les incitant à ne pas se contenter de moins[9]. Le manifeste Holstee, partagé plus de cent soixante millions de fois débute ainsi : « Tu n'as qu'une vie. Fais ce que tu aimes et fais-le souvent. » L'auteure américaine Marsha Sinetar a ainsi capturé la quintessence de ce sentiment : « Fais ce que tu aimes et l'argent suivra. »

Voici donc l'un des thèmes les plus importants de notre culture du travail contemporaine, intimement liée au rêve américain : nous pousser à croire que si nous travaillons suffisamment – ou suffisamment longtemps – à faire ce que nous aimons, alors le succès nous sera acquis. La responsabilité de la réussite repose donc sur l'individu et tout manquement lui incombera car il *n'aura pas suffisamment désiré réussir* ou *n'aura pas travaillé assez dur*.

Ceci vaut particulièrement pour les millenials et les jeunes d'aujourd'hui confrontés à la situation paradoxale d'avoir accès à une plus grande variété de carrières sans pour autant disposer de la stabilité économique des générations précédentes. Ils peuvent exercer le métier de leur choix mais ont moins de chances d'en tirer un revenu suffisant que leurs parents, sans parler de faire fortune. Ils demeurent pourtant convaincus que s'ils ne parviennent pas à atteindre leurs buts, la faute leur en revient – plutôt qu'aux multiples changements qui se sont opérés à l'échelle internationale comme nationale, rendant plus difficile encore l'accès à la sécurité financière. Et lorsque le travail n'est pas à la hauteur de nos espérances, lorsqu'il ne nous comble pas autant que promis, nous sommes de nouveau renvoyés à l'idée que le problème vient de nous. Une étude réalisée en 2015 a ainsi révélé que 76 % des jeunes de la génération Z voulaient « faire de leur passion leur travail » et 72 % « lancer leur entreprise ».

L'injonction *Suivez votre passion* (*Do What You Love* ou DWYL en anglais) est dangereuse. Miya Tokumitsu, auteure de *Do What You Love and Other Lies about Success and Happiness* décrit le DWYL comme « l'actuel leitmotiv officieux du travail[10] ». Entièrement tourné vers l'individu, il nous rend à ce point obsédés par notre propre satisfaction au travail que nous en oublions ce que ce genre de croyances peut signifier pour les autres. « Le problème », observe-t-elle, « est que cela ne mène pas au salut mais à la dévalorisation de notre véritable travail [...] – et, plus important encore, à la déshumanisation d'une grande partie des travailleurs. » La possibilité de faire quelque chose par passion plutôt que par nécessité financière demeure un privilège largement réservé aux élites. À cause du mythe du *Suivez votre passion*, nous imaginons que ceux qui n'aiment pas leur travail manquent de passion et de détermination. Et nous nous adressons le même reproche.

De façon ironique, la notion de dévotion au travail frôle l'exploitation si elle est associée à l'idée de *faire ce que l'on aime*. C'est notamment le cas pour les créatifs qui travaillent dans des secteurs souvent jugés « désirables » : nous attendons d'eux qu'ils fassent preuve non seulement d'une solide éthique de travail, mais également qu'ils s'estiment heureux de travailler dur sans être rémunérés en conséquence. Travailler gratuitement, ou presque, est devenu la nouvelle norme dans un paysage médiatique où chacun s'évertue à produire des contenus pour les vendre à des consommateurs.

Et pourtant, ces secteurs sont si attractifs que les candidats prêts à travailler gratuitement ou presque sont légion. L'idée de ne pas travailler pour un salaire mais pour le seul amour du travail est devenue la norme. De cette conception a découlé une autre rengaine : celui qui s'accroche et qui travaille plus pour le même salaire (ou presque) aura droit à la sécurité de l'emploi. Si nous aimons vraiment ce que nous faisons, pourquoi ne pas vouloir nous y adonner le soir, le week-end et pendant les vacances ? Les implications économiques – et les frontières – d'un travail fait par amour sont très différentes de celles d'un emploi classique. Mais si la quête de ce type de travail épanouissant peut sembler jouer un rôle important dans notre développement personnel, il faut cependant bien admettre que ce sont les entreprises qui tirent leur épingle du jeu : elles bénéficient de cette main-d'œuvre bon marché tout en nous faisant croire que nous avons la chance de faire un « travail réellement important ».

L'absurdité de cette croyance est d'autant plus flagrante dans les secteurs où traditionnellement il n'a jamais été question d'aimer son travail et/ou lorsque les emplois ne sont qu'un moyen de payer son loyer – et non un chemin vers le développement de soi ou une quête pseudo-spirituelle.

Dans un essai fascinant publié en 2013 dans la *London Reviews of Book*, Paul Myerscough s'intéresse à la société Pret A Manger. Il y relate l'émergence d'une culture d'entreprise centrée sur la notion de passion et de bonheur au travail : les directives de recrutement pour des postes rémunérés au salaire minimum incluent une liste de dix-sept comportements jugés indésirables, dont le fait de « n'être là que pour l'argent ». Cela mérite réflexion. Pour travailler en étant rémunéré au salaire minimum dans une chaîne de restauration rapide vous devez démontrer que vous n'êtes en réalité pas là pour gagner votre vie mais pour trouver une forme de bonheur et de passion inhérente à votre travail. L'entreprise exige par ailleurs un bonheur authentique. « Difficile de savoir ce qui demande le plus d'efforts », écrit Myerscough. « L'authenticité ou la performance, l'être ou le paraître ; mais, dans tous les cas, j'ai peine à croire qu'il n'y ait pas un côté démoralisant – et peut-être encore plus pour les salariés de Pret que d'autres enseignes – non seulement à dédier toute leur énergie aux clients, mais à devoir également maintenir l'équilibre entre enthousiasme permanent au travail et conditions précaires au quotidien[11]. » Pire encore : les employés sont régulièrement évalués sur leur « bonheur » au travail grâce à des « clients mystères » dont les observations déterminent l'attribution ou non d'un bonus d'équipe en fin de semaine. Il faut souligner que l'article rapporte que le salaire moyen d'un employé de Prêt A Manger s'élève à 6,25 livres britanniques, ce qui est inférieur au salaire minimum recommandé, fixé à 8,55 livres par la Greater London Authority.

Qui peut croire que ne pas gagner suffisamment pour vivre dans la ville où l'on travaille peut rendre heureux ? Nous reviendrons sur ce qu'implique l'utilisation de la notion de bonheur comme indicateur au chapitre 9.

LE SYNDROME DU FLOCON DE NEIGE : TROUVEZ VOTRE VOCATION

Le mélange de l'injonction *Suivez votre passion* avec la propagande du *self-made man* et l'avènement des réseaux sociaux a des conséquences frappantes : une culture dans laquelle nous accordons une importance extrême au fait de nous accomplir personnellement par le travail, et à ce que cela signifie en termes d'estime de soi. Les millenials et la génération Z ont le plus souvent grandi dans un monde où ils ont sans cesse entendu dire qu'ils étaient capables de tout, que chacun était spécial, unique et, plus important encore, méritait de réussir. Nous avons aussi été élevés dans l'idée d'une croissance et d'une consommation infinies, où chacun pouvait gravir la fameuse échelle socio-économique.

Le *syndrome du flocon de neige* (de l'anglais *special snowflake syndrome*) est un terme employé pour décrire le sentiment injustifié selon lequel un individu serait plus spécial et exceptionnel que les autres et aurait, par conséquent, droit à un traitement différent (et souvent privilégié). Fréquemment associée aux millenials (ou génération Y), l'expression fait référence à la structure unique et singulière d'un flocon de neige. Fait amusant, le terme a récemment été employé dans un article au sujet du vote sur le Brexit qui titrait : « Vous voulez que le Royaume-Uni quitte l'Europe ? Vous souffrez du syndrome britannique du flocon de neige[12]. » Il semble donc s'appliquer aussi bien à des pays qu'à des individus.

Si les causes du syndrome du flocon de neige sont complexes, on l'attribue principalement aux parents de la génération des baby-boomers dont les années d'études ont coïncidé avec une prospérité économique sans précédent mais dont les enfants ont dû affronter une réalité bien différente. Cette notion d'unicité revient pourtant sans cesse, en particulier en contexte professionnel. Elle ajoute une pression supplémentaire avec laquelle chacun doit composer non seulement pour accéder à une certaine réussite financière mais en y parvenant grâce à un talent très spécial et unique.

Le mythe de la vocation est devenu un classique parmi les mythes contemporains du travail ; il se propage par le biais de personnalités aussi influentes qu'Oprah Winfrey (elle-même incarnant parfaitement l'archétype de la *self-made woman* entrepreneure). Dans son livre *Ce dont je suis certaine* (2015), elle raconte qu'elle a acquis la conviction que « chacun d'entre nous a une vocation personnelle aussi unique qu'une empreinte digitale – et que le meilleur moyen de réussir est de découvrir ce que vous aimez et de trouver le moyen de l'offrir aux autres en rendant service, en travaillant dur et en laissant l'énergie de l'univers vous guider. » Il y a beaucoup à dire de cette courte citation qui encapsule si bien tout ce dont nous avons parlé jusqu'ici. L'idée d'être spécial, d'avoir une vocation unique, de faire un travail que l'on aime et de développer une éthique de travail – le tout formulé par l'héroïne dont l'ascension sociale est parmi les plus connues de notre culture contemporaine. Ces paroles puissantes trouvent un écho favorable chez de nombreuses personnes. L'importance accordée à la notion d'objectif témoigne également d'une perception du monde centrée sur l'individu, où chacun aspire à une réussite ultime et ambiguë, déconnectée de la réalité de la plupart des vies professionnelles. Par le passé, le travail était considéré soit comme un emploi, soit comme une carrière, soit comme une vocation. Ce dont parle Oprah Winfrey, et ce sur quoi reposent totalement les mouvements du flocon de neige et les appels à trouver notre vocation, est l'idée selon laquelle tout travail devrait être une vocation.

D'un point de vue étymologique, les mots *carrière* et *vocation* ont des origines très différentes. *Carrière* vient du latin *chemin de chars* et de l'ancien français *circuit*, un terme d'équitation ; le terme renvoie à un mouvement circulaire qui ne mène nulle part (et rappelle les images de *course folle* ou de *roue de hamster* souvent convoquées pour parler de la machine infernale de l'entreprise). Le mot *vocation* est, par contraste, beaucoup plus poétique – il vient du latin *vocare* ou *appeler*. Il s'emploie pour parler d'une voix qui nous appelle à accomplir un destin unique.

Au sens moderne, *trouver sa vocation* renvoie plus largement au concept romantique de *suivre ses rêves professionnels*, une expression née dans les années 1990 et popularisée dans les années 2000. Pendant leurs années d'études, on a répété aux millennials à quel point ils étaient uniques et leur potentiel illimité. Cal Newport, l'auteur de *Deep Work* (2016), souligne que les verbes comme *suivre* impliquent de « commencer par identifier une passion préexistante puis de la faire coïncider avec un emploi. Puisque la passion précède l'emploi, il va de soi que nous devrions d'emblée adorer notre travail[13]. » Newport souligne à juste titre que même Steve Jobs, qui nous encourageait à « faire ce que nous aimons », a suivi un chemin long et sinueux jusqu'à son propre rêve. Cette partie de sa vie est souvent négligée au profit de l'image d'un entrepreneur guidé par la vision unique de ce à quoi il aspire, une légende qui occulte le hasard et certaines circonstances qui ont en réalité permis à Steve Jobs de découvrir ce qu'allait devenir Apple.

Le concept de *vocation* est alors associé à une interprétation plus moderne du rêve américain – à savoir, l'enrichissement rapide ; il en résulte une kyrielle d'espoirs déçus pour toute une génération habituée à être félicitée pour elle-même. Non seulement le succès est perçu comme un dû mais il doit être instantané, pour la simple raison que nous sommes uniques.

Un article du *New York Post,* paru en 2010, a ainsi surnommé les millenials *la pire des générations*, en citant une étude de l'université du New Hampshire dans laquelle le nombre des répondants de la génération Y faisant preuve de narcissisme en pensant que tout leur était dû, un chiffre 25 % supérieur à celui des personnes âgées de quarante à soixante ans[14]. L'article concluait en indiquant que les jeunes de la « génération Y sont caractérisés par une "très haute estime d'eux-mêmes" qui donne lieu à des "attentes irréalistes", et finalement à une "déception chronique". » En tant que millennial, je tiens à souligner que l'idée d'une génération centrée uniquement sur elle-même avait déjà été avancée dans les années 1970 pour la « *me me me generation* » (l'une des couvertures du *New York Magazine* titrait en 1976 : « Les années 70, la décennie du MOI ».)

Un article de *Psychology Today*, paru en 2015 et intitulé « La résilience étudiante sur le déclin : un vrai problème pour les universités », identifiait quant à lui la hausse des troubles de l'anxiété et de la dépression parmi les étudiants comme un problème d'ampleur nationale pour les États-Unis. L'article décrivait à quel point le niveau de fragilité émotionnelle des étudiants était préoccupant, en particulier pour ce qui était de recevoir des retours critiques, comme des notes. Certains enseignants regrettaient « craindre d'attribuer de mauvaises notes en cas de performances médiocres à cause des crises émotionnelles qu'il leur faudrait ensuite gérer. » Il est intéressant de noter que c'était la réaction des étudiants à leurs mauvaises notes qui mettait en lumière le fait qu'ils considèrent que tout leur était dû : ils étaient nombreux à reprocher à l'institution son manque de consignes claires ou à demander à leurs parents d'intervenir pour se plaindre plutôt que d'envisager les commentaires comme une opportunité de consolider certains domaines de compétences[15].

Notre génération a malheureusement été poussée à croire en une vision du monde qui s'avère erronée. Nous éprouvons à présent le sentiment d'avoir été piégés. Nous ne vivons pas dans un monde où « tout le monde est gagnant » ; et ceci ne fait qu'alimenter notre mécontentement et nos espoirs irréalistes latents quant à ce que nous voulons que soit le travail et qui nous voulons être au travail. Poursuivre l'idéal d'un formidable plan divin est le meilleur moyen d'être déçu – c'est une pression énorme et inutile que nous nous infligeons.

Cela ne signifie pas pour autant que nous ne devrions pas chercher du sens et un objectif à ce que nous faisons. Comme nous le verrons au chapitre 9, s'impliquer dans un travail qui fait sens est le meilleur moyen d'y être heureux. Mais inutile de solliciter une intervention divine universelle pour trouver un objectif. Être convaincu par les produits de l'entreprise pour laquelle nous travaillons, construire de solides relations professionnelles ou même subvenir aux besoins de notre famille : voici des objectifs valables en tant que tels. Nous pouvons très bien nous passer d'une intervention divine qui nous révélerait que la voie de l'épanouissement passerait par la découverte de la raison mystérieuse et unique de notre présence sur terre (ce qui, comme nous l'avons vu au chapitre 4, va de pair avec la règle implicite selon laquelle si nous n'avons pas trouvé notre objectif, c'est que nous n'avons pas suffisamment cherché). L'un de mes philosophes favoris, Ralph Waldo Emerson, a les mots justes pour le dire : « Ma vie n'est pas une excuse mais une vie. Elle vaut pour elle-même et n'a rien à prouver. Je la préfère largement plus simple, pour qu'elle soit authentique et équilibrée, plutôt qu'époustouflante et instable. » Inutile d'avoir un objectif avec un grand O. Il est temps de nous libérer de ce discours séducteur et de profiter de la vie pour ce qu'elle est : un voyage aléatoire, excitant et souvent inexplicable.

Je vous invite à prêter attention à la manifestation de ces thématiques autour de vous. À n'en pas douter, vous les repérerez aisément. De votre fil d'actualités Facebook aux unes des magazines, ces messages sont partout : travaillez plus, trouvez votre vocation, osez prendre des risques, tout est possible, trouvez le travail de vos rêves, découvrez votre objectif, etc. À mon sens, ce regain d'intérêt pour la spiritualité et la découverte d'un objectif tout puissant est un mécanisme de défense que nous activons pour mieux supporter les réalités économiques actuelles. Il est bien plus facile de nous convaincre que nous sommes à la recherche de notre vocation que d'admettre que les emplois peu rémunérés et la stagnation des salaires sont devenus la nouvelle norme pour la plupart d'entre nous aujourd'hui.

Cela ne signifie pas que ces croyances sont fondamentalement mauvaises, mais comprendre et repérer leurs influences peut nous aider à identifier les conceptions du travail auxquelles nous voulons adhérer – plutôt que celles que nous avons inconsciemment adoptées, en même temps qu'un message culturel plus vaste. C'est exactement le but de ce livre : se donner les moyens de pouvoir décider par soi-même. Pas uniquement pour ce qui a trait au travail. C'est de notre identité, de notre estime de nous-mêmes qu'il est véritablement question, et il n'est pas si simple de distinguer les deux, quoi qu'on en pense.

Petit résumé, grandes idées

- Le mythe du *self-made man* perdure encore aujourd'hui, en particulier dans la culture entrepreneuriale qui se sert de la technologie pour donner corps à la notion d'ascenseur social au cœur du rêve américain.
- La notion de destinée professionnelle imprègne les discours actuels sur le travail avec l'idée que chacun d'entre nous est destiné à faire UNE chose pour être heureux et épanoui (et qu'il est indispensable d'aimer la faire).
- Le syndrome du flocon de neige caractérise le sentiment d'un individu qui se considère comme spécial ou exceptionnel et qui mériterait donc d'avoir accès à des opportunités, de réussir et d'être reconnu.

6
JE TRAVAILLE, DONC JE SUIS

MON TRAVAIL, MA VALEUR

Les conceptions du travail abordées au cours des chapitres précédents se sont insinuées au cœur de nos croyances les plus profondes. Notre métier et notre travail constituent une part fondamentale de notre identité. Petits, on nous demande déjà ce que nous voulons faire lorsque nous serons grands. Malgré les statistiques américaines qui révèlent les faibles niveaux d'implication et d'épanouissement au travail, il demeure un tel socle culturel que « les adultes sans emploi et ceux qui ne travaillent pas autant qu'ils le souhaiteraient sont deux fois plus susceptibles de souffrir de dépression que les Américains salariés à temps plein[1]. »

Être au chômage affecte plus notre perception de nous-mêmes qu'avoir un emploi non satisfaisant. Comme le remarque l'auteure et critique Joanne Ciulla : « Nous avons dépassé la notion d'éthique de travail, qui lui conférait une valeur morale ; nous comptons désormais dangereusement sur nos emplois pour être la source première de notre identité, le ressort principal de l'estime de soi et du bonheur individuel[2]. »

Il n'en a pas toujours été ainsi. Dans leur livre, *Time Without Work* (1999), Walli Leff et Marilyn Haft expliquent que, dans les sociétés traditionnelles dont étaient issus les immigrants américains, la notion d'identité était liée à « la famille, à l'ascendance, par exemple la religion et le lieu d'origine ». Cela complexifie donc notre rapport au travail. Nous le considérons comme un moyen d'atteindre une fin – la réussite, la gloire, ou peut-être tout simplement, la retraite. Si elles peuvent susciter en nous un sentiment de jalousie, les personnes qui ne travaillent pas n'en sont pas moins dénigrées. Leff et Haft expliquent : « Si elles sont pauvres, nous les méprisons de ne pas vouloir travailler. Si elles sont riches, nous les tolérons sans les respecter. » Malgré les discours sur le fait de travailler pour vivre et accéder à la liberté par le travail, ceux qui ne travaillent pas sont perçus comme oisifs et/ou superficiels. Dans notre culture libertaire actuelle, il semble même qu'il ne soit plus possible de faire une simple pause : à la place, nous prenons un *congé pour raisons de santé* ou une *année de disponibilité pour un projet de recherche*.

Le travail peut sans conteste s'avérer un principe d'organisation de nos vies extrêmement utile. Non seulement il donne accès à des marqueurs sociaux, une structure, une discipline, de l'influence, un certain pouvoir, mais il dicte également notre emploi du temps quotidien[3]. Pour de nombreuses personnes, le travail est la seule source possible d'épanouissement et de satisfaction.

Selon le psychothérapeute Charles Allen, l'alignement entre estime de soi et travail tient à la manière dont nos emplois nous donnent en permanence le sentiment de contribuer à la société[4]. Plus encore, nous envisageons le travail comme un espace propre à faire émerger un sentiment d'appartenance et à donner un sens à notre vie – à l'image d'un fermier fier de ses terres et de ses bêtes. Mais, dans les systèmes où le travailleur ne possède ni ne contrôle son environnement de travail, qu'en est-il de l'estime de soi qui repose sur le travail ? Quel est l'impact de l'accélération que connaît actuellement notre rythme de travail ? De *Psychology Today* à la *Harvard Business Review*, bien des articles soulignent notre besoin de regagner ou de protéger sa confiance et son estime de soi au travail. Cela révèle un réel problème. Les progrès technologiques rendent la déconnexion difficile et, à cause des exigences de productivité toujours plus fortes, nos réussites sont gâchées par tout ce que nous n'avons pas eu le temps de terminer ; subsiste alors le sentiment de ne pas être à la hauteur[5].

Une récente étude a confirmé que c'est en cas de menace envers « notre être social ou envers notre acceptation sociale, notre estime et notre statut[6] » que l'on observe les plus importants pics de cortisol liés au stress. Notre désir de nous trouver par le biais de notre travail est tel qu'il n'est pas surprenant que nous souffrions de *burn-out*. L'expression « ce n'est pas personnel, c'est professionnel » semble avoir été chamboulée : tout est devenu personnel *et* professionnel. L'enjeu est alors tout autre.

Les exigences que nous nous imposons ne sont pas seulement le fruit du système, elles sont culturelles. Dans son livre *Overwhelmed* (2014), Brigid Schulte utilise l'expression *busier than thou* (que l'on pourrait traduire par *j'ai plus à faire que toi*) pour décrire le fait de penser et de se comporter comme si être affairé était, pour la classe moyenne active, un symbole ultime de statut. Nous avons tous en mémoire des conversations avec des amis ou collègues qui se vantent d'être overbookés, qui brandissent cet état de fait comme un étendard, une victoire gagnée à la sueur de leur front. L'affairement fait office de sésame, dans et en dehors du bureau. Pendant que certains y meurent de surcharge de travail, d'autres acceptent bien volontiers de se montrer constamment occupés pour survivre aux politiques internes et à la culture de leur entreprise. Tim Kreider, contributeur du *New York Times* et auteur, a décrit l'affairement comme « une forme de réassurance existentielle, une barrière contre le vide. » Une étude menée en 2015 par Havas Worldwide auprès de plus de dix mille personnes a conclu que « grâce au crédit implicitement attribué à la surcharge de travail par notre société contemporaine, faire semblant d'être occupé est devenu une compétence vitale pour survivre en milieu professionnel[7]. » L'étude a révélé que 42 % des répondants ont tendance à exagérer lorsqu'ils parlent de leur charge de travail tandis que 60 % sont convaincus que leurs collègues font mine d'être plus occupés qu'ils ne le sont vraiment. Il ne faut pas y voir une question de droiture morale ou de duperie, mais une réponse au fait que les travailleurs ne peuvent plus prouver leur valeur que de façon biaisée.

Souvent, nous sommes nous-mêmes à l'origine de ce piège de l'affairement que nous nous imposons et que nous pouvons entretenir par une certaine ambition (professionnelle, sociale, familiale ou par des obligations personnelles non « indispensables »). Mais la plupart des personnes se sentent angoissées et coupables dès qu'elles n'ont rien à faire. « Le temps libre est désormais perçu comme un aveu de notre caractère non indispensable », observe Tim Maleeny, *Chief Strategy Officer* pour Havas Worldwide[8]. À une époque, la richesse et la prospérité se mesuraient à l'aulne du temps libre dont nous disposions. Cette époque est révolue.

Toujours d'après l'étude menée par Havas, trois grands types de comportements se dégagent face à ce paradoxe de la productivité. Les salariés de pays comme le Brésil, la Chine, le Japon et l'Inde hésitent entre leurs désirs de réussite et de loisirs ; ils sont « plus susceptibles de prétendre être plus occupés qu'ils ne le sont, tout en regrettant de ne pas pouvoir se détendre plus. » À l'inverse, dans des pays comme le Canada, la France, le Royaume-Uni et les États-Unis, « le nouveau rythme de vie est moins vu comme une menace à gérer que comme une réalité nouvelle avec laquelle chacun compose comme il l'entend. » Enfin, en Australie, en Belgique et en Italie, les salariés sont sceptiques quant à l'intérêt de se montrer occupés et tendent à se demander si le jeu en vaut la chandelle. La tendance du *freelancing* (l'avènement de la *free agent nation* de Daniel Pink) ne fait que renforcer ce mouvement. Selon Statista, plus de trois millions de personnes étaient à leur compte en 2018 en France, contre deux millions et demi en 2008[9]. Les attentes et la pression en matière de réussite reposent de plus en plus sur les seules épaules des individus.

L'ironie de la situation nous apparaît : en réalité, les environnements de travail qui nous définissent (et qui nous incitent à nous dépasser) nous aliènent et nous épuisent au détriment de l'implication, de la productivité et de la performance auxquelles nous aspirons.

« QUE FAITES-VOUS DANS LA VIE ? »

À l'occasion d'une soirée, vous rencontrez quelqu'un pour la première fois. Vous venez d'apprendre son nom : quelle est alors la première question que vous posez à votre interlocuteur ?

Comme beaucoup d'entre nous, il s'agira sans doute d'une variante de : « Vous faites quoi dans la vie ? »

Prenons un instant pour réfléchir à tout ce qui se cache derrière ces quelques mots. Notre langage conserve encore des traces de l'héritage de la productivité : nous mettons l'accent sur le fait de *faire*, c'est-à-dire de *produire*. Même en société, notre cadre de référence sera le rendement d'une personne, sa contribution professionnelle. Nous réduisons un individu complexe, aux multiples facettes, à l'intitulé de son poste.

De prime abord, cela peut paraître anodin. En effet, nombreuses sont les personnes qui réussissent et sont fières de ce qu'elles font – auquel cas répondre à ce type de question est une occasion agréable de se réaffirmer. Pourtant, celui qui a réussi dans un travail qu'il aime ne vaut ni plus ni moins que celui qui fait ses heures pour percevoir son salaire en fin de mois, que celui qui est actuellement au chômage ou qui doit cumuler plusieurs emplois pour survivre. Nous accordons pourtant un statut différent à chacune de ces personnes. Dans le *Book of Life* de la School of Life, les auteurs du chapitre dédié au capitalisme (et justement intitulé *Vous n'êtes pas ce que vous gagnez*[10]) le formulent ainsi : « Notre salaire est la source d'information, l'information essentielle et décisive sur notre personnalité, notre intelligence et notre force morale : en bref, l'argent est l'indicateur-clé de notre valeur en termes humains et purement financiers. Plus nous gagnons d'argent, plus nous méritons d'exister. Par extension, il semble impossible de nous envisager comme des personnes à la fois bonnes, respectables et pauvres. » Cette dernière phrase a de quoi faire réagir, « il s'agit d'un héritage des croyances puritaines qui voyaient en la richesse matérielle un symbole divin de supériorité morale – ceci est inscrit dans le rêve américain. »

« Que faites-vous dans la vie ? », il nous arrive pourtant à tous de poser cette fameuse question. Parce qu'elle fait partie des conventions sociales, par habitude mais aussi, il faut bien l'admettre, par facilité. Le travail est une étiquette facile qui permet de classer tout un chacun dans des catégories pratiques et aisément compréhensibles. Posée de façon innocente, cette question permet de briser facilement la glace, de se découvrir des points communs et, peut-être, d'ouvrir vers d'autres sujets de conversation plus intéressants. Mais elle s'avère dangereuse car elle sous-entend que ce que nous faisons nous définit. Elle est aussi liée aux notions de réussite, d'argent et de statut (que nous traiterons en détail au chapitre 10). Ce n'est pas tant la question en elle-même qui est problématique, que le fait d'associer le travail d'une personne à son identité – ce qui, au vu de notre culture actuelle de la surcharge de travail, se fait de façon naturelle. Le travail nous prenant de plus en plus de temps, il n'est pas surprenant que nous ayons créé ces connexions profondes et intimes.

En 2013, Ellen Huerta, fondatrice de l'application Mend, a publié sur *Medium* un article dans lequel elle revenait sur les raisons qui l'avaient poussée à quitter un emploi rémunérateur et prestigieux chez Google. Malheureuse et en proie à l'angoisse, elle sentait pourtant naître en elle une forte résistance dès qu'elle songeait à démissionner. « Lorsque j'ai pris le temps de réfléchir aux raisons pour lesquelles je résistais, j'ai découvert quelque chose sur moi-même que je n'ai pas aimé, quelque chose que j'ai encore honte d'admettre », écrivait-elle. « La principale raison pour laquelle je résistais était que j'abandonnerais la sécurité et le prestige que m'offrait ma vie chez Google. En y réfléchissant, j'ai compris que la reconnaissance extérieure était malheureusement devenue ma source première de motivation[11]. »

Et, elle n'est pas seule dans ce cas. La plupart des créatifs productifs ont probablement éprouvé ce même sentiment à un moment donné de leur carrière. En associant qui nous sommes à ce que nous faisons, nous faisons courir un grave danger à notre estime de soi et à notre valeur personnelle. Tant que tout se passe bien d'un point de vue professionnel, notre identité est fermement ancrée, mais qu'advient-il en cas de dérapage ? Ceci renvoie également au côté obscur du rêve américain (*cf.* chapitres 4 et 5).

Que se passe-t-il si un problème de santé nous contraint à nous arrêter pendant une longue période ? Si une nouvelle crise survient et que des emplois sont supprimés ? Si un bouleversement du marché (comme l'automatisation et les nouvelles technologies, *cf.* chapitre 14) rend soudain notre poste inutile ? Ces évènements diminueront-ils notre valeur ? Non. Pourtant, tant de personnes associent fatalement leur travail (et par extension leur rendement) à la nature même de leur identité. Elles se sentent perdues, déprimées ou angoissées lorsque cette source d'autoaffirmation (sécurité, protection, bonheur) est menacée. Si nous sommes convaincus que nous sommes notre travail et que la réussite ne dépend que de nous, quelle image l'échec nous renvoie-t-il alors ?

JE SUIS, DONC JE SUIS

Après avoir pris conscience de cette tendance paresseuse à poser des questions sur le travail de mes interlocuteurs, j'ai décidé de tenter une autre approche. Lors de dîners et d'évènements de réseautage, j'ai commencé à demander à mes interlocuteurs de me raconter quelque chose sur eux qui n'avait rien à voir avec leur travail. On m'a alors parlé de loisirs, allant de l'escalade à l'élevage de criquets, de compétences comme la restauration de meubles ou de voitures anciennes, et de talents de musiciens. J'avais en quelque sorte eu besoin d'une piqûre de rappel pour me souvenir que ce qui permet à une personne de gagner sa vie est souvent le moins intéressant à son sujet. Cette leçon s'avère particulièrement utile, surtout à propos des créatifs productifs dont le travail peut sembler, à tort, auréolé de glamour. Que l'on parle de sociétés comme Google, de cabinets d'avocats prestigieux, de célèbres multinationales ou simplement d'un poste dans une industrie créative, au final, il ne s'agit jamais que d'un travail. Et notre identité ne se résume pas à ce travail.

Nous devons identifier et cultiver d'autres aspects de nous-mêmes, décorrélés du monde de l'entreprise. Le paysage technologique subit des changements si radicaux que la nature même du travail évolue vers une forme que nous ignorons peut-être encore. Si nous ne nous préparons pas à accueillir cette transition, si nous ne nous attelons pas sûrement et calmement à séparer notre valeur personnelle et notre identité de nos intitulés de poste, alors il ne fait aucun doute que nous ne serons pas prêts à affronter la puissante vague de changement qui approche. Réfléchissez à la manière dont vous vous présentez. Quels mots employez-vous ? Comment décrivez-vous votre travail ? Pourriez-vous mentionner d'autres éléments qui exprimeraient une autre part de vous-même ?

L'écriture de ce chapitre m'a particulièrement coûté car, en tant que créative productive, une grande partie de la perception que j'ai de moi-même est liée à ce que je fais. Les créatifs productifs sont fondamentalement des créateurs, c'est par la force de leurs idées qu'ils donnent vie aux choses – ce pouvoir est enivrant. Pour les auteurs, rien n'est plus exaltant que de partir d'une idée pour la voir évoluer vers un brouillon abouti, puis vers un livre, un objet physique qu'ils peuvent tenir entre leurs mains. Il en va de même pour les créatifs productifs qui lancent des entreprises et pour le secteur des services où les défis sont relevés à grand renfort d'intellect et de créativité – quoi de plus personnel que cela ? Nous ne devons cependant pas oublier que notre travail n'est qu'une partie de nous-mêmes. Dans notre culture où la réussite et la performance règnent en maître, où l'ambition et la consommation sont reines, il peut sembler paradoxal de faire une pause, de résister à la pression constante d'être plus et de faire plus, pour oser dire : je me suffis.

Finalement, l'essentiel consiste à se sentir valorisé et considéré. Pendant trop longtemps, nos carrières nous ont servi de béquille, une manière d'empêcher les autres de nous voir tels que nous sommes vraiment. Nous croyons que nous ne serons dignes de reconnaissance que si nous réussissons dans la vie, avec des intitulés de poste ronflants. Comble de l'ironie, nous nous sommes nous-mêmes imposé ces barrières. Car, en vérité, nous avons toujours été à la hauteur.

Petit résumé, grandes idées

- Le culte de la productivité a érigé le travail en une part essentielle et hautement personnelle de notre identité. Qui nous sommes et ce que nous faisons sont deux notions souvent irrémédiablement liées.
- Parce que la perception de notre valeur personnelle est associée à notre travail, il est désormais difficile de conserver une estime de soi positive alors même que nous sommes confrontés à des conditions économiques difficiles et au bouleversement de nombreux secteurs et marchés.

NOTRE BIOLOGIE ET NOTRE ADN [IDENTITÉS]

7
LE CERVEAU PRODUCTIF

Grâce aux progrès de la biologie moléculaire et des neurosciences computationnelles, les scientifiques comprennent mieux que jamais le fonctionnement de notre système nerveux. De fascinantes connexions entre les signaux électriques transmis par nos neurones, nos émotions et nos comportements ont été découvertes. De nouveaux champs d'expertise voient le jour, dont la neuroéconomie, les neurosciences sociales et la théorie de la décision. Notre connaissance du cerveau s'élargit et de nombreux scientifiques (des économistes comportementaux, des psychologues, des neuroscientifiques et des thérapeutes cognitifs entre autres) ont démontré le pouvoir de notre esprit sur notre manière de travailler.

Afin de mieux comprendre comment le cerveau réagit à notre culture contemporaine du travail, je me suis intéressée à certains de ces travaux scientifiques les plus récents. Dans ce chapitre, je présente quelques-unes des avancées les plus importantes, qui redéfinissent la façon dont les créatifs productifs envisagent leur rapport au travail.

PLAIDOYER POUR LE TEMPS LIBRE

Si nous sommes contraints de nous adapter à de nouvelles façons de travailler, nos cerveaux ont parfois du mal à suivre. Le travail intellectuel requiert souvent de longues périodes d'intense concentration pour lesquelles le cerveau n'est tout simplement pas adapté. Non seulement nous nous fatiguons, mais nous éprouvons de la lassitude, ce qui nous rend encore moins aptes à réaliser nos tâches de manière efficace. Il ne s'agit pas de plaider en faveur d'une concentration moindre. Au contraire, les moments de grande concentration, aussi appelés *l'état de flow,* montrent à quel point notre cerveau est capable de résoudre des problèmes et de s'attaquer à des défis créatifs, mais seulement sur un temps limité. L'*état de flow* ne peut se prolonger. Pourtant, nos *to-do-lists* exponentielles et l'accumulation de nos missions professionnelles exercent sur nous une pression constante qui nous contraint à rester concentrés pour être à la hauteur.

La découverte du *réseau du mode par défaut* (MPD) a été essentielle à la compréhension du cerveau. Le MPD est le système complexe de neurones et de circuits qui est activé lorsque nous laissons notre esprit vagabonder. C'est l'un des nombreux réseaux (les recherches récentes en ont identifié au moins cinq) mobilisés lors des périodes de moindre activité cérébrale. On les nomme les réseaux de repos (ou RSN, *Resting State Networks*).

D'après une équipe de chercheurs de l'université de Californie du sud, ces moments où l'esprit divague sont des états mentaux indispensables à la construction de l'identité et des interactions sociales ; ils influencent même le moral. Lorsque nous rêvassons, notre cerveau cesse de se concentrer sur le monde extérieur pour se tourner vers un riche paysage intérieur. Il explore nos désirs, nos rêves et nos espoirs tout en résolvant nos tensions et conflits[1]. Nous avons besoin de temps pour réfléchir, pour comprendre le monde et notre place. Les recherches ont ainsi révélé que l'introspection est indispensable à la construction de l'identité.

Les moments durant lesquels le cerveau passe en mode MPD ou fait une pause donnent également l'occasion de se concentrer sur d'autres tâches importantes comme la consolidation des informations récemment acquises et le transfert des compétences-clés de la mémoire court terme à la mémoire long terme. Nous savons aussi désormais à quel point le sommeil est essentiel à la mémoire et au processus d'apprentissage[2]. Selon une autre étude menée par Tamami Nakano de l'université d'Osaka, le cerveau est capable de basculer extrêmement rapidement en mode MPD : le temps d'un clignement d'œil, c'est-à-dire qu'une minuscule nanoseconde suffit pour activer le réseau du mode par défaut – de façon infime mais suffisante pour être mesurée.

Dans son livre *A Mind for Numbers: How to Excel at Math and Science (Even if You Flunked Algebra)* paru en 2014, Barbara Oakley, professeure américaine d'ingénierie, décrit les deux modes de fonctionnement du cerveau. En *mode concentré*, nous nous servons de notre cortex préfrontal pour effectuer des tâches qui nécessitent de la concentration et sollicitent des efforts intellectuels, comme apprendre, lire ou résoudre des problèmes mathématiques. Le *mode diffus* est quant à lui activé lorsque nous laissons libre cours à nos pensées, que nous nous promenons ou au cours d'actions qui ne requièrent pas la même dose d'effort mental. Ces deux modes sont très proches des *système 1* (pour le mode diffus) et *système 2* (mode concentré) présentés par Daniel Kahneman dans son livre *Système 1 / Système 2 : Les deux vitesses de la pensée* (2011).

Par le passé, le mode diffus avait mauvaise presse, on croyait même que notre esprit s'endormait lorsqu'on rêvassait. La distraction était considérée comme un signe de paresse. De nombreux scientifiques la considéraient, à tort, comme l'état le moins productif du cerveau, comme s'il s'éteignait. Mais une autre étude menée en 2009 par l'université de Colombie Britannique a montré que certaines zones du cerveau que nous mobilisons pour résoudre des problèmes complexes sont extrêmement stimulées lorsque nous laissons notre esprit divaguer. La professeure Kalina Christoff, qui a dirigé cette étude, explique que « nos cerveaux sont très actifs lorsque nous rêvassons – beaucoup plus que lorsque nous nous concentrons sur des tâches routinières. » Sachant que nous passons presque un tiers de notre vie à rêvasser, cette information est fort utile.

Nous savons désormais que cet *état diffus* n'est pas seulement important, il s'avère crucial lorsqu'il nous faut résoudre des problèmes, trouver des idées et générer de nouvelles expressions créatives. À ceux qui peinent à résoudre un problème complexe, Christoff conseille donc de faire une pause en s'adonnant à des activités plus simples, comme sortir se promener et laisser son esprit divaguer[3]. Cela peut donner l'impression de ne rien faire de *productif* alors qu'en réalité, en arrière-plan, le cerveau continue à travailler, de nouvelles connexions se créent et les apprentissages du jour se consolident. Les bonnes idées et solutions apparaissent bien plus souvent lorsque nous sommes détendus plutôt qu'assis à notre bureau, en état de stress.

Plus nous nous efforçons d'augmenter notre productivité au travail avec de nouvelles solutions, de nouvelles idées et plus de créativité, plus nous risquons d'échouer. Plus nous sommes occupés, moins nous sommes créatifs, ce qui finit par se traduire par une productivité moindre. « Lorsque vous vous concentrez, vous bloquez l'accès à votre mode diffus », explique Barbara Oakley. « Pourtant, c'est souvent de ce mode dont vous avez besoin pour réussir à résoudre un problème nouveau et complexe. »

Tout consiste donc à trouver un équilibre entre ces deux états. Et pourtant, même si vous n'avez retenu qu'une infime partie des chapitres précédents, vous savez qu'il nous est très difficile de ne pas être constamment dans l'action. Voilà des siècles qu'on nous lave le cerveau en ce sens. De nombreuses personnes rejettent l'idée même de prendre une pause, persuadées de faire preuve de faiblesse et d'admettre par là qu'elles ne sont pas à la hauteur de la tâche qui leur est confiée. Non seulement nous sommes prisonniers d'un ancien récit qui nous prédispose à une obsession puritaine du rendement permanent, mais nous nous contraignons en plus à agir en dépit du fonctionnement optimal de notre cerveau.

La nécessité de faire des pauses va à l'encontre de la façon dont nous faisons habituellement l'étalage de notre professionnalisme. Pour prouver sa dévotion au travail (que nous avons étudiée au chapitre 1), nous mettons en avant notre planning surchargé et notre sens du sacrifice – une manifestation de masculinité et de puissance, qui témoigne de l'appartenance à une élite et de sa force morale. Le travail s'apparente parfois à un sport extrême, où le seul moyen de gagner est de se surpasser. Mais, alors que nous découvrons les méandres de notre cerveau, deux éléments apparaissent comme des évidences : premièrement, lorsque nous laissons libre cours à nos pensées ou que nous nous relaxons, notre cerveau continue à travailler et met en œuvre des processus mentaux essentiels au bonheur et à la santé. Deuxièmement, ces périodes de repos sont absolument indispensables pour nous permettre de travailler efficacement. Ces deux éléments contribuent en réalité à augmenter notre créativité.

DYNAMIQUES SOCIALES ET NEUROLEADERSHIP : UNE QUESTION DE SURVIE

Henry Ford aurait un jour eut cette remarque, désormais célèbre : « Pourquoi, quand je n'ai besoin que d'une paire de mains, faut-il que j'aie un homme tout entier ? » – nous verrons dans un prochain chapitre que l'intelligence artificielle, les robots et les drones pourraient, dans un avenir proche, transformer ce souhait en une réalité. Ceci nous renvoie à l'une des principales découvertes de la neuroscience, qui a tout d'une évidence : nous, les humains, ne sommes pas des machines mais des animaux sociaux, soumis à une multitude de facteurs psychologiques, physiologiques et neurologiques qui peuvent radicalement influencer notre performance au travail.

De nombreux managers, quel que soit leur secteur d'activité, ont depuis longtemps pris conscience de l'importance du contexte émotionnel chez les travailleurs. Des chercheurs comme Daniel Pink et Dan Ariely donnent ainsi des clés pour comprendre les comportements et, en particulier, les raisons pour lesquelles la motivation intrinsèque est un moteur de productivité à ne pas négliger. En résumé, nous sommes des êtres complexes, bien plus irrationnels dans nos réactions que nous ne le pensons. Pour être performants, les êtres humains n'ont pas seulement besoin de repos mais aussi d'un but, d'un sentiment de sécurité, d'une raison d'être.

Deux thèmes récurrents émergent de l'état de l'art des neurosciences sociales et de la psychosociologie.

1. La motivation qui régit les comportements peut, pour l'essentiel, se réduire à un désir de **maximiser les récompenses et de minimiser les menaces**. Fondamentalement, nous sommes conçus pour accroître notre plaisir et éviter la souffrance ; ces instincts de survie

sont toujours présents en nous, même s'ils peuvent être déclenchés par des stimulus qui auraient désarçonné (ou probablement terrifié) nos ancêtres. Facebook ne peut reprogrammer nos instincts mais peut les exploiter.

2. Pour le cerveau, **les besoins sociaux sont aussi indispensables à notre survie – et menaçants – que n'importe quel autre besoin élémentaire**. D'un point de vue neuronal, nos interactions avec les autres ne sont pas secondaires ; ce sont des besoins primaires capables de déclencher les mêmes réactions de fuite ou de lutte que lorsque nous sommes face à un prédateur.

David Rock, auteur de *Votre cerveau au bureau* (2018), a ainsi créé un modèle qui reflète comment ces deux tendances interagissent et affectent notre comportement au travail. D'après son modèle SCARF, les expériences sociales humaines peuvent être rassemblées en cinq domaines : le Statut, la Certitude, l'Autonomie, l'Appartenance et l'Équité (*Status*, *Certainty*, *Autonomy*, *Relatedness* et *Fairness* en anglais).

> « Le statut est notre importance par rapport aux autres. La certitude est liée à notre capacité d'anticipation. L'autonomie nous procure un sentiment de contrôle sur les évènements. L'appartenance est un sentiment de sécurité ressenti en présence des autres, le fait de se sentir en confiance. Et l'équité est la perception d'une certaine justice dans les échanges entre personnes. Ces cinq domaines activent dans le cerveau soit le circuit de *récompense primaire* soit celui de *menace primaire* (et les réseaux associés)[4]. »

Il explique par la suite la façon dont le cerveau d'une personne qui a le sentiment que son statut social est menacé (au travail ou dans ses relations personnelles) va activer les mêmes réseaux que celui d'une personne dont la vie est en danger. Le sentiment d'être traité de façon juste active dans le cerveau les mêmes zones de récompense que lorsque l'on reçoit de l'argent. Ces situations suscitent de véritables réactions de stress ou de plaisir très profondément ressenties, même si la situation semble anodine.

Nous avons tous le souvenir de disputes entre amis qui donnent l'impression que notre vie a perdu tout son sens. Ce genre de conflits interpersonnels peut déclencher les instincts de survie élémentaires que nous mobiliserions pour échapper à une bête féroce. Le modèle SCARF se fonde alors sur un instinct de survie qui nous permet de catégoriser en une fraction de seconde tout ce à quoi nous sommes confrontés comme *bon* ou *mauvais*. Si nous considérons qu'une chose est *bonne*, nous pouvons l'approcher et interagir ; sinon, nous l'évitons. C'est l'amygdale qui opère cette classification sans que nous en ayons conscience ; un complexe de noyaux en forme d'amande logé dans le lobe temporal du cerveau et appartenant au système limbique qui travaille en arrière-plan. L'amygdale est en quelque sorte l'alarme incendie du cerveau – elle contrôle nos réactions liées à la peur, au désir et aux états émotionnels exacerbés. Elle nous indique s'il faut fuir ou combattre.

Une fois qu'un élément externe a été catalogué par le cerveau comme digne de confiance ou, au contraire, à éviter, le corps réagit en conséquence, sans intervention consciente. En cas de dysfonctionnement de cette capacité à catégoriser, des troubles de l'anxiété ou des phobies, par exemple, peuvent apparaître. Cela explique le succès des thérapies d'exposition, où une personne est progressivement exposée à ce qu'elle craint, dans un contexte sûr et contrôlé. L'objectif est de reconditionner l'amygdale pour qu'elle transfère un élément de la catégorie *mauvais* à la catégorie *bon*. Or, les réponses de l'amygdale dépendent de nos propres catégorisations. Si nous percevons une menace, notre cerveau va réagir en conséquence et inonder notre système d'hormones nécessaires à notre survie (comme l'adrénaline).

Comment cela se traduit-il en contexte professionnel ? Ces réponses peuvent fortement influencer notre capacité à percevoir, à prendre des décisions, à gérer notre stress, à rester motivé, à collaborer et bien plus encore[5]. Nos capacités créatives et productives peuvent être gravement perturbées lors d'une dispute avec des collègues, lorsque nous considérons que notre responsable fait preuve d'injustice ou si notre emploi est précaire. Par ailleurs, si l'amygdale catégorise l'une de ces interactions comme *mauvaise*, le sentiment de malaise perdurera même une fois la crise passée, car notre système de réponse demeure actif sans que nous en soyons pleinement conscients. Lorsque le cerveau émet des signaux de menace, il détourne des ressources telles que l'oxygène et le glucose du cortex préfrontal (la zone en charge de la logique et de la résolution de problèmes) pour les envoyer ailleurs.

Si, interrogé de manière imprévue au cours d'une réunion, vous avez été incapable de répondre à une question dont vous connaissiez pourtant parfaitement la réponse, rien de surprenant. Votre cerveau a redirigé vos ressources mentales de la zone « qui réfléchit » vers celle « qui ressent ». Cette part primitive de nous-mêmes nous a permis de rester en vie et en sécurité pendant des centaines de milliers d'années.

Non seulement répondre en mode menace nous empêche d'achever notre tâche (en augmentant le risque d'erreur), mais cela risque également de nous empêcher de trouver des solutions en nous rendant plus averses au risque et donc moins susceptibles d'innover ou de tenter de nouvelles choses. Des chercheurs ont de plus observé que le cerveau est également plus réceptif aux informations négatives car, par le passé, elles ont davantage eu tendance à nous protéger (par exemple, savoir qu'un tigre se dissimule derrière un arbre nous est beaucoup plus utile que de savoir si ses fruits sont mûrs et délicieux). Nous ne sommes donc pas simplement sensibles à ces forces neurologiques et psychologiques invisibles, nous sommes en réalité plus prompts à éviter la menace qu'à récompenser les stimulus.

Encourager une mentalité axée sur la récompense crée des conditions de travail favorables. Un cerveau qui perçoit son environnement de travail comme étant *sûr* sera probablement plus créatif, imaginera des solutions plus rapidement et nous rendra plus enclins à collaborer avec des collègues. L'essentiel est de savoir que nous devons prêter attention à nos propres catégorisations sous peine de saboter volontairement nos potentiels créatifs et productifs.

David Rock met en évidence l'existence de schémas organisationnels fréquents susceptibles de restreindre la productivité, comme des entretiens d'évaluation intimidants et désagréables. Si un entretien déclenche chez un salarié une réaction de réponse à une menace, il ne sera pas en mesure d'entendre les critiques constructives et ne parviendra pas à procéder aux changements nécessaires.

BIAIS ÉMOTIONNELS ET PRISE DE DÉCISION

Vues sous l'angle des neurosciences, nos cultures du travail ont traditionnellement encouragé et privilégié l'usage de notre cerveau rationnel, représenté par le cortex préfrontal. Il suffit de considérer les caractéristiques modernes associées au professionnalisme : le calme, la rationalité, la logique, la méthode

– l'exact opposé des êtres chargés d'émotions contradictoires que nous sommes. Se conformer à ce genre d'archétype était plus simple à l'époque du travailleur idéal, lorsque l'épouse restée à la maison s'occupait du foyer et de l'éducation des enfants, que nous travaillions de neuf à dix-sept heures et que (parce que le digital n'était pas encore né) nous pouvions oublier le travail en rentrant chez nous. Nous pouvions laisser de côté notre « nous » personnel en arrivant au bureau et l'endosser de nouveau en repartant.

Mais l'instabilité économique, l'évolution de la composition des familles, l'accroissement des responsabilités professionnelles et l'avènement d'une culture de la connexion permanente ont facilité le brouillage des frontières entre nos êtres professionnels et privés. Et alors que nous en souffrons d'un point de vue personnel (en répondant à nos mails les soirs et week-ends, par exemple), nous sommes tenus de ne rien changer au travail. Parce qu'ils se concentrent sur les indicateurs, les rendements et les systèmes, les débats sur la productivité sont trop souvent stériles. À mon sens, il est important de prendre conscience de la manière dont les émotions peuvent contrecarrer l'objectif que nous avons fixé : un rendement digne d'une machine.

Nos émotions sont contagieuses

En tant qu'êtres sociaux, nous avons appris à décrypter le langage corporel et les autres indices non-verbaux pour déterminer comment se sentent les personnes qui nous entourent. Cela nous permet de synchroniser nos sentiments et nos humeurs avec ceux de notre entourage, ce qui est nécessaire à notre vie au sein de groupes sociaux unis et harmonieux. Les recherches ont ainsi révélé que nous ne nous contentons pas seulement de décrypter ces signaux, nous pouvons aussi les « attraper ». Ce phénomène se nomme la contagion émotionnelle[6].

Cela signifie qu'au travail l'humeur et l'état émotionnel de nos collègues (et en particulier de nos supérieurs hiérarchiques) peuvent avoir sur nous une influence durable et mesurable. Notre amygdale est sans cesse à l'affût de dangers potentiels, et plus susceptible de donner l'alerte en réponse à une émotion négative, mettant alors en route nos mécanismes de réponse face à une menace et nous empêchant de nous concentrer. Ces réactions, le plus souvent automatiques, compromettent notre performance sans même que nous en ayons conscience. J'en ai moi-même fait l'expérience. L'un de mes collègues était toujours aux prises avec des soucis personnels et professionnels. Je l'appréciais mais j'ai aussi peu à peu observé que je devenais plus irritable et que ma capacité de concentration diminuait, notamment après avoir travaillé à ces côtés. Et suite à son transfert dans un autre service, ma productivité a presque doublé. Cependant, notre réponse à la menace ne se manifeste pas toujours sous la forme d'une poussée d'adrénaline, avec un déferlement d'émotions ni une accélération du pouls. Elle peut être plus subtile. Notre réaction inconsciente face à un collègue négatif qui compromet nos efforts peut affecter notre créativité, mais d'une manière si infime que nous ne nous en rendrons sans doute même pas compte. La négativité qui émane d'une équipe toxique peut se répandre pour contaminer toute une entreprise.

Nous sommes habitués à nous concentrer uniquement sur notre propre performance et nos capacités. Ces découvertes montrent l'importance d'être également attentifs aux comportements et aux humeurs de son entourage.

Il faut le souligner car nous avons tendance à nous blâmer et à occulter les facteurs externes qui auraient pu contribuer à la médiocrité de notre rendement. N'oublions pas que nos relations personnelles peuvent également affecter notre performance de façon tangible.

Nous ne partageons pas que des émotions, mais également des habitudes, des comportements et même des troubles de santé. Une étude menée auprès de douze mille personnes sur soixante-cinq années a découvert un lien surprenant entre le poids et les relations sociales : « Lorsqu'un de ses amis devient obèse, la probabilité qu'une personne le devienne à son tour augmente de 171 % », relevait l'étude. « Le risque d'obésité d'une femme dont la sœur devient obèse augmentait de 67 %, celui d'un homme dont le frère devient obèse, de 45 %. » Aussi étonnant que cela puisse paraître, l'obésité peut « s'attraper » par le biais de notre réseau social, au même titre que le manque de sommeil, la consommation de drogues et même la dépression[7].

Autre exemple : en 2014, Facebook a publié les résultats d'une étude controversée qui révélait que l'entreprise avait délibérément manipulé les fils d'actualités – et donc les émotions – de près de six cent quatre-vingt-dix mille utilisateurs. L'étude rapporte notamment que « les émotions exprimées par les autres sur Facebook influencent nos propres émotions, ce qui constitue la preuve expérimentale d'une contagion à grande échelle par le biais des réseaux sociaux[8]. » Cette étude a été déterminante car, jusqu'alors, nous avions supposé que les contagions émotionnelles ne pouvaient passer que par le biais d'interactions physiques et d'indices non verbaux. D'un point de vue émotionnel, nous sommes en réalité aussi vulnérables aux médias sociaux qu'aux rencontres dans la vie réelle. C'est d'autant plus perturbant lorsque nous considérons à quel point les nouvelles technologies ont rendu difficile la déconnexion. Nous subissons l'influence de nos supérieurs hiérarchiques et de nos collègues même lorsque nous ne sommes pas au bureau, et celle de personnes avec qui nous ne travaillons même pas si nous utilisons les réseaux sociaux.

Le prix à payer pour taire nos émotions

Dans le monde des affaires contemporain, la règle veut que les émotions n'aient pas leur place au travail. La science a beau dire que les émotions sont aussi essentielles que les processus rationnels, le plus souvent nous n'apprécions pas que nos collègues en fassent l'étalage (et cela vaut aussi pour nous-mêmes). Frederick Taylor et ses acolytes voulaient que les ouvriers soient aussi efficaces et fiables que les machines qu'ils faisaient fonctionner, ce qui était irréaliste. Laisser nos états émotionnels à l'entrée du bureau est moins simple qu'il n'y paraît. En réalité, nous ne pouvons pas séparer qui nous sommes personnellement et professionnellement – du moins pas sans conséquences.

Faire taire ses émotions nécessite des ressources, que le cerveau obtiendra en détournant de l'énergie du cortex préfrontal (la zone en charge de la pensée analytique et de la résolution de problèmes). Mais ce dernier en dispose en quantité limitée : utiliser de l'énergie pour supprimer les émotions a pour conséquence directe de diminuer la quantité restante disponible pour travailler. De plus, les recherches ont prouvé que, si elles sont niées, les émotions se renforcent, et qu'il existe un lien entre mauvaise mémoire et suppression des émotions. Il ne s'agit donc pas de laisser libre cours à toutes ses émotions au travail, mais plutôt de trouver des façons nouvelles et différentes de les gérer. Elles font partie intégrante de nous-mêmes et un juste équilibre existe entre une attitude froide et extravagante.

Cette technique se nomme l'*étiquetage*. Étonnamment simple, elle peut cependant faire des merveilles. D'après une série d'expériences menées par Matthew Lieberman, chercheur à l'université de Californie à Los Angeles, le simple fait de prendre conscience d'un sentiment et d'y associer un mot (ou une *étiquette*) a un effet tangible sur le cerveau, en apaisant l'amygdale et en augmentant l'activité du cortex préfrontal. « De la même manière que vous freinez lorsque le feu passe à l'orange », explique-t-il, « mettre des mots sur vos sentiments semble freiner vos réponses émotionnelles[9]. » Vous vous sentez mal avant un entretien avec votre responsable ? Dites-vous : *cet entretien m'inquiète*. Le vieil adage qui préconise de nommer nos peurs pour les apprivoiser recèle donc une part de vérité neurologique. Le simple fait d'étiqueter oblige le cerveau à faire une pause pour réfléchir, ce qui lui donne le temps de s'apaiser et d'évaluer la situation en acceptant l'émotion plutôt que de gaspiller de précieuses ressources pour chercher à l'évacuer. Attention cependant, cette technique n'est efficace que si nous n'utilisons qu'un ou deux mots par étiquette. Au-delà, les effets de l'émotion finissent par s'amplifier[10].

Sachant que les émotions au travail sont une expression normale et naturelle de nous-mêmes, nous comprenons mieux le puissant effet de séduction du mantra *Suivez votre passion*. Pouvoir associer à notre travail une composante émotionnelle a un effet libérateur et insuffle de la passion et de la vie dans nos environnements de travail souvent froids. Malheureusement, notre conditionnement culturel nous éloigne de cette satisfaction, l'injonction à la recherche de richesse matérielle rend futile ce type d'expérience tout en diminuant notre capacité à produire quoi que ce soit ayant une véritable valeur.

Perception et prise de décision

Même lorsque nous semblons prendre des décisions rationnelles, une forte composante émotionnelle est à l'œuvre. Notre perception d'une information nouvelle et le prisme de nos expériences, croyances, routines, statut social et relations, jouent un rôle essentiel dans nos réactions. Le plus souvent, cette analyse émotionnelle se déroule en tâche de fond, sans que nous ayons conscience de son effet sur notre capacité à faire le meilleur choix. Ainsi, nous ne sommes pas en mesure de traiter de façon logique une nouvelle information tant que nous ne l'avons pas analysée sous l'angle émotionnel. Autrement dit, le cortex préfrontal (la partie de notre cerveau qui gère les fonctions exécutives et la résolution de problèmes) n'évaluera l'information qui lui parvient qu'une fois cette lecture émotionnelle effectuée. Si l'information est perçue comme positive d'un point de vue émotionnel, alors la probabilité que nous l'évaluions de façon objective augmente. Sinon, nous serons plus enclins à la rejeter sans analyse approfondie.

Contrairement à la réponse de l'amygdale face à une menace, ici nos capacités cognitives ne sont pas altérées – mais simplement orientées vers une manière d'envisager la situation qui soit cohérente avec notre vision individuelle du monde. Nous vivons ce phénomène chaque fois que nous avons une réaction épidermique ou instinctive face à une nouvelle idée ou une proposition de changement de politique. Une composante sociale entre également en jeu car nous réagirons différemment en fonction de l'origine de l'information (selon qu'elle émane d'une personne de confiance ou non).

Enfin, la dichotomie entre hémisphère droit et gauche ne reflète pas les profondes interconnexions des systèmes neuronaux qui se servent à la fois de nos émotions et de notre raison pour dicter nos interactions avec le monde. Pour prendre des décisions plus éclairées, nous devons reconnaître l'existence de ces forces émotionnelles invisibles et comprendre leur influence sur notre comportement. Le cerveau est un organe social. Nous devons l'accepter si nous souhaitons véritablement créer des environnements de travail plus humains.

LA VÉRITÉ SUR LE MULTITÂCHE

Voici l'un des mythes les plus inébranlables de la culture du travail contemporaine : l'idée selon laquelle être multitâche serait non seulement possible, mais aussi une compétence essentielle pour survivre dans des environnements de travail frénétiques.

La crise de 2008 a malheureusement donné l'occasion aux entreprises d'exiger plus de leurs salariés sans les rémunérer en conséquence (*cf.* chapitre 3). Puisque la plupart préféreront accepter d'en faire plus plutôt que de risquer de perdre leur travail, nous sommes contraints de trouver les moyens de faire plus en une journée qu'il n'est humainement possible. Le multitâche – la capacité à faire plus d'une chose à la fois – semble être la solution idéale. Croire que nous pouvons faire plusieurs choses à la fois de façon efficace renforce l'illusion d'être dotés des compétences nécessaires pour affronter ce nouveau degré de pression sur nos vies personnelles et professionnelles. Nous sommes persuadés de pouvoir discuter avec un collègue tout en rédigeant un rapport, ou de pouvoir lire nos mails tout en prenant un verre entre amis. Ce n'est pas le cas. Nous aimons à penser que nous sommes doués pour le multitâche mais, en réalité, il n'en est rien. La science est formelle : nous ne sommes pas multitâches. Les recherches sur le sujet sont nombreuses : pour aller plus loin, je vous invite à consulter les notes de fin d'ouvrage. Pour résumer, voici ce que nous savons sur le fonctionnement de notre cerveau.

Nous passons d'une tâche à une autre. Notre cerveau utilise cinq processus mentaux principaux pour nous aider à travailler, à résoudre des problèmes ou à mener à bien une tâche : la compréhension, la prise de décision, la remémoration, la mémorisation et la capacité d'inhibition. Leur activation est linéaire, c'est-à-dire qu'une opération doit être achevée avant que la suivante ne puisse débuter. Impossible de sauter des étapes, le processus doit être respecté à la lettre.

De ce fait, lorsque nous tentons de mener de front deux tâches qui nécessitent un haut niveau de concentration intellectuelle, nous ne faisons pas du multitâche. Nous basculons extrêmement rapidement notre attention d'une tâche à l'autre. Même si cette opération est incroyablement rapide, ce mécanisme de bascule demeure[11]. Contrairement à ce que nous pourrions penser, nous n'effectuons donc pas deux tâches simultanément. À titre d'exemple, vous est-il déjà arrivé de baisser le volume de la radio lorsque vous cherchiez à vous repérer en voiture ? Notre cerveau ne parvient pas à se concentrer en même temps sur les paroles et sur le repérage dans l'espace. Nous appelons *fonctions exécutives* les processus cognitifs qui opèrent cette bascule et traitent constamment les différentes informations. Si elles sont effectivement capables de basculer rapidement d'une chose à l'autre, il peut cependant leur arriver d'être submergées.

David Rock nomme ce phénomène l'*interférence en double tâche*. Autrement dit, nous épuisons les réserves d'énergie de notre cerveau. Il décrit des expériences où, soumis au multitâche, les capacités intellectuelles d'étudiants de MBA d'Harvard retombaient au niveau de celles d'un enfant de huit ans. La génération X ou celle des baby-boomers ne sont pas les seules touchées. Nous entendons parfois dire que les cerveaux des jeunes générations sont plus aptes au multitâche. En réalité, ils se sont habitués à passer rapidement d'un sujet à un autre mais risquent toujours d'en payer les conséquences.

Tout est une question de concentration. Deux activités pourront effectivement être menées de front si la plus simple (faire la vaisselle, par exemple) est traitée comme une routine par le cerveau ; elle s'effectue alors en tâche de fond pendant que la concentration se porte sur la tâche la plus difficile (comme téléphoner à quelqu'un ou écouter un podcast). Mais si les deux processus sont de difficulté égale, alors notre capacité intellectuelle à les mener à bien sera compromise[12]. Par ailleurs, une fois l'attention détournée, il nous faut un certain temps pour retrouver notre rythme.

C'est ce qu'a démontré Mihály Csíkszentmihályi, l'auteur de *Flow* (1934). Travailler de façon concentrée pendant de longues périodes est le meilleur moyen de réaliser une tâche complexe. Chaque fois que nous sommes interrompus dans une période de *flow* (par exemple par une notification ou un mail), il peut nous falloir jusqu'à une heure pour retrouver notre pic de concentration.

Nous sous-estimons les conséquences et surestimons les avantages du multitâche. Lorsque nous tentons d'être multitâches, non seulement nous perdons du temps (celui nécessaire à se reconcentrer) mais nous finissons par moins bien réaliser les deux tâches en cours.

BEAUTÉ ET COMPLEXITÉ DU CERVEAU

Il y a fort à parier que, même après avoir lu ces lignes, vous continuiez à faire plusieurs choses en même temps ; et ce, même si vous savez pertinemment que vous ne devriez pas, simplement parce que vous êtes convaincu d'en être capable. C'est toute la beauté et la complexité du cerveau.

Nous savons que le cerveau a besoin de pauses. C'est grâce à elles, et non malgré elles, que nous sommes performants et que nous réussissons. Si nous ne prenons pas suffisamment de temps pour nous reposer et nous ressourcer, notre productivité en souffre énormément, ainsi que notre capacité à mémoriser, à apprendre et à progresser. Dans un monde où l'information est un flot continu d'interruptions, ceux qui se reposent et reprennent des forces l'emporteront sur ceux qui pensent que la réussite n'est qu'une question de volonté.

Malgré nos gadgets sophistiqués, nos emplois exigeants, nos projets formidables, nous demeurons soumis à des forces sociales évolutives qui affectent nos relations au travail. Que nous concevions une nouvelle campagne publicitaire, rédigions un communiqué de presse, résolvions un problème informatique ou gérions une équipe, de véritables réactions chimiques déclenchent de profondes réponses émotionnelles liées à des questions de statut et de sécurité. De façon amusante, lors des réunions hebdomadaires, nous continuons à observer les instincts qui ont permis à nos ancêtres de se constituer en groupes sociaux cohérents. Nos émotions au travail peuvent s'avérer de puissantes alliées et nous n'avons rien à gagner à vouloir les faire taire au nom d'une vision démodée du travail. Il ne s'agit pas de prôner des attitudes exagérément émotionnelles mais de cesser de dénigrer ce type de réactions au travail sous prétexte qu'elles seraient un signe de faiblesse.

Alors que notre cerveau a contribué à notre survie pendant des dizaines de milliers d'années, nous avons, sans y prendre garde, créé un système qui va à l'encontre de son fonctionnement naturel. L'obsession du rendement permanent et la transformation du travail en une forme de sport d'endurance physique et psychologique s'opposent à tout ce dont notre cerveau a besoin pour bien fonctionner. Pris en tenailles entre productivité et créativité, ce dernier tente désespérément de répondre aux exigences incessantes alors que nous faisons fi des protocoles nécessaires à son bon fonctionnement. Le combat pour de meilleures de conditions de travail ne soulève pas uniquement des questions d'ordre social ou culturel, mais aussi biologique. Nous verrons, dans le prochain chapitre, que les scientifiques et chercheurs ont également contribué à élargir notre compréhension du rôle que joue le cerveau sur notre créativité.

Petit résumé, grandes idées

- Pour que notre cerveau fonctionne correctement, il est indispensable de savoir s'arrêter pour lui permettre de reprendre des forces.
- Les humains sont incapables de réaliser simultanément plusieurs tâches de façon efficace.
- La perception de notre propre statut (associé à notre travail) déclenche les mêmes réactions de combat ou de fuite que confrontés à une menace physique.
- Faire taire nos émotions a un effet négatif sur notre capacité à prendre de bonnes décisions.

8
LE CERVEAU CRÉATIF

Dans le chapitre précédent, nous avons abordé certaines des découvertes importantes qui ont permis aux scientifiques de repenser le rapport entre le cerveau et la productivité. Ainsi, nous avons compris qu'un modèle de travail fondé sur le rendement continu n'est pas en accord avec notre processus neuronal naturel et peut même perturber notre capacité à produire.

Jusqu'aux années 1950, les sciences s'intéressaient peu à la créativité (*cf.* chapitre 2). Dans une économie centrée sur l'industrie, elle n'était pas considérée comme une compétence utile. Plus globalement, tout ce qui n'était pas conforme à la norme était souvent mal vu. À l'inverse, dans notre actuelle économie du savoir, les idées originales sont extrêmement valorisées et la créativité s'impose comme une qualité nécessaire dans tous les secteurs et métiers. Pourtant, malgré le désir des chercheurs de la comprendre, la créativité est bien plus difficile à quantifier que la productivité – qui, en soi, n'est qu'un indicateur de rendement.

La créativité a également posé d'autres défis.

Tout d'abord, les scientifiques ont mis longtemps à s'accorder sur le phénotype (le mélange complexe d'influences génétiques et environnementales, d'inné et d'acquis) qui sous-tend son développement. Ils ont consacré des décennies à définir toutes les caractéristiques des individus créatifs, ouvrant ainsi la voie à une exploration de la créativité à l'échelle neurologique ou moléculaire[1].

Pour comprendre le degré de précision nécessaire à ces travaux, considérons les nombreuses caractéristiques communes entre la schizophrénie et la créativité : « Les pensées délirantes (les associations vagues et divergentes), le passage d'une idée à l'autre (la flexibilité), les schémas de pensée trop larges (l'attention portée à des détails et à des stimulus insignifiants, ou le manque d'inhibition latente)[2]. » En étudiant l'activité cérébrale de personnes à la fois créatives et schizophrènes, les chercheurs ont pu explorer les liens profonds entre créativité et génétique.

L'étude de la créativité s'avère donc particulièrement complexe pour les neuroscientifiques par son aspect intangible. Les pensées créatives surgissent aux moments les plus inattendus et rarement sur demande. Cela rend difficile, voire impossible, la saisie d'un moment de pure créativité dans un contexte de laboratoire. C'est l'une des raisons pour lesquelles l'idéation remplace souvent la créativité dans les études scientifiques. Les exercices qui mesurent le nombre d'idées, de combinaisons ou d'associations qu'une personne est capable de produire en un temps donné sont fréquemment utilisés pour cartographier la créativité et le cerveau.

DILEMME DES CHERCHEURS : PETIT C OU GRAND C ?

L'un des plus grands défis auquel ont été confrontés les scientifiques travaillant sur la créativité a été l'absence de consensus sur ce qu'elle est, ou plus précisément sur la manière dont nous la définissons et la mesurons.

Deux approches distinctes se dégagent. L'une envisage la créativité comme un processus (la créativité avec un *c* minuscule – ou *Little c*) ; l'autre s'intéresse à ses résultats (la créativité avec un *C* majuscule – ou *Big C*).

« Petit c » : le processus

Ceux qui envisagent la créativité comme un processus tentent de la décomposer en une série de tâches pouvant être mesurées, suivies et analysées. Au cours des expériences, les participants doivent souvent lister toutes les utilisations qu'ils imaginent pour un objet courant, tel qu'un trombone. Cela permet d'évaluer leur *pensée divergente*. Vous pouvez essayer : en une minute, tentez d'identifier un maximum d'utilisations possibles pour un trombone. Les réponses mentionnent fréquemment le fait de retirer la carte SIM d'un iPhone, de se percer les oreilles ou de fabriquer un collier. Les réponses des étudiants de MBA à qui j'ai soumis ce test étaient assez singulières. L'un d'eux a suggéré une joute entre insectes (difficile de se représenter la scène avec précision, mais il a été récompensé pour sa pensée extra-divergente). Les résultats sont ensuite évalués en fonction de leur originalité, de leur complexité et de leur fonction.

Ces tests sont utiles car ils sont très simples à mettre en œuvre auprès de grands groupes, permettant aux chercheurs d'évaluer le niveau de créativité relatif d'un individu (en postulant que la créativité est, dans une certaine mesure, un attribut partagé par tous). Les résultats prennent généralement la forme d'une courbe en cloche où les personnes positionnées aux extrémités représentent les niveaux de créativité les plus élevés et les plus faibles, alors que la majorité de la population se situe entre les deux.

Au cours des quatre-vingt-dix dernières années, plusieurs modélisations des processus de création ont ainsi été proposées.

L'une des premières est le processus en quatre phases de Graham Wallas (préparation, incubation, illumination et vérification), développé en 1926[3]. Ce modèle a été l'un des premiers à associer la notion d'incubation (le fait de laisser reposer une idée pendant un certain temps) à celle d'illumination (le moment où surgit l'inspiration). Si les successeurs de Wallas ont adapté ou modifié son modèle, les hypothèses de base n'ont guère changé. En 1931, Joseph Rossman a tenté de démystifier les phases d'incubation et d'illumination du processus en y ajoutant trois étapes supplémentaires[4] : l'observation d'un besoin ou d'une difficulté, l'analyse du besoin (la recherche de toutes les informations disponibles, la formulation de toutes les solutions objectives, l'analyse critique de toutes les solutions disponibles, la naissance de la nouvelle idée et, enfin, l'expérimentation afin de tester la meilleure solution) et de la mettre en œuvre.

À son tour, le travail de Rossman a ouvert la voie aux travaux d'Alex Osborn, inventeur du *brainstorming*. Les sept étapes de son modèle sont : l'orientation, la préparation, l'analyse, l'idéation, l'incubation, la synthèse et l'évaluation. Osborn insiste tout particulièrement sur l'idéation, qui influence aujourd'hui encore de nombreuses approches de la pensée divergente et de la créativité fondées sur les processus du *c* minuscule[5]. C'est par exemple le cas du modèle en quatre étapes proposé par Frank Barron en 1988 (conception, gestation, parturition et « éducation du bébé » – la dernière portant un nom pour le moins surprenant).

Le bémol principal de cette approche, dite de la créativité avec un *c* minuscule, est le suivant : pour que la mesure de la pensée divergente soit considérée comme une représentation fidèle de la créativité, il faut être convaincu que la pensée divergente est effectivement un substitut légitime à la capacité créative et que l'obtention d'un score élevé est réellement corrélée à un processus créatif supérieur. Mais, si la pensée divergente est une compétence extrêmement utile, elle est loin de refléter tout le spectre de la créativité – dont l'activation d'une compétence inverse, à savoir la capacité à identifier la *seule* solution permettant de résoudre un problème.

« Grand C » : le résultat

D'autres scientifiques ont cherché à mesurer et à comprendre la créativité en s'intéressant à ce qu'elle produit (ses résultats), plutôt qu'aux processus permettant d'y aboutir. Le plus souvent, leurs recherches ont porté sur un échantillon de population, comme les auteurs, les artistes, les musiciens, les innovateurs et les personnes reconnues pour le caractère exceptionnel de leurs contributions dans leur domaine (les lauréats du prix Nobel, par exemple, ou les bénéficiaires de la bourse d'études décernée par la Fondation MacArthur, souvent baptisée « bourse des génies »).

Plutôt que partir du postulat que la créativité est uniformément répartie dans la population (quoiqu'en quantité plus ou moins importante), les recherches sur la créativité avec un *C* majuscule se concentrent sur les cas particuliers – les Steve Jobs, Albert Einstein et Duke Ellington – dont les talents sont sans commune mesure avec les nôtres, simples mortels.

La difficulté consiste ici à formuler une définition de la créativité qui englobe une telle variété de résultats. Autrement dit, peut-on comparer un grand roman littéraire à l'invention de l'iPhone ou à une découverte scientifique ? Ces résultats ont-ils des points communs ou cherchons-nous à comparer des pommes avec des oranges ? La créativité est devenue un fourre-tout galvaudé ; un seul concept, aussi large soit-il, peut-il vraiment saisir l'intangible magie qui se produit lorsque l'étincelle de l'inspiration surgit ? Alors que la question demeure ouverte, quelques évolutions intéressantes ont vu le jour.

Mais, malgré leurs différences d'approche, les théories de la créativité avec un *c* minuscule ou majuscule se heurtent aux mêmes questions complexes et confuses : quelle part de ces compétences est innée et quelle part est acquise ? Quelle est l'influence de l'inné sur l'acquis ? Alors que nous savons déjà que le débat entre inné et acquis n'est pas tranché (et que la réponse réside certainement dans un mélange des deux), j'étais curieuse de savoir quelles pouvaient être les autres découvertes scientifiques sur le fonctionnement réel de la créativité. Les questions en la matière étant multiples, j'ai concentré mes recherches autour des trois questions principales.

1. Existe-t-il un type de personnalité créatif ?

Le concept de créativité a évolué au fil du temps pour passer de quelque chose que nous possédons à quelque chose que nous sommes et, enfin, à quelque chose que nous faisons (*cf.* chapitre 2). Mais, dans la mesure où le culte du travail entremêle ce que nous faisons avec qui nous sommes, tout en valorisant fortement la créativité, notre identité en tant que créatifs représente une part importante de la manière dont nous nous définissons.

Aux yeux de nombreuses personnes, la créativité est un trait de personnalité, dont nous sommes ou non dotés dès la naissance. Entre les années 1950 et 1970, l'essentiel des écrits sur la nature de la créativité la présentait comme un trait de personnalité inné, accentué chez les génies et absent chez les autres, malchanceux. La plupart des recherches menées au cours de cette période comparaient des créatifs très performants à leurs collègues moins prolifiques pour en conclure que le premier groupe présentait des différences distinctes en termes de capacités, d'antécédents et de personnalités. En 1966, le psychologue E. Paul Torrance, connu comme « le père de la créativité », a proposé les tests de la pensée créative de Torrance (TTCT) qui se concentrent sur quatre échelles : l'aisance (le nombre d'idées pertinentes générées), la flexibilité (le nombre de catégories différentes), l'originalité (la rareté de la réponse) et l'élaboration (le niveau de détail des réponses)[6]. Désormais l'un des plus largement utilisés dans le monde, le test TTCT est disponible dans plus de trente-cinq langues et très apprécié tant dans le monde académique que par les entreprises.

Les recherches sur la personnalité s'avèrent tout aussi complexes que celles sur la créativité. Il existe donc une multitude de théories et de modèles qui cherchent à rendre compte des traits qui nous définissent. Pour bien comprendre la valeur de la créativité dans l'identité, il importe d'avoir une compréhension globale des théories de la personnalité. La définition de la personnalité la plus largement acceptée est celle d'un « schéma de pensées, de sentiments et de comportements caractéristiques qui distingue une personne d'une autre et perdure dans le temps et les situations[7]. » Les manières d'étudier et de mesurer la personnalité sont multiples et pourraient faire l'objet de livres entiers.

Nous aboutissons donc à la réponse à la question initialement posée : *Existe-t-il un type de personnalité créatif ?* Pour résumer, en matière de traits de personnalité – c'est-à-dire ces tendances stables qui sont au cœur de nos identités – il n'existe pas *un* « type créatif ». Selon David A. Owens, auteur de *Creative People Must Be Stopped: 6 Ways We Kill Innovation (Without Even Trying)* paru en 2011, en tant qu'individus nous pouvons, dans une certaine mesure, contrôler la créativité[8]. « Les recherches suggèrent que ce sont nos habitudes en termes de perception et de pensée qui stimulent la créativité, plus que de mystérieux facteurs génétiques », écrit-il. « Et nous pouvons agir sur nos habitudes. » Owens pense donc que les personnes créatives possèdent d'excellentes capacités de perception (observation), de compréhension (capacité à imaginer et établir des liens entre des idées) et d'expression (capacité à partager leurs découvertes).

Ses travaux sont confirmés par le professeur Oyvind L. Martinsen de la BI Norwegian Business School, qui a mené une étude en vue de déterminer les caractéristiques d'une personnalité « créative[9] ». Les résultats ont montré que les « personnalités créatives » étaient motivées, flexibles et ambitieuses. Même les participants qui ne présentaient pas les attributs traditionnels des créatifs pouvaient améliorer leur créativité en modifiant leur comportement. « Vous pouvez changer la façon dont vous vous comportez par rapport au monde qui vous entoure », a-t-il déclaré dans un entretien au magazine *Fast Company*.

Bien sûr, certains types de personnalités sont plus susceptibles de développer les habitudes pouvant accroître leur créativité, comme la curiosité d'une personne extravertie ou l'attrait d'une personne ouverte à de nouvelles idées[10]. Mais ces attributs ne sont pas immuables.

Au contraire, la créativité est une compétence, une habitude, qui peut être cultivée et renforcée. Si certaines personnes peuvent y être plus aptes que d'autres, cela ne signifie pas pour autant que si vous êtes né sans certaines de ces compétences vous ne pourrez jamais les acquérir.

2. Existe-t-il un lien entre créativité et génétique ?

Stephen King, l'un des écrivains les plus prolifiques de tous les temps, fait sans conteste partie de la frange supérieure des créatifs productifs. Au cours de sa carrière, il a publié cinquante-quatre romans, près de deux cents nouvelles et vendu plus de trois cent cinquante millions d'exemplaires de ses livres, dont *Rita Hayworth et la Rédemption de Shawshank*, *La ligne verte*, *Carrie* et *Ça* (qui a fait naître une peur durable des clowns chez bien des lecteurs[11]). Une liste impressionnante, sans compter la production artistique de sa famille : sa femme Tabitha est poète, auteure de huit romans et de plusieurs recueils de nouvelles. Son fils Joe (dont le pseudonyme est Joe Hill) a écrit trois romans à succès, plusieurs nouvelles et bandes dessinées, et a été maintes fois primé ; il a notamment reçu le prix William L. Crawford du meilleur nouvel écrivain de fantasy et le prix Bram Stoker de la meilleure nouvelle d'horreur et du meilleur premier roman. Quant à son autre fils, Owen, il a sorti son premier roman en 2013 et publié des nouvelles, des bandes dessinées et un scénario. Il a également reçu le prix John Gardner. Beaucoup de talent créatif pour une seule famille.

Bien entendu, nous pourrions répondre que le succès des enfants de Stephen King a été influencé par leur environnement, sans parler de l'aisance financière qui leur a permis de s'adonner à des carrières créatives ; pourtant, le talent artistique apparaît souvent au sein de mêmes familles. Par exemple, le célèbre écrivain britannique Kingsley Amis a écrit vingt romans, de nombreuses nouvelles, des scripts pour la télévision et la radio, et six volumes de poésie. En 2008, il occupait la neuvième place sur la liste des cinquante plus grands écrivains britanniques depuis 1945 établie par le *Times*. Sur cette liste se trouvait également son fils, Martin, qui perpétue la tradition littéraire de la famille avec à son actif quatorze romans, sept ouvrages de non-fiction, plusieurs recueils de nouvelles et un scénario. À eux deux, le père et le fils ont été cinq fois finalistes du Man Booker Prize. Nous pouvons également citer d'autres familles célèbres, comme celle des sœurs Brontë (leur père, Patrick Brontë, était lui-même écrivain, poète et polémiste, et leur frère Branwell, moins célèbre, était également peintre et écrivain). Fait intéressant, c'était la tante des enfants Brontë, Elizabeth Branwell, qui les avait élevés et leur avait appris à lire et à écrire (un exemple en faveur de l'acquis). Qu'il s'agisse des Dumas (père et fils, tous deux prénommés Alexandre) ou des James (Henry et William), la concentration de créativité dans certaines familles fascine et pique depuis longtemps la curiosité des scientifiques, renforçant l'idée que la créativité est un don hérité.

L'un des premiers penseurs à aborder cette question a été Francis Galton, le père de l'eugénisme (tombé en discrédit), qui a publié *Hereditary Genius* en 1869. Galton a mené des recherches sur les antécédents historiques d'environ quatre cents personnes talentueuses en les regroupant par catégories (écrivain, homme d'État, etc.), puis a recherché dans leurs arbres généalogiques tous les parents qui avaient également réussi dans leur domaine. De solides liens sont alors apparus : 50 % des auteurs et peintres, 40 % des poètes et 20 % des musiciens avaient des parents qui avaient eux aussi mené avec succès une carrière artistique. Ce qui a poussé Galton à écrire : « Je conclus que chaque génération a un pouvoir énorme sur les dons naturels de ceux qui suivent, et je soutiens qu'il est de notre devoir envers l'humanité d'enquêter sur la portée de ce pouvoir, et de l'exercer d'une manière qui, sans nous desservir, serve au mieux les futurs habitants de la terre[12]. » Fait amusant, Galton était lui-même un cousin de Charles Darwin. Si ses théories sont aujourd'hui considérées comme une simplification excessive du processus créatif, il avait vu juste en affirmant que la créativité impliquait une certaine dose d'héritabilité (mais avait fait fausse route en soutenant que la capacité créative devait tout à la génétique).

Certaines sciences émergentes plaident de manière plus convaincante en faveur d'un lien génétique. Après avoir examiné trois cent mille personnes souffrant de maladies mentales, ainsi que leurs frères et sœurs, au cours des quarante dernières années, des scientifiques de l'Institut Karolinska de Stockholm ont fait une découverte intéressante[13] : les personnes diagnostiquées comme souffrant d'états neuropsychiatriques, tels que les troubles bipolaires ou la schizophrénie, font preuve de compétences créatives accrues par rapport aux individus sains d'esprit. Non seulement une grande une partie des participants a indiqué avoir travaillé dans la création et les domaines artistiques, mais des parents au premier degré qui ne souffraient d'aucune maladie mentale étaient également plus susceptibles d'être impliqués dans des activités créatives.

Par la suite, les chercheurs ont étudié plus en détail le lien entre pathologie et créativité grâce à une étude menée auprès de plus d'un million de personnes. Les résultats étaient mitigés. La bonne nouvelle, c'est que les personnes exerçant des professions créatives ne sont pas plus susceptibles de souffrir de troubles mentaux que les autres. À une exception près : les auteurs.

En effet, les auteurs sont deux fois plus susceptibles de souffrir de schizophrénie et de troubles bipolaires que les sujets témoins plus susceptibles de souffrir de dépression, d'anxiété et de consommer des drogues. Même les auteurs qui ne souffrent d'aucun des troubles qui intéressaient les chercheurs présentent un risque plus élevé de se suicider (fait amusant, l'étude poursuit en indiquant que les personnes exerçant dans le domaine de la comptabilité ou de l'audit peuvent être tranquilles : il n'existe aucun lien entre la psychopathologie et ces professions.)

Une autre étude s'est quant à elle intéressée au lien entre la génétique et les aptitudes musicales. Elle a découvert une corrélation directe entre les individus qui font preuve de talent musical et la présence d'un groupe de gènes associés à la capacité du cerveau à créer et rompre de nouvelles connexions entre ses cellules, ce que l'on appelle également la neuroplasticité[14]. De nombreux musiciens présentent également une particularité génétique, connue sous le nom de variabilité du nombre de copies d'un gène (CNV) : certains de leurs gènes manquent ou sont dupliqués. Il existe un lien particulièrement marqué entre les variations en nombre de copies et la composition musicale, le chant et l'oreille absolue[15]. Dans cette étude, les participants présentaient des copies d'ADN double brin, qui contribuent au traitement de la sérotonine (nous reviendrons sur ce neurotransmetteur[16]). Certaines recherches suggèrent que ces mêmes variantes génomiques peuvent annoncer un risque accru de développer certaines maladies neuropsychiatriques.

Sénèque n'exagérait donc guère en disant qu'« il n'y a point de génie sans une pointe de folie. » L'Histoire ne manque pas d'exemples de personnages célèbres en proie à leurs démons (bien qu'il nous faille nous contenter de formuler des hypothèses sur la nature de leur mal) : Tolstoï, Beethoven, Poe, Hemingway, et même Isaac Newton, le père du calcul infinitésimal et des trois lois du mouvement, aurait souffert d'autisme et de troubles bipolaires. Virginia Woolf luttait contre des épisodes dépressifs réguliers et des troubles bipolaires, tandis que la scientifique polonaise Marie Curie était touchée par le syndrome d'Asperger. Malgré toutes ces preuves empiriques, la question n'est pas tranchée. Si la publication régulière de nouveaux articles et résultats de recherche permet de mieux appréhender les liens entre nos capacités créatives et nos gènes, ce domaine de recherche n'en est encore qu'à ses balbutiements.

Nous disposons néanmoins de preuves suffisantes pour avancer qu'une part du talent créatif est héréditaire. Certaines personnes, à l'image de Steve Jobs et de Stephen King, semblent nées avec une quantité phénoménale, voire injuste, de talent brut. J'emploie délibérément le terme « brut » car les avantages que leur procurent leurs gènes sont à l'état brut. Sans une certaine discipline, du travail acharné, de la pratique et de l'instruction, même leurs immenses talents naturels peuvent rester inexploités. La génétique joue un rôle dans la créativité mais elle n'est pas la seule. C'est le revers de la médaille : nos efforts conscients et stratégiques peuvent également influencer nos capacités créatives et notre rendement. Nous naissons tous avec une certaine dose de compétences innées que nous pouvons accroître dans une certaine mesure, grâce à de la pratique et de l'apprentissage, mais seulement jusqu'à un certain point. Nous aurions beau nous entraîner chaque matin pendant un siècle au basket, nous améliorerions considérablement nos compétences inexistantes à l'origine, pourtant nous n'atteindrions jamais le niveau de Lebron James dans ses mauvais jours.

3. Comment le cerveau facilite-t-il nos capacités créatives ?

Après avoir abordé les liens entre personnalité et génétique, reste une dernière étape dans notre enquête sur les sources de la créativité : la biologie. Comment le fonctionnement de notre cerveau favorise-t-il ou entrave-t-il nos processus créatifs ? L'essentiel des recherches que j'ai pu consulter en est à ses débuts, ce qui souligne à quel point nous avons encore à apprendre. Ce constat est à la fois libérateur et frustrant. Libérateur, car il semble qu'il reste tout un pan de découvertes à faire, et frustrant car nous pouvons avoir le sentiment de vivre dans une machine dont nous n'aurions pas reçu le mode d'emploi.

Prenons l'exemple du cortex cingulaire postérieur (CCP), une zone du cortex cérébral. Les scientifiques savent que cette partie du cerveau joue un rôle important dans les processus responsables des souvenirs et des émotions[17]. Ils savent également que le CCP agit comme un nœud central dans le réseau du *mode par défaut*, mentionné au chapitre précédent (le réseau interne activé lorsque nous laissons libre cours à nos pensées, que nous planifions ou que nous nous remémorons des évènements). Des chercheurs de l'université Duke ont découvert que le CCP joue un rôle important en nous aidant à rester motivés, en analysant nos performances et en redirigeant notre attention[18]. En substance, il s'agit d'une vanne de régulation entre notre capacité de concentration interne et externe. Appartenant au réseau du *mode par défaut*, il s'active lorsque nous laissons notre esprit vagabonder et se désactive lorsque nous avons besoin de nous concentrer sur les stimulus externes. Lorsque nous méditons, par exemple, le CCP se met au repos, ce qui nous permet de concentrer notre attention sur l'instant présent et sur notre respiration[19]. On suppose donc que la région du CCP joue un rôle important dans la pensée divergente[20], l'une des principales caractéristiques de la créativité.

En quoi ceci est-il important pour comprendre le lien entre la créativité et nos cerveaux ? Il s'avère que les CCP des individus créatifs sont plus développés que la moyenne. Les chercheurs de l'université Duke ont également observé que leurs niveaux de sérotonine (un neurotransmetteur responsable de la connectivité entre les cellules cérébrales et la stabilité de notre humeur) sont plus élevés. Parce qu'ils améliorent la connectivité, des niveaux élevés de sérotonine sont associés à des augmentations de capacités telles que la détection de modèles, la compréhension des symboles et la capacité à trouver des solutions originales et novatrices aux problèmes[21]. En même temps, des anomalies de la production de sérotonine peuvent être à l'origine de problèmes. De faibles niveaux de sérotonine vont de pair avec des états dépressifs, de l'anxiété et des comportements suicidaires (dans les cas extrêmes)[22]. De même, des anomalies au niveau du CCP ont aussi été associées à diverses maladies et troubles, dont la schizophrénie, l'autisme, la dépression, le déficit de l'attention avec ou sans hyperactivité et la maladie d'Alzheimer[23].

Et il ne s'agit là que du CCP – le reste du cerveau est lui aussi un vaste sujet d'étude. Lorsque des scientifiques de l'université Cornell ont examiné les cerveaux d'écrivains, de musiciens et d'autres créatifs, ils ont découvert qu'en moyenne leur corps calleux (la masse de fibres nerveuses reliant ensemble les hémisphères gauche et droit du cerveau) était plus petit. Restreindre l'espace entre les deux hémisphères aboutit à ce que les scientifiques appellent un *incubateur d'idées*, ce qui permet à chaque côté du cerveau d'explorer et de développer pleinement des idées[24]. Cela peut également se traduire par une augmentation de la pensée divergente.

En 2015, une étude publiée par l'université de Stanford a souligné le rôle du cervelet (la zone du cerveau responsable du mouvement et de la coordination) dans le processus de création, marquant une nouvelle avancée dans ce domaine. Ses auteurs ont émis l'hypothèse qu'il ne se contente pas simplement de coordonner nos mouvements, il s'active également lorsque nous apprenons un nouveau comportement ; il le modélise, permettant ainsi à d'autres parties du cerveau de se concentrer sur de nouveaux défis[25].

Hémisphère gauche et hémisphère droit

L'un des modes de compréhension de la créativité les plus répandus a longtemps été la dichotomie entre les hémisphères gauche et droit du cerveau. L'hémisphère gauche est décrit comme le siège de la raison, la partie pratique et pragmatique qui nous aide au quotidien. À l'inverse, l'hémisphère droit est considéré comme plus sujet aux émotions. Souvent appelé *côté créatif*, il s'agit du siège de l'intuition et de l'imagination. Ces deux parties sont donc reliées par le corps calleux qui permet à notre cerveau de travailler comme un ensemble cohérent.

Pourtant, d'après un récent article du département de neurochirurgie de l'université du Nouveau-Mexique, cette façon d'envisager le cerveau relèverait d'une simplification excessive[26]. Alors que certains types de tâches mentales se regroupent dans leur hémisphère respectif, la créativité dépend de l'interaction entre diverses régions du cerveau et s'apparente plus à un réseau. Nous dépendons de plusieurs réseaux neuronaux de ce type. Pour les non-spécialistes, voici quelques analogies utiles pour réfléchir à ces différents réseaux et à leurs utilisations.

Le Sprinteur – Officiellement appelé *fonctions exécutives* ou *réseau cingulo-operculaire*, le Sprinteur est sollicité lorsque vous devez vous concentrer sur votre objectif, généralement pour effectuer des tâches difficiles et très intellectuelles. Vous avancez avec un seul but en tête, à l'image d'un coureur qui court vers la ligne d'arrivée : les régions du cortex préfrontal latéral et du lobe pariétal postérieur sont alors activées. Lorsque vous vous concentrez pendant une réunion, pour apprendre une nouvelle notion ou pour réfléchir activement à un sujet, le Sprinteur entre en action.

Le Flâneur – Il s'agit du réseau par défaut (également appelé *réseau de l'imagination*). Il se met en marche lorsque votre esprit vagabonde, s'abandonne à la rêverie ou lorsque vous vous projetez dans l'avenir. Il est tourné vers l'interne, un peu comme si vous vous promeniez dans votre propre esprit. Le réseau par défaut implique le cortex préfrontal, les régions médianes du lobe temporal et le cortex pariétal.

Le Chef d'orchestre – Imaginez un orchestre et ses musiciens. Le Chef d'orchestre surveille attentivement tout ce qui se passe – en l'occurrence, à la fois les pensées intérieures et les stimulus externes – puis il choisit le réseau le mieux adapté pour traiter la question qui se présente. Vous devez vous concentrer ? Le Chef d'orchestre active le Sprinteur. Vous vous ennuyez lors d'un long trajet ? Le Flâneur est appelé à la rescousse. Aussi appelé *réseau de flexibilité attentionnelle*, il utilise les cortex cingulaires antérieurs dorsaux et insulaires antérieurs.

Dans le cadre de la créativité intellectuelle, nous avons tendance à faire des allers-retours entre le Flâneur et le Sprinteur. Ce phénomène est étayé par les conclusions d'Arne Dietrich, professeur de psychologie à l'université américaine de Beyrouth. Auteur de *How Creativity Happens in the Brain* (2015), il considère le cortex préfrontal comme point d'ancrage de la créativité, affirmant que, selon la tâche à accomplir, l'activité des différentes régions du cerveau va soit ralentir soit augmenter. En d'autres termes, lorsque nous cherchons à imaginer de nouvelles possibilités, il faut laisser le Flâneur indiquer le chemin. Lorsque nous devons évaluer de manière critique nos nouvelles idées pour déterminer si elles sont réellement utiles ou non, il est temps de faire appel au Sprinteur. Mais ce processus ne peut être contraint. Les recherches montrent que chercher à être créatif peut en réalité se retourner contre nous. Si nous obligeons nos fonctions exécutives à chercher les solutions dont nous avons besoin, nous risquons d'éprouver de la frustration ou de rester bloqués. Mieux vaut faire autre chose afin d'aider notre Flâneur à apporter son grain de sel. Comme nous l'avons souligné précédemment, malgré notre culture du travail qui nous encourage à en faire toujours plus, l'attitude la plus productive consiste parfois à faire une pause, prendre du recul et laisser l'esprit divaguer[27].

Dietrich rappelle ainsi qu'une bonne part de ces travaux de recherche n'en sont qu'à leurs balbutiements ; il importe de rester prudents. « Même pour la jungle de la pensée humaine, les idées créatives semblent délibérément conçues pour défier les études empiriques », a-t-il déclaré dans un entretien accordé à *The Atlantic*[28].

« L'ARTISTE N'EST RIEN SANS LE DON, MAIS LE DON N'EST RIEN SANS LE TRAVAIL »

Émile Zola, romancier, dramaturge, journaliste et militant politique, résume parfaitement mes conclusions : « L'artiste n'est rien sans le don, mais le don n'est rien sans le travail. »

En soi, la créativité est un étourdissant mélange de gènes et d'environnement, de traits hérités et de compétences perfectionnées. Une chose est sûre : la créativité est au cœur de l'évolution humaine depuis des millénaires. Nous sommes tous créatifs, à des degrés divers, en fonction de nos gènes, notre éducation et nos études.

Au fil du temps, la définition de la créativité s'est élargie ou resserrée.

Autrefois réservée aux artistes, elle englobe désormais les millions de personnes au service des économies du savoir, qui créent leurs propres formes d'art, à travers le langage, les chiffres, les images, la résolution de problèmes ou toute autre activité éminemment intellectuelle. Cependant, la hiérarchie des emplois créatifs perdure, certains étant perçus comme plus légitimes. Je ne suis pas d'accord avec cette conception ; je suis convaincue que les créatifs productifs sont dans toutes les organisations, en finance ou dans les ressources humaines, en marketing, communication, stratégie ou à des postes de direction.

En tant que créatifs productifs, il me semble essentiel de reconnaître notre propre potentiel inné tout en nous efforçant de développer, perfectionner et améliorer nos compétences. Pour la plupart d'entre nous, cela passe par le fait de s'engager dans une pratique régulière et stimulante. Quand, pour la dernière fois, avez-vous consacré du temps au perfectionnement de vos compétences créatives ? Ou peut-être considérez-vous que votre capacité à résoudre des problèmes ou à avoir des idées créatives est simplement innée ?

Petit résumé, grandes idées

- L'approche de la créativité avec un *c* minuscule se concentre sur le processus de création.
- L'approche de la créativité avec un *C* majuscule se concentre sur le résultat final.
- Le type de personnalité *créatif* n'existe pas. Certains présentent plus d'aptitudes propres à faciliter la créativité (ouverture, flexibilité, etc.), mais nous pouvons tous améliorer nos capacités créatives, dans une certaine mesure – même si certaines personnes sont, de toute évidence, plus douées que d'autres.
- La génétique joue un rôle dans le partage des caractéristiques créatives comme cela a été observé dans certaines familles ; mais d'autres facteurs (situation privilégiée, accès au mentorat, soutien financier) entrent également en jeu lorsque des enfants marchent avec succès sur les traces créatives de leurs parents.
- La dichotomie entre les hémisphères gauche et droit du cerveau est un modèle de compréhension de la créativité dépassé. Le processus créatif mobilise des processus et des fonctions issus des deux hémisphères du cerveau.

9
DON'T WORRY, BE HAPPY

Lorsque j'ai commencé à chercher à comprendre notre relation au travail, je n'avais pas conscience de l'ampleur du sujet, qui englobe des éléments d'ordre culturel, social, biologique et historique. Je n'avais pas non plus conscience du défi auquel je m'attelais.

Alors que nos identités et nos valeurs se définissent de plus en plus par le biais de nos intitulés de postes, le travail s'est imposé comme un symbole de statut d'élite et un signe de reconnaissance sociale convoité. Nous avons élaboré une longue liste de ce que signifie le travail et de ce qu'il est censé nous apporter. En plus d'une sécurité financière, nous comptons sur nos emplois pour nous procurer du sens et une raison d'être. En poursuivant mes recherches, j'ai repéré un nouvel élément sur notre liste : le bonheur. Il n'a pas non plus échappé aux employeurs. Tout en s'efforçant d'attirer, de gérer et de conserver leurs talents, ils ont cherché à renforcer l'implication de leur main-d'œuvre en assurant son bonheur. Sur le modèle de la créativité, cet autre indicateur de mesure abstrait occupe ainsi une place de plus en plus importante dans les organisations. Le bonheur est assimilé, quantifié et industrialisé pour maximiser la productivité et l'efficacité. Dans le sillage de tous les classements des *Entreprises les plus créatives où travailler*, voici qu'apparaissent les *Entreprises où il fait bon travailler* – un label intéressant aux multiples ramifications.

Formule la plus célèbre de la Déclaration d'indépendance des États-Unis d'Amérique, la « recherche du bonheur » est une pièce maîtresse de l'identité américaine[1]. Le bonheur est pourtant un concept abstrait, difficile à définir avec précision. Nous voulons tous être *heureux*, mais nous n'y attachons pas tous le même sens. Nous avons cependant tous en commun la poursuite obsessionnelle de cet idéal de société, qui imprègne désormais également nos vies professionnelles. Plus précisément, l'introduction du bonheur en tant qu'indicateur de mesure est significative car elle vient contredire bon nombre d'autres sentiments que nous associons à la fois à la productivité et à la créativité. Du côté de la productivité, la dévotion au travail et la fétichisation de la souffrance sont depuis longtemps ancrées dans nos inconscients. Pour ce qui est de la créativité, c'est également complexe. L'archétype familier de l'artiste *torturé* entre en contradiction avec le bonheur que les entreprises tentent désormais d'instaurer. Intéressons-nous à ce que signifie la commercialisation du bonheur par rapport à notre manière de travailler, ainsi qu'à ses effets sur notre productivité et notre créativité.

LA COMMERCIALISATION DU BONHEUR

L'idée selon laquelle le bonheur mènerait à une meilleure productivité n'a pas toujours fait consensus.

Au cours des dernières décennies, le lien entre le bonheur et la productivité a fait débat. Dès 1989, des chercheurs ont émis l'hypothèse que le bonheur pourrait entraîner une *démotivation* au travail, car plus les travailleurs sont heureux, plus ils risquent d'être satisfaits d'eux-mêmes et de perdre en implication[2]. D'autres ont émis l'hypothèse que le travail acharné ne rendrait pas plus heureux, mais que le bonheur inciterait à travailler plus dur. Désormais, de nombreuses recherches montrent une hausse des résultats et du niveau de satisfaction des clients des entreprises dont les employés sont satisfaits[3]. Après des années de refus d'accéder à leurs demandes pour de meilleures conditions de travail, il semble que les organisations perçoivent enfin les bénéfices économiques tangibles associés à des environnements de travail positifs[4]. Le bonheur est bon pour les affaires.

L'intégration du « bonheur » dans le monde de l'entreprise est un processus relativement fascinant à étudier. Mi-2018, on dénombrait plus de mille six cent cinquante-quatre offres d'emploi pour le poste de *Chief Happiness Officer*, un rôle popularisé par Chade-Meng Tan, ingénieur logiciel officiellement devenu le « chic type » de son entreprise. Cent huitième salarié recruté par Google, il a été inspiré par le moine bouddhiste Matthieu Ricard, défenseur du pouvoir de transformation de la méditation en pleine conscience axée sur la compassion. D'après un groupe de scientifiques qui l'a étudié, Matthieu Ricard pourrait être « l'homme le plus heureux du monde ».

Matthieu Ricard est un généticien moléculaire devenu moine tibétain et auteur prolifique sur le thème, entre autres, du bonheur. En 2006, il a publié *Plaidoyer pour le bonheur*. En 2008, il a participé à une étude du Laboratoire de neurosciences affectives de l'université du Wisconsin, aux États-Unis, qui a utilisé des IRM pour mesurer les niveaux d'émotions positives chez des humains. Avec un résultat de – 0,45 contre à peine – 0,3 pour les autres participants, Matthieu Ricard est sorti du lot[5]. Cela signifie non seulement qu'il est aussi heureux qu'il le prétend, mais également que les spécialistes des sciences cognitives ont réussi à quantifier le bonheur – tout comme leurs homologues spécialistes de la créativité. Il faut cependant souligner qu'il ne s'agissait là que d'une seule expérience ; par ailleurs, comment une IRM peut-elle mesurer quelque chose d'aussi subjectif et intangible que le bonheur ? Mais là n'est pas la question.

L'histoire de Matthieu Ricard a retenu l'attention de Tan qui souhaitait appliquer certaines de ses pratiques de méditation dans le cadre de son entreprise. Dans une conférence TED de 2010, Tan a évoqué les avantages à prendre conscience de l'importance de la paix intérieure et de la compassion pour en faire des valeurs au sein des organisations :

> « L'analyse cérébrale de Matthieu montre que la compassion n'est pas une corvée. Elle crée du bonheur. La compassion est amusante. Et cette prise de conscience change tout. Car si la compassion était une corvée, personne ne s'y emploierait, à l'exception peut-être du Dalaï-Lama. Mais si la compassion est amusante, tout le monde s'y mettra. Par conséquent, pour créer les conditions d'une vaste compassion, il nous faut simplement la repositionner comme étant quelque chose d'amusant. »

Chade-Meng Tan a vu là une formidable opportunité commerciale. « Être amusant ne suffit pas », poursuit-il. « Et si la compassion était également rentable ? Et si la compassion était également bonne pour les affaires ? Alors, chaque dirigeant, chaque manager, s'y intéressera. » Afin d'institutionnaliser le bonheur, Tan a créé un programme intitulé *Search Inside Yourself* (SIY ou *Connectez-vous à vous-même*) qui apprend aux salariés de Google des techniques pour apaiser leur esprit, être plus conscients de leurs pensées et créer des habitudes mentales plus positives[6]. Je dois admettre que je n'apprécie pas particulièrement l'idée de ne valoriser la compassion que dans le cadre de la rentabilité, mais j'ai décidé de donner sa chance à Tan. Si la compassion en pleine conscience peut faire de nous des personnes meilleures et plus heureuses, améliorer le monde et être source de profit pour les entreprises, alors pourquoi pas.

Le PDG de Zappos (site de vente de chaussures en ligne), Tony Hsieh, a poursuivi sur cette lancée avec la publication en 2011 de son best-seller *L'entreprise du bonheur*, qui figurait sur la liste du *New York Times*. Il y décrit les stratégies mises en œuvre pour créer un environnement de travail heureux dans son entreprise. Amazon a été si impressionné par les résultats commerciaux de Zappos (dus – ou non – au bonheur des salariés) que l'entreprise a été achetée pour 1,9 milliard de dollars en 2009. Hsieh a également fondé un cabinet de conseil prêchant la bonne parole du bonheur auprès de cent soixante entreprises à travers le monde, dont Hilton, General Mills, Audi et Lowe's.

Comment ne pas être d'accord avec l'idée qu'aider les gens à être plus heureux au travail et augmenter les niveaux de compassion dans le monde soit une bonne chose ? De prime abord, travailler dans une entreprise qui fait d'un environnement de travail positif une priorité semble être un réel avantage en faveur des employés. Mais la situation se complique lorsque nous associons ces concepts à la notion de performance financière, quand une personne devient responsable de transformer une émotion en une ressource au profit d'une entreprise.

Le bonheur est à son tour sacrifié sur l'autel de la productivité. Il devient un indicateur de mesure utilisé en vue d'atteindre un seul but : inciter les salariés à produire plus.

Prenons le temps de réfléchir à ce que signifie le fait que le « bonheur » ait rejoint le creuset des indicateurs de mesure de la santé des entreprises. William Davies, auteur de *The Happiness Industry: How the Government and Big Business Sold Us Well-Being* (2015), s'inquiète de l'appropriation du bonheur par les entreprises. « Le bonheur, sous ses différentes formes, ne vient plus simplement s'ajouter agréablement à l'essentielle recherche de profits, il ne s'apparente plus à la préoccupation *New Age* de ceux qui ont le temps de fabriquer leur propre pain », observe-t-il. « Il a investi la citadelle du management économique mondial[7]. » Les entreprises sont devenues très investies dans le suivi, la mesure et l'analyse du bonheur comme moyen de contrôle de leur rendement – ou, pour le dire autrement, comme moyen de faire en sorte que les créatifs productifs travaillent plus. La productivité en tant que méthode est centrée sur l'idée de maîtriser le processus pour déterminer le rendement, mais, cette fois, il ne s'agit pas de calibrer des machines mais des personnes. Pour autant que le bonheur soit bon pour une entreprise, elle ne peut l'imposer à ses employés, même si certaines ont tout de même essayé.

En 2016, aux États-Unis, le National Labor Relations Board a examiné une affaire dans laquelle le manuel des salariés du géant américain des télécommunications T-Mobile, stipulait que tous les travailleurs étaient tenus de communiquer « avec les clients internes et externes, les acheteurs, collègues et la direction de manière propice à des relations de travail efficaces » afin de maintenir un « environnement de travail positif ». D'autres règlements interdisaient aux travailleurs de se disputer ou de faire des commentaires préjudiciables sur l'entreprise.

Globalement, on pouvait raisonnablement supposer qu'aucun salarié ne se risquerait à perdre son emploi en enfreignant ces politiques et que tous s'auto-censureraient donc, se privant ainsi de leur droit fondamental à faire part de leurs doléances au travail[8] – une composante pourtant essentielle à la sensibilisation aux problèmes et de la mobilisation au sujet de conditions de travail injustes. Le National Labor Relations Board a tranché en faveur des salariés, assimilant l'exigence d'une constante attitude de positivité comme une infraction aux règles de la liberté d'expression ; il a ainsi déclaré que les employeurs ne peuvent contrôler le bonheur au travail de leurs employés. Juridiquement parlant, personne n'est obligé d'être heureux au travail.

Ce livre ne traite pas du bonheur, et je ne suis pas experte en la matière. Je ne vais donc pas entrer dans le détail de ce qui nous rend précisément heureux ni sur la manière d'entretenir le bonheur. Je tiens simplement à souligner que le bonheur est passé d'un concept auquel réfléchissaient les philosophes à un indicateur financier. Il est sur toutes les lèvres. En 2011, les Nations Unies ont lancé la première édition du World Happiness Report, rapidement suivie par l'indicateur du vivre mieux de l'OCDE. Matthieu Ricard, ce moine bouddhiste, a même participé au Forum économique mondial de Davos pour partager sa vision de la pleine conscience avec les dirigeants gouvernementaux et les PDG. « Il y a dix ans, il était impensable que des séances de méditation soient proposées tous les matins, en ouverture du programme », a-t-il déclaré à l'AFP. « Maintenant, [c'est] à la mode. »

Formé en 2017, le nouveau Conseil mondial du bonheur rassemble ainsi un ensemble de personnalités d'horizons divers, des spécialistes universitaires et des professionnels de renom, afin d'identifier les « meilleures pratiques au niveau national et local pour encourager le progrès des causes du bonheur et du bien-être. » De manière encourageante, le rapport de 2018 a abandonné le recours au PIB par habitant comme mesure du progrès humain. À la place, les membres du Conseil, dont le célèbre économiste Jeffrey D. Sachs, Martine Durand, statisticienne en chef de l'OCDE, et Martin Seligman, père de la psychologie positive, se concentrent sur six domaines (l'éducation, le lieu de travail, le bonheur personnel, la santé publique, la conception de la ville et la gestion) et rédigent un rapport comportant des recommandations politiques sur la façon de promouvoir le bonheur et le bien-être. « Ceux qui sont sceptiques envers le mouvement du bonheur croient que ce dont doivent (inévitablement) s'occuper les gouvernements est le pouvoir, et non le bonheur », écrit Sachs en introduction de ce rapport de près de trois cents pages. « Pourtant, la poursuite du bonheur n'est pas seulement idéaliste ; c'est le meilleur, et peut-être le seul, espoir qu'a le monde d'éviter une catastrophe mondiale[9]. » Mais en faisant du bonheur un principe à ce point central pour nos entreprises et les gouvernements, ne le transformons-nous pas également en fardeau ?

Le concept de productivité a évolué au fil du temps pour devenir une importante responsabilité individuelle (*cf.* chapitre 2). À présent, nous sommes également responsables de notre bonheur. Dans son livre *L'euphorie perpétuelle : essai sur le devoir de bonheur* (2002), Pascal Bruckner défend ainsi que le droit à la quête du bonheur s'est transformé en une obsession qui nous rend plus malheureux.

> « Saisis par la double illusion que nous sommes responsables de notre bonheur ou de notre malheur, et que le bonheur ne peut venir que de l'effort, beaucoup d'entre nous nous martyrisons nous-mêmes – sacrifiant notre temps, notre argent, notre santé et notre tranquillité d'esprit – dans l'espoir d'accéder à un paradis terrestre. Mieux vaut accepter que le bonheur soit

un cadeau inattendu et fragile qui n'arrive que sous l'effet de la grâce et de la chance[10]. »

Pour June Gruber, professeure associée en psychologie et neurosciences à l'université de Yale, faire du bonheur un objectif pourrait nous faire nous sentir moins bien sur le long terme, surtout si notre seule intention est d'accroître notre bonheur. « Lorsque vous le faites avec la motivation ou l'espoir que ces choses devraient vous rendre heureux, vous pouvez être déçu et voir votre bonheur diminuer[11]. »

LES VACHES HEUREUSES DONNENT-ELLES UN MEILLEUR LAIT ?

Une récente étude dirigée par Andrew Oswald, professeur d'économie à l'université de Warwick, a exploré les liens entre le bonheur et la productivité. Les chercheurs ont demandé aux participants de calculer des additions à un chiffre pendant dix minutes et les ont rémunérés pour leur performance ainsi que pour leur participation[12]. Ensuite, l'un des groupes a visionné une courte vidéo d'un célèbre comédien britannique, et l'autre une vidéo « placebo » de bâtons colorés (aussi surprenant que cela puisse paraître). Plus heureux, les résultats du premier groupe ont été 12 % supérieurs lors de leur deuxième session de calcul tandis que les résultats du groupe placebo étaient inférieurs de 10 %. Interrogées par les chercheurs sur leur vie personnelle, il est aussi apparu que les résultats des personnes ayant récemment souffert d'une maladie ou du décès d'un proche étaient en moyenne inférieurs de 10 % à ceux du reste du groupe. Les chercheurs en ont conclu que les émotions humaines sont un élément et un moteur importants dans la quête de productivité optimale. Comme l'a remarqué Oswald, « des entreprises comme Google ont plus investi dans l'attention aux employés dont la satisfaction a augmenté en conséquence. Chez Google, elle a augmenté de 37 % dans le cadre d'études menées sous contrôle scientifique, prouvant que rendre les travailleurs plus heureux est réellement synonyme de rentabilité[13]. »

En dehors du champ économique, les données ne manquent pas pour confirmer cette notion. Dans *The Happiness Advantage* (2010), Shawn Achor décrit plusieurs expériences dans le domaine des neurosciences et de l'étude du management qui prouvent que le bonheur entraîne un niveau de productivité plus élevé chez les travailleurs. Cela se traduit par de meilleures performances commerciales, un leadership plus affirmé et, par conséquent, par de meilleures évaluations de performance et des rémunérations plus élevées, ainsi que par une sécurité de l'emploi accrue. Le cerveau des travailleurs heureux est ainsi 31 % plus productif. Ils ont également moins de risques d'être absents, de prendre des congés maladie ou de démissionner. Grâce à un examen complet et approfondi d'études menées sur le bonheur, la *Harvard Business Review* a également constaté son fort impact sur la performance au travail[14]. Pour quantifier les effets d'une main-d'œuvre malheureuse, le cabinet de recherche Gallup estime que la *crise du désengagement* entraîne une perte de productivité de trois cents milliards de dollars chaque année (remarquons, une fois encore, que c'est la productivité qui est ici véritablement mesurée)[15].

Comme nous l'avons fait avec la créativité, nous contraignons notre bonheur à se conformer aux normes de productivité. Emma Seppala est directrice scientifique du Center for Compassion and Altruism Research and Education de l'université de Stanford et titulaire d'un doctorat, mais aussi l'auteure de *La piste du bonheur : le pouvoir du bonheur pour réussir au travail et dans la vie* (2018). Pour elle, le bonheur, à l'instar de la créativité, nécessite de l'espace et pas uniquement des efforts. « Les gens croient souvent à tort que, pour réussir, il leur faut repousser leur bonheur à plus tard. Ironiquement, les recherches montrent que le bonheur est la voie la plus rapide vers le succès », dit-elle. « Si au lieu de vous surmener et de vous épuiser, vous prenez le temps de vous détendre, de cultiver le calme, d'être dans l'instant présent, de faire preuve de plus de compassion envers vous-même et les autres, vous serez plus productif, résistant au stress, charismatique et influent, ainsi que plus créatif et innovant. » Nos longues heures de travail et autres démonstrations de dévotion peuvent en réalité nous nuire et aller à l'encontre de nos meilleurs intérêts créatifs. « Les gens pensent que le succès exige des sacrifices extrêmes sur le moment – renoncer au bonheur personnel, supporter des sentiments négatifs et un stress énorme – parce que le résultat final en vaut la peine », poursuit Seppala. « Ils deviennent accros à la productivité ; ils sont motivés par le perfectionnisme. Ils finissent en bourreaux du travail. Ce dont ils n'ont pas conscience, ce sont des coûts liés à l'addiction au travail : les conséquences sur leur santé physique et psychologique, une baisse de productivité et de performance, une diminution de la capacité d'attention, des troubles du sommeil et même des problèmes familiaux. »

Pour résumer, être heureux a un impact positif sur notre productivité, mais poursuivre le bonheur pour lui-même peut nous rendre malheureux.

SIFFLOTER EN TRAVAILLANT : LE TAPIS ROULANT HÉDONIQUE

Si les gens heureux sont effectivement plus productifs, la productivité peut-elle rendre plus heureux ? Certes, elle pourra nous procurer un certain sentiment de satisfaction, mais cela ne suffit pas.

Dans son livre *Et si le bonheur vous tombait dessus* (2006), Daniel Todd Gilbert, professeur de psychologie à Harvard, remarque que les humains ont tendance à surestimer à quel point certains évènements ou résultats les rendront heureux ou tristes[16]. Nous avons tous entendu les récits de mise en garde sur les gagnants au loto qui ne se disent pas plus heureux que quiconque. Cette théorie vaut pour la perte de poids, la victoire à une élection, l'obtention d'une promotion – et même la mise en application de la méthode *Inbox Zero*. Car l'impact de ces évènements sur notre bonheur est éphémère, contrairement à ce que nous pensons.

Pour l'expliquer, Gilbert convoque l'image d'un *tapis roulant hédonique*. Nous sommes des êtres qui s'adaptent et nos désirs, comme nos attentes, s'ajustent aux changements environnants. Quand nous rendons notre bonheur conditionnel, nous oublions que notre capacité d'adaptation minimise considérablement les effets durables des résultats obtenus, y compris ceux auxquels nous aspirons le plus. Nous faisons du sur place. Ce que nous voulons, et ce que nous croyons qui nous rendra heureux, est ce que nous n'avons pas. Ceci peut en partie s'expliquer par ce que le psychologue et chercheur Richard Eckersley appelle *l'arnaque culturelle* – l'effet cumulatif des images auxquelles nous sommes constamment exposés qui définissent ce qu'est le « bien vivre » mais sont en réalité plus une question d'économie que de bien-être psychologique[17].

Pendant longtemps, nous ne disposions pas d'un prisme critique commun pour nous aider à comprendre que nous pourrions être incités à poursuivre les mauvaises choses (la gloire, la fortune, etc.). Mais la situation a changé. Aujourd'hui, vous n'avez probablement pas besoin des conclusions d'études (pourtant nombreuses) pour savoir que le matérialisme n'engendre pas le bonheur et peut, en réalité, être source de dépression et d'anxiété. Les discours rebattus sur la productivité et la promesse du bonheur auquel elle pourrait nous permettre d'accéder n'ont fait que se substituer à un marqueur de statut plus ancien et dépassé : la richesse. Se concentrer sur la productivité pour elle-même revient à se concentrer sur l'accumulation de richesses – et pourtant, les gens tristes demeurent tristes, même une fois riches.

Nous savons que les gens plus heureux sont plus productifs, mais la science ne nous prouve pas que la productivité est le déclencheur du bonheur. En revanche, les données mettent l'accent sur le fait que si le travail procure un moyen de définir et d'exprimer le sens et le but de nos vies, c'est la poursuite de ce but que nous avons nous-mêmes identifié qui nous rend véritablement heureux. Il est important de noter que des buts tels que se construire une carrière, gagner de l'argent et obtenir un statut professionnel sont bien différents de la notion de destinée professionnelle divine abordée au chapitre 5. Avoir le sentiment de contribuer à quelque chose qui nous dépasse et qui compte profondément pour nous est un facteur de motivation bien plus puissant qu'une augmentation, une promotion ou même des congés supplémentaires.

Le bonheur nous rend-il productifs ? Oui, d'après la science : les gens heureux sont plus productifs. Mais il se peut que notre poursuite du bonheur le rende plus difficile à trouver. Il est peut-être temps de se concentrer sur un autre marqueur.

HUMEURS ET CRÉATIVITÉ

La créativité est donc un processus complexe et ambigu, qui nécessite la mise en œuvre de plusieurs mécanismes neurologiques, biologiques et sociaux. La créativité rend-elle plus heureux ? Être heureux rend-il plus créatif ? Et qu'en est-il de tous ces archétypes d'artistes torturés qui nous persuadent que nous devons souffrir pour notre art ?

Des chercheurs des universités du Kent et du Sussex ont procédé à un examen approfondi de quatre-vingt-dix études menées au cours des soixante dernières années et explorant les processus créatifs dans divers domaines. Ils ont alors identifié quatorze composantes distinctes.

1. La participation active et la persévérance
2. La gestion de l'incertitude
3. Le domaine de compétence
4. L'intelligence générale
5. La production de résultats
6. L'indépendance et la liberté
7. L'innovation et l'implication émotionnelle
8. L'originalité
9. La progression et le développement
10. L'interaction sociale et la communication
11. La spontanéité et le processus subconscient
12. La réflexion et l'évaluation
13. La valeur
14. La variété, la divergence et l'expérimentation

Toutes ces composantes interagissent à des degrés divers au cours de nos processus créatifs. Bill Keller, linguiste à l'université du Sussex et l'un des auteurs de l'étude, a tenu à préciser que ces quatorze composantes sont des éléments constitutifs du processus créatif, et non une définition.

Les éléments de cette liste couvrent à la fois l'approche de la créativité avec un *c* minuscule (le processus) et majuscule (le résultat) ainsi qu'un mélange d'autres savoir-faire et compétences (*cf.* chapitre 8). Le bonheur n'en fait pas partie.

Il peut en effet arriver, en particulier lorsque nous nous concentrons sur la résolution de problèmes ou sur des tâches difficiles et complexes, que le travail créatif suscite en nous de la colère et un sentiment de frustration. Nous pouvons tous en témoigner, une partie du processus créatif consiste à se taper la tête contre les murs en cherchant les moyens de faire avancer les projets. Stressants, exaspérants et parfois déprimants, ces états émotionnels sont pourtant inévitables dans la production d'un travail de création[18].

Ces émotions ont une autre utilité (quoique moins agréable) : notre sentiment de malheur, s'il nous signale la présence d'un problème à résoudre, peut également (et souvent) nous inciter à réfléchir aux moyens d'y remédier. La décision de justice de l'affaire T-Mobile, mentionnée précédemment, traduit cette manière d'envisager la question : empêcher les travailleurs d'exprimer des *points de vue négatifs* au travail risque de les priver de la possibilité de soulever ces problèmes en vue de les résoudre et éventuellement d'améliorer leurs conditions de travail. Ainsi, il peut arriver que les émotions négatives, pourtant mal vues dans la course au bonheur menée par les entreprises, s'avèrent utiles et servent un objectif important.

Faisant écho à ces résultats, des professeurs de psychologie de l'université Rice ont étudié la corrélation entre l'humeur et la créativité auprès de cent soixante employés. Pour cette expérience, ces derniers devaient tenir un journal documentant leurs humeurs, tandis que leurs responsables mesuraient leur performance créative. Les résultats ont révélé que l'état créatif idéal est celui d'une personne qui peut alterner entre des humeurs positives et négatives. Cela concerne également les managers et tous ceux qui travaillent en équipe : les participants qui ont indiqué se sentir tantôt de bonne, tantôt de mauvaise humeur dans un environnement de travail favorable étaient nettement plus performants que leurs homologues. La présence d'un supérieur hiérarchique compréhensif permettait de créer un environnement propice pour que ces variations d'humeurs puissent être mises au profit de progrès réels et tangibles.

Gérer ou collaborer avec des créatifs peut être difficile, en particulier dans une culture du travail qui prône un professionnalisme neutre, cohérent avec la référence absolue en la matière qu'est le travailleur idéal. Il ne s'agit pas d'autoriser les hurlements ou les expressions de frustration déplacées mais de reconnaître que ces humeurs font partie de l'écosystème nécessaire à une créativité optimisée. Du fait de l'importance accordée au bonheur au travail, nous pouvons craindre que les organisations créent des conditions qui étoufferont cette partie essentielle du processus créatif.

J'ai choisi de mettre en relief ces deux études car, contrairement à la plupart des autres travaux de recherches que j'ai consultés, elles s'intéressaient à l'influence de plusieurs états émotionnels sur la créativité, ce qui évitait les résultats contradictoires. Certaines publications montrent que le bonheur accroît la créativité, en termes de génération d'idées et de capacité à raisonner hors du cadre, tandis que d'autres affirment que les états émotionnels négatifs incitent à s'attaquer à un problème donné (nos cerveaux sont câblés pour rechercher le plaisir et éviter la douleur, *cf.* chapitre 7). Si, dans certains contextes, le bonheur peut rendre plus créatif, il peut également engendrer un sentiment d'autosatisfaction et freiner l'envie de tenter de nouvelles choses[19]. Pour atteindre cet équilibre, nous devons prendre conscience de cette variabilité.

INTÉGRER LES NORMES SOCIALES

Cet intérêt croissant pour le bonheur coïncide avec l'un des contextes économiques les plus agités que nous ayons connus depuis des siècles. Alors que la définition du travail s'éloigne de la stabilité de l'emploi, dont ont bénéficié les générations précédentes, pour s'orienter vers quelque chose de plus volatile et de moins prévisible, nous devons aussi composer avec la révolution technologique à venir qui menace de bouleverser radicalement tous les aspects de notre vie. Face à ces changements désagréables, et confrontées à cette incertitude, les entreprises voient dans le bonheur un moyen de dynamiser leur image. En effet, faire partie des *entreprises où il fait bon travailler* sonne plutôt bien, en théorie du moins.

Nous avons fait du bonheur un indicateur, un objectif à atteindre et une responsabilité individuelle. Quiconque ne se met pas au diapason de l'entreprise apparaît comme un élément perturbateur ou, pire, comme quelqu'un qui ne travaille pas suffisamment dur pour atteindre l'état de bonheur visé. En imposant à leurs salariés d'être heureux, les entreprises éludent les véritables questions et conflits liés au travail. L'image du bonheur en entreprise incarne le divertissement et l'attention portée aux salariés : deux facteurs propres à séduire et à fidéliser les potentiels talents. Mais si le bonheur rend productif, la créativité requiert une plus large gamme d'émotions qui peuvent souvent aller à l'encontre des politiques du bonheur bien-pensantes et finir par être des freins plutôt que des soutiens.

En 2016, j'ai rencontré Dan Ariely, professeur de psychologie et d'économie comportementale au centre de recherche de l'université de Duke. Nous avons longuement échangé sur ce sujet. Je cherchais surtout à comprendre pourquoi nous nous comportons de façon irrationnelle. Dans son livre *C'est (vraiment ?) moi qui décide* (2008), Dan Ariely démontre que, lorsque nous cherchons à comprendre une situation ou à prendre des décisions, nous évoluons entre des mondes qui s'excluent mutuellement. Le premier est celui des *normes sociales* où les valeurs comme la réciprocité, la vulnérabilité et la générosité tendent à régner. Le second est celui des *normes du marché*, l'univers transactionnel, celui où les choix et les actions s'effectuent en échange d'un prix. Il souligne également qu'en contexte professionnel les normes sociales sont des facteurs de motivation plus efficaces (et plus rentables) que l'appât du gain.

> « Si les entreprises veulent tirer profit des avantages des normes sociales, elles doivent s'attacher à mieux les développer. Il est incroyable de constater la quantité de travail que les sociétés (en particulier les start-up) peuvent obtenir des salariés lorsque les normes sociales (telles que l'enthousiasme à construire quelque chose ensemble) sont plus fortes que les normes du marché (comme une augmentation de salaire à chaque promotion). Si elles réfléchissaient plus en termes de normes sociales, elles comprendraient que ces dernières sont le socle de la loyauté et – plus important encore – font que les employés sont prêts à s'impliquer autant que nécessaire : en se montrant flexibles, intéressés et volontaires. »

En matière de motivation au travail, le discours ambiant de plus en plus prégnant autour du sens, de la fierté et de la collaboration fait basculer le « travail » de l'univers des normes du marché à celui des normes sociales. Nous sentir fiers de ce que nous faisons et percevoir la valeur à « construire quelque chose ensemble » et à développer une identité professionnelle qui en vaille la peine modifie les contextes dans lesquels nous prenons nos décisions. C'est également le cas des incitations au travail qui vont puiser dans le monde des normes sociales, avec des avantages en matière de santé et un équilibre entre vie privée et travail. Mais cela pourrait se manifester dans des contextes professionnels encore plus divers. Même dans les entreprises qui promeuvent les discours en faveur de l'équilibre vie personnelle et professionnelle, la précarité des emplois, les incitations salariales et l'envie de reconnaissance contribuent à déformer notre relation au travail.

Il en résulte que nous nous surchargeons de travail, cherchant frénétiquement à faire exception à la règle (convaincus que seules nos compétences suffisent à affronter n'importe quelle situation). Notre prise de conscience nous aide à commencer à entrevoir pourquoi l'idée relativement simple qui sous-tend la notion de productivité (diviser le résultat par les ressources utilisées) s'est peu à peu transformée en l'idée de travailler mieux, plus, plus longtemps et plus intelligemment que nos collègues. Introduire le concept de bonheur dans une culture qui n'aime rien autant que l'agitation en a fait une illusion très séduisante. Nous courons après le bonheur avec la même ferveur et la même intensité que nous avons couru après la productivité et la créativité. Mais nous faisons fausse route. Le bonheur apparaît comme l'objectif final vers lequel nous tendons tous, mais a-t-il seulement un sens ?

Ralph Waldo Emerson disait : « Le but de la vie n'est pas d'être heureux. C'est de se rendre utile, d'être respectable, de faire preuve de compassion, de faire en sorte d'avoir vécu et bien vécu. » Voilà qui peut nous aider à comprendre pourquoi nous sommes prêts à nous consacrer toujours plus à notre travail. Je l'ai moi-même vécu : certaines périodes de notre vie se définissent en fonction de notre implication dans notre poste. Nous sommes alors motivés par un mélange familier de stimulation intellectuelle, de besoin de réussite, de sentiment de fierté, d'identification à notre travail, ainsi que par l'aisance financière et le statut qu'il nous apporte. *A posteriori*, nous pensons que nos motivations étaient peut-être quelque peu biaisées, mais il faut avouer qu'être reconnus et récompensés pour ce que nous avons fait (ou plutôt pour l'ampleur de ce que nous avons fait) est séduisant. N'oublions pas que notre société se plaît à mettre en avant les bourreaux de travail.

Petit résumé, grandes idées

- ➜ Les gouvernements et entreprises s'approprient la notion de bonheur en cherchant à quantifier ce concept abstrait par le biais de différents indicateurs.
- ➜ Le processus créatif a besoin d'émotions tant positives que négatives.
- ➜ Le bonheur devient une responsabilité individuelle où, de nouveau, si vous n'êtes pas heureux, la faute vous en revient car « vous n'aimez pas suffisamment votre travail » ou « vous ne travaillez pas assez dur ».
- ➜ Les études montrent qu'en cherchant trop à être heureux nous pouvons en réalité nous sentir malheureux[20].

10
L'AVÈNEMENT DU GUERRIER DU TRAVAIL

ADMIREZ L'ATHLÈTE

En 1999, Jack Groppel, spécialiste de la médecine du sport, a publié *The Corporate Athlete: How to Achieve Maximal Performance in Business and Life* où il s'intéressait à ce que les employés de bureau avaient à apprendre des athlètes professionnels. En 2003, *Le pouvoir de l'engagement total : gérer son énergie et non son emploi du temps pour se ressourcer et obtenir une performance remarquable*, co-écrit par Jim Loehr et Tony Schwartz, a rencontré un vif succès. Puis, en 2008, Jim Loehr a publié *The Corporate Athlete Advantage: The Science of Deepening Engagement*. Tous ces livres partagent le même objectif : élever le monde de l'entreprise au rang de sport de haut niveau, avec ce que cela implique en termes de travail, d'engagement, de prouesses physiques et de statut.

Si ces ouvrages n'ont pas inventé le concept du *corporate athlete* (ou *athlète d'entreprise*) qui existe depuis des années, ils l'ont remis au goût du jour au point d'en faire un archétype : le *guerrier du travail*. Ce prolongement est assez naturel dans la mesure où le concept du *fais ce que tu aimes*, présent dans la culture du travail, se retrouve dans le sport ; ce dernier est en effet une forme de jeu – pour lequel les sportifs professionnels sont par ailleurs extrêmement bien rémunérés. « Lorsque vous faites ce que vous aimez, vous faites beaucoup de choses que les autres considéreraient comme des sacrifices. Mais pour être le meilleur, vous devez être prêt à aller au-delà de ce que vos concurrents sont prêts à sacrifier. » Ces mots sont ceux d'un champion d'*ultimate fighting*, mais ils auraient tout aussi bien pu être tweetés par un entrepreneur.

Le guerrier du travail est la nouvelle version du *corporate athlete* : dans les deux cas, leur identité et leur objectif jouent un rôle central dans leurs histoires personnelles. Si le premier aspire à faire fortune, il cherche à y parvenir en ayant un impact positif sur le monde. Il fait ce qu'il aime et tire une certaine fierté de ses sacrifices. Là où d'autres parlent de sens du devoir, lui affirme n'avoir pas véritablement l'impression de travailler.

Tout cela remonte à l'époque des puritains et à leur croyance en la dignité et la vertu du travail. Un correcteur n'est pas seulement un correcteur, mais un athlète à qui l'on a confié la mission respectable d'atteindre une performance optimale. L'entraînement qui nous est nécessaire pour y parvenir contribue à renforcer notre amour-propre. Certaines sociétés l'ont bien compris et n'ont pas tardé à vendre leurs services à des *corporate athletes*, comme l'entreprise américaine EXOS qui se sert d'outils de diagnostic perfectionnés d'ordinaire utilisés pour améliorer les performances des pompiers, militaires et officiers de police. « Grâce à nous, vous bénéficiez d'une longueur d'avance sur vos concurrents en optimisant les performances de vos employés avec notre approche prescriptive éprouvée », peut-on lire sur leur site. « Nous nous servons des systèmes de performance les plus pointus pour donner aux gens le pouvoir d'améliorer leur vie[1]. »

Mais, dans cette équation, il ne faut pas négliger le rôle joué par l'ego. Avec leurs capacités physiques incroyables, leurs fans enthousiastes et leurs contrats lucratifs, les athlètes professionnels sont aujourd'hui l'exemple-même de ceux « qui ont réussi ». Ils représentent une élite naturelle à laquelle chacun souhaite être associé – y compris dans la manière dont nous qualifions notre travail. Au regard du phénomène de dévotion au travail, l'évolution du *salaryman* vers le *corporate athlete* est cohérente avec notre volonté de transformer le travail en une démonstration de force et de virilité, une version moderne de la puissance masculine, de plus en plus perceptible dans le jargon du management. Tony Schwartz décrit même le *niveau de performance idéal des cadres* comme la capacité à développer leur endurance, leur force, leur flexibilité, leur contrôle d'eux-mêmes et leur concentration[2]. Parmi les autres expressions à la mode, on peut citer : le management de l'énergie, la performance constante en situation de pression, « la force intérieure profonde » et le fait de « tester ses limites ».

S'il existe en effet des similitudes entre les carrières des sportifs et celles en entreprise, il faut aussi souligner des différences structurelles significatives. Tout d'abord, une carrière de sportif professionnel dure en moyenne sept ans, contre quarante à cinquante en entreprise. La pause entre deux saisons sportives s'étale souvent sur plusieurs mois alors qu'un cadre s'octroie en moyenne deux à quatre semaines de congés par an (s'il en prend car la durée des vacances tend à diminuer).

Si les sportifs s'entraînent presque sans relâche, ils ne sont cependant en compétition que le temps d'un match ou d'une course. Nous attendons des cadres qu'ils soient performants jusqu'à dix heures par jour et disponibles à tout moment, week-ends inclus. Alors que les sportifs consacrent l'essentiel de leur temps à se préparer pour une brève performance, leurs homologues en entreprise doivent s'entraîner quotidiennement à la fois pour s'améliorer et pour être au maximum de leurs possibilités.

Cette situation n'est pas dénuée d'ironie. Pour être aussi performants que les sportifs professionnels, nous devons suivre le même entraînement qu'eux : faire des pauses pour permettre à notre corps et à notre esprit de récupérer. Tony Schwartz a déclaré que le manque de repos régulier est le principal obstacle à une performance élevée : « Un stress chronique sans récupération épuise nos réserves d'énergie, conduit au *burn-out*, à la dépression et finit par diminuer notre performance. » Les cadres doivent donc apprendre à trouver l'équilibre entre la dépense et la reconstitution de leurs stocks d'énergie ; il nomme ce processus l'*oscillation*. Il ne s'agit pas de chercher à supprimer tout stress mais de s'assurer que ces périodes sont encadrées par des rituels systémiques qui permettent de récupérer[3]. Schwartz défend ainsi une approche holistique du travail qui laisse place à des temps dédiés à l'activité physique, au sommeil et au bien-être émotionnel et spirituel. Une vision à l'encontre de notre culture contemporaine du travail.

La plupart des prétendus guerriers du travail tombent précisément dans le piège contre lequel Schwartz nous met en garde. Le travail acharné engendre le succès et le succès engendre encore plus de travail acharné. La *Harvard Business Review* s'est d'ailleurs intéressée aux effets néfastes des *emplois de l'extrême*. Selon une étude réalisée par The Center for Work-Life Policy, ces emplois sont occupés par une catégorie de hauts salaires (parmi les 6 % les plus élevés des États-Unis) qui travaillent plus de soixante heures par semaine ; ils se caractérisent, par exemple, par des imprévus, des rythmes soutenus avec des échéances courtes, de fréquents déplacements, des obligations liées au travail en dehors des heures de bureau et des sollicitations de clients à toute heure du jour et de la nuit[4]. L'étude a de plus révélé que les emplois de l'extrême sont de plus en plus nombreux, se traduisant toujours par la forte pression au travail subie par les professionnels les mieux payés, peu importe leur genre, leur secteur d'activité ou leur localisation. Les personnes qui occupent ces postes ne se considèrent cependant pas comme des victimes. Comme le souligne l'article, « dans l'ensemble, les professionnels de l'extrême ne se sentent pas exploités ; ils éprouvent un sentiment d'exaltation[5]. » Le fait d'occuper un poste prestigieux et d'être prêts à en payer le prix en échange de reconnaissance, de stimulation intellectuelle, de collègues intelligents et de salaires généreux renforce considérablement leur estime d'eux-mêmes. Ils sont nombreux à attribuer leur attrait pour ce type d'emploi à leur personnalité quelque peu… psychorigide.

Les personnes qui s'épanouissent dans les emplois de l'extrême, comme celles qui excellent dans les sports extrêmes, suscitent une forme d'admiration – chez les autres et vis-à-vis d'elles-mêmes. Le fait de repousser au maximum ses capacités mentales et physiques (en courant un ultramarathon dans le désert du Nevada ou en restant éveillés toute la nuit à grand renfort de café pour être prêts pour la réunion du lendemain) déclenche une montée d'adrénaline qui est littéralement addictive.

Certains de ces comportements relèvent pourtant d'une inquiétante pathologie et de nombreux psychologues ont commencé à considérer le surmenage comme une addiction, à l'image de la dépendance à l'alcool ou aux drogues. Cependant, contrairement à ces addictions, il n'y a pas de honte à être un « drogué du travail » ; en réalité, parce que notre société valorise la dévotion au travail poussée à son extrême, nous encensons et idéalisons les personnes qui se comportent ainsi. Nous récompensons le dysfonctionnement de leurs attitudes plutôt que de nous en préoccuper.

Il existe néanmoins des solutions vers lesquelles se tourner. Workaholics Anonymous est un programme qui, depuis plus de vingt ans, aide les personnes victimes de surmenage (les *workaholics*), ainsi que leurs amis et familles[6]. La brochure donne à réfléchir : le surmenage peut nous faire perdre tout ce pour quoi nous travaillons si dur, nos relations avec notre conjoint, nos enfants, nos amis et ceux que nous aimons. La psychologue Cecilie Schou Andreassen, de l'université de Bergen en Norvège, a proposé un cadre afin de repérer ce syndrome. L'échelle d'addiction au travail de Bergen comporte sept items.

1. Vous réfléchissez à la manière dont vous pourriez libérer plus de temps pour travailler.
2. Vous passez beaucoup plus de temps à travailler qu'initialement prévu.
3. Vous travaillez afin de réduire des sentiments de culpabilité, d'anxiété, d'impuissance ou de dépression.
4. Des personnes vous ont suggéré de travailler moins mais vous ne les avez pas écoutées.
5. Vous êtes stressé(e) si vous ne pouvez pas travailler.
6. Vous dépriorisez les loisirs, la détente ou l'exercice à cause de votre travail.
7. Vous travaillez tellement que votre santé en subit les conséquences.

Si vous avez répondu *souvent* ou *toujours* à quatre items ou plus, il se peut que vous souffriez de dépendance au travail. Si, comme moi, en lisant ces questions, vous vous êtes dit que ce genre de situations arrivait à tout le monde, alors vous abondez dans le sens des conclusions de mes recherches : nous sommes tous en train de devenir des accros du travail[7].

Le docteur Bryan Robinson, psychothérapeute et auteur de *Chained to the Desk: A Guidebook for Workaholics, Their Partners and Children, and the Clinicians Who Treat Them* (2014), distingue clairement l'addiction au travail du fait de travailler dur. « L'éthique de travail puritaine n'est pas mauvaise en soi », écrit-il. « C'est une bonne chose, mais toute bonne chose poussée à l'extrême devient mauvaise. Voilà ce qu'est l'addiction, c'est une question de personnalité. » Les emplois de l'extrême sont à la jonction d'un phénomène culturel (l'avènement du syndrome du flocon de neige et l'injonction *Suivez votre passion*) et mondial (la concurrence accrue, l'augmentation du travail intellectuel, la connexion constante)[8]. Ces deux tendances se renforcent mutuellement.

Il est important de reconnaître que le stress causé par le surmenage est aussi dommageable aux employeurs qu'aux employés. Les employés attentifs à leur santé sont plus performants et coûtent moins cher à leur employeur en termes de santé. Des entreprises ont ainsi mis en place un programme de bien-être intitulé *Corporate Athlete*. Depuis 2003, huit mille cinq cents salariés de Procter & Gamble l'ont suivi : 61 % ont indiqué avoir gagné en capacité de concentration, 59 % ont déclaré être plus impliqués dans leur foyer et 51 % ont considéré que, globalement, leur condition physique s'était améliorée[9]. Sans surprise, les salariés acceptent plus volontiers l'idée d'un temps de repos ritualisé lorsqu'il s'accompagne de la promesse d'une meilleure productivité.

De manière générale, nous semblons plus ouverts aux changements dont l'impact sur notre image est positif (que ce soit celle d'un guerrier ou d'un athlète) qu'à ceux qui sont bons uniquement pour notre santé. Ce point est essentiel : la modification des comportements au travail est bien plus efficace si elle s'inscrit dans des systèmes de croyances existants plutôt qu'en s'y opposant.

L'EGO CRÉATIF

Dalí aurait déclaré : « À six ans, je voulais être cuisinier. À sept ans, je voulais être Napoléon. Depuis, mon ambition n'a jamais cessé de croître. »

La créativité est un processus complexe, un mélange de facteurs d'origine biologique, génétique, sociale, culturelle et environnementale qui interagissent pour nous aider à trouver l'inspiration et les idées. Mihály Csíkszentmihályi[10], considéré comme le spécialiste du concept de *flow*, l'a très bien résumé en désignant la complexité comme la caractéristique commune qui distingue souvent les personnes extrêmement créatives des autres.

> « J'ai consacré trente années de ma vie à mener des recherches sur la façon dont les personnes créatives vivent et travaillent afin de rendre plus compréhensible le mystérieux processus qui leur permet de trouver de nouvelles idées et de nouvelles choses. Les individus créatifs ont une capacité remarquable à s'adapter à presque n'importe quelle situation et à se contenter de ce qu'ils ont à disposition pour atteindre leurs objectifs. Ils ont tendance à penser et à agir de manière souvent inhabituelle. Ils sont faits d'extrêmes contradictions ; ils sont *multiples* plutôt qu'*uniques*[11]. »

Créer – qu'il s'agisse d'un livre, d'une nouvelle campagne publicitaire ou d'un nouveau système – nécessite d'y croire, de croire en sa capacité à créer quelque chose qui a de la valeur. Il y a une forme d'arrogance à penser que nous pouvons écrire une histoire ou inventer un nouveau produit. Autrement dit, le progrès et l'innovation nécessitent une certaine dose d'insolence.

Le comédien autocentré, l'écrivain insupportable, le PDG tyrannique qui sait tout mieux que tout le monde ; nous acceptons ces clichés car ils renferment une part de vérité. Bien souvent, un talent créatif immense s'accompagne d'une certaine arrogance et du sentiment que « tout est dû ». De Steve Jobs à Kanye West (qui se qualifie d'ailleurs de *Steve Jobs de la musique*), de Donald Trump à Mariah Carey, les exemples de personnalités prospères persuadées de leur propre génie ne manquent pas. « J'espère que la postérité me jugera gentiment, non seulement en ce qui concerne les choses que j'ai expliquées mais aussi pour ce qui est de ce que j'ai omis intentionnellement afin de laisser aux autres le plaisir de la découverte », écrivit Descartes dans un moment de grandiose introspection.

Remarquez que les créatifs « traditionnels » (écrivains, artistes, peintres, etc.) ne sont pas seuls sujets à ce genre d'égotisme : il en va ainsi dans tous les domaines où une bonne dose de talent est indispensable à la réussite, comme dans les milieux juridiques, médicaux et dans le sport professionnel. Nous pourrions considérer que les médecins, les avocats et même les sportifs professionnels sont, en réalité, des créatifs.

Un ego surdéveloppé est-il un frein ou un facteur de créativité ? Tout dépend du type de narcissisme à l'œuvre. Quoique d'origine constante, ce dernier peut prendre différentes formes.

QUAND L'EGO EST UN ATOUT

Parmi les cinq traits de personnalité principaux (l'ouverture à l'expérience, la conscienciosité, l'extraversion, l'agréabilité, le névrotisme ou OCEAN), seul le premier influence grandement la créativité d'une personne.

En 2011, des chercheurs ont d'ailleurs mené une nouvelle étude pour rechercher les liens entre personnalité et créativité ; ils ont cette fois ajouté un nouveau facteur : l'honnêteté-humilité. Après avoir soumis plus de mille trois cents étudiants à une série de tests de personnalité et de créativité, ils ont découvert l'influence négative de l'honnêteté-humilité sur la créativité. Paul Silvia, principal auteur de l'étude et professeur associé de psychologie à l'université de Caroline du Nord, s'est d'emblée voulu rassurant : ces résultats ne signifiaient pas pour autant que tous les créatifs étaient aussi vaniteux que Kanye West ou Salvador Dalí[12]. « Notre étude n'a pas révélé une très forte corrélation et loin de nous l'idée d'affirmer que toutes les personnes créatives sont insupportablement arrogantes mais, en moyenne, elles faisaient preuve de moins d'humilité », a-t-il précisé[13]. En réalité, il considère même que, bien souvent, le manque d'humilité peut s'avérer utile aux personnes qui entreprennent des activités créatives, en particulier dans leur capacité à rester impassibles face aux critiques ou aux remarques décourageantes (à cet égard, les commentaires postés sous les vidéos YouTube sont éloquents).

Dans la mesure où le succès attire inévitablement les détracteurs, faire preuve de résistance se révèle indispensable. De plus, être plus curieux et ouvert d'esprit n'empêche pas d'avoir quelques défauts – par exemple une légère tendance à la condescendance, pour le dire gentiment.

Les choses se compliquent lorsque le succès créatif se double d'un certain pouvoir, comme en entreprise. D'après les recherches menées par la Kellogg School of Management, le pouvoir diminue la capacité à prendre en compte les pensées, émotions et points de vue des autres, tout en renforçant la confiance en sa propre vision et ses systèmes de croyances[14]. Ces découvertes viennent éclairer ce que l'on rapporte au sujet de leaders comme Steve Jobs, qui n'hésitent pas à humilier publiquement leurs collaborateurs.

Pourtant, lorsque nous gérons des créatifs, il faut garder à l'esprit l'influence que peut avoir le comportement d'une personne en position de supériorité sur ceux qui travaillent avec ou pour elle. Une étude a observé qu'après avoir été témoins d'un manque de courtoisie de la part d'une personne faisant figure d'autorité, notre propre performance diminue, sur le plan des tâches routinières comme créatives[15].

QUAND L'EGO BLESSE

L'ego peut cependant être un véritable obstacle à la créativité. Surdimensionné, il peut rendre rigide, sourd aux nouvelles idées et aux opportunités. Il peut aussi nous faire nous sentir exagérément importants et susciter toutes sortes de problèmes interpersonnels perturbateurs, surtout dans le travail en équipe ou entre collaborateurs.

Notre cerveau accorde la même importance à notre statut qu'à notre survie. Si nous associons trop intimement notre talent et notre succès créatifs à notre pouvoir personnel, nous risquons de percevoir toute remise en question de nos idées comme une intrusion sur notre propre territoire.

Nous pouvons alors répondre de façon agressive, par de la colère, de l'intimidation, de la dépréciation ou une tendance à nous approprier les idées des autres. Au bout d'un certain temps, même en cas de nécessité, plus personne n'osera nous faire part de suggestions d'évolutions ou d'améliorations et la situation ne pourra que mal tourner.

D'un point de vue émotionnel, l'ego peut faire de la peur le principal moteur de nos prises de décisions ; nous nous replions alors sur les comportements les moins risqués de façon à « rester en sécurité » plutôt que de saisir les opportunités pour créer et innover. Notre ego peut ainsi s'avérer problématique lorsqu'il nous empêche d'agir, par peur d'être jugés ou d'échouer. Songez à tous ces livres qui ne seront jamais écrits, ces projets qui ne verront jamais le jour car leurs potentiels créateurs n'osent pas révéler leur talent au grand jour. Comme le souligne Brené Brown, créer implique une certaine vulnérabilité et oblige à dévoiler ses imperfections dans un monde qui semble privilégier les mises en scène plutôt que l'authenticité. Cela peut être particulièrement déstabilisant pour quelqu'un qui se lance.

Ce type de comportement est pourtant fréquent dans les situations de travail où l'orientation à donner à une idée créative ou à un projet collaboratif ne fait pas consensus. Se poser en victime lorsque nos suggestions ne sont pas retenues ou accuser les autres lorsqu'elles ne fonctionnent pas, ne pas partager nos bonnes idées et refuser de participer, sont autant de manifestations d'un ego mal contrôlé. Et c'est bien compréhensible. Notre culture du travail s'est, en grande partie, construite autour de l'idée que l'identité et le travail sont tellement liés qu'ils pourraient ne faire qu'un. C'est l'un des plus grands défis auxquels sont aujourd'hui confrontés les créatifs dans le monde professionnel.

Nous ne pouvons créer sans nous exposer aux critiques, même lorsque cela est nécessaire au bon déroulé du projet. Cela ne signifie pas que chaque critique, chaque refus ou revers doit être pris comme autant de preuves de notre incompétence, mais qu'il nous faut faire la différence entre nous-mêmes et ce que nous créons. Nous ne sommes ni nos campagnes de publicité, ni nos romans, ni nos livres. Il nous faut également nous protéger des messages contradictoires que nous adressent les médias. Tout en célébrant l'humilité, la bonté et l'identité constitutives de notre culture du travail depuis toujours, les médias contemporains sont aussi prompts à admirer les démonstrations inconvenantes de machisme et de pouvoir trop fréquentes chez les cadres et décideurs (Mark Zuckerberg aurait inscrit *I'm CEO, Bitch – Je suis PDG, pétasse* – sur ses cartes de visite). C'est ce genre d'histoires qui a fait de l'image du gros dur prêt à tout pour réussir un archétype à ce point néfaste.

J'ai écrit ce livre pour répondre à mes propres interrogations quant à mes comportements et, plus largement, pour étudier les forces invisibles qui influençaient mes attitudes et mes croyances liées au travail. En rédigeant ce chapitre, je me suis reconnue dans de nombreux exemples de mauvais comportements. Aussi embarrassant que cela puisse être, j'ai moi-même été coupable de protéger mon pré-carré, de jouer les victimes, de critiquer plus que de raison l'idée d'un collègue par crainte qu'elle ne fasse de l'ombre à ma propre prétendue performance. À l'instar du génie et de la folie, la frontière est ténue entre confiance et arrogance. Comme le résume Todd Henry, auteur de *The Accidental Creative* (2013), « faire preuve de confiance, c'est dire *je suis utile*, faire preuve d'arrogance, c'est déclarer *je suis irremplaçable*. »

DÉCLIN DES LOISIRS

En considérant les difficultés que nous surmontons comme des actes héroïques dignes des guerriers du travail, nous faisons plus que flatter notre ego, nous nous estimons en droit d'être fiers de notre capacité à repousser nos propres limites. La valeur que la société accorde au labeur transparaît dans les nouveaux critères associés aux statuts sociaux, en particulier dans notre manière de percevoir la valeur accordée aux temps de loisirs.

Pendant très longtemps, nous les avons considérés comme le symbole du statut ultime, un luxe que seuls les plus aisés pouvaient se permettre. Mais les économistes observent aujourd'hui une tendance surprenante : les plus fortunés passent plus de temps au travail que les plus pauvres. Pour la première fois, le temps libre semble être devenu un marqueur de pauvreté et non plus de richesse. À l'inverse, l'héritage aristocratique français a fait des loisirs un privilège résolument attaché aux classes les plus aisées. Contrairement aux pionniers américains qui devaient lutter pour survivre dans des conditions difficiles, la plupart des classes supérieures européennes considéraient le temps libre comme un dû lié à leur statut social.

Au fil de l'industrialisation, la nouvelle classe de travailleurs a elle aussi commencé à réclamer du temps libre : entreprises et commerces se sont alors adaptés afin de permettre aux salariés de profiter de moments de détente. En 1858, la ville de Lille, peuplée de quatre-vingt mille habitants, comptait environ mille trois cents cabarets ou tavernes, soit un établissement pour trois foyers[16] ! Si nous sommes désormais habitués aux trente-cinq heures, il n'empêche que les salariés français ont dû lutter pour obtenir des concessions de leurs employeurs : les jours de congé n'ont été officialisés qu'en

1906, la durée du temps de travail quotidien a juridiquement été établie à dix heures en 1912 et ramenée à huit heures en 1919. Ce n'est qu'en 1936 que sont apparus la semaine de quarante heures et les congés payés, mais les salariés français ont dû attendre le vote de 1981 pour avoir droit à cinq semaines annuelles. Si la France peut aujourd'hui être parfois qualifiée de paradis du temps libre, l'Histoire nous offre une autre perspective[17].

La culture du travail américaine a elle aussi durablement marqué l'économie française, notamment pendant les Trente Glorieuses, entre 1945 et 1975 : l'expansion économique française a alors subi l'influence des idéologies fordistes (de l'industriel américain Henry Ford) reprenant tous les concepts que nous avons évoqués jusqu'ici : le rêve américain, les indicateurs de productivité du taylorisme et la glorification de l'éthique du travail[18].

Dans un article intitulé « *Measuring Trends in Leisure: The Allocation of Time over Five Decades* » (2006), les professeurs Mark Aguiar et Erik Hurst se sont intéressés aux études et recherches menées au cours des cinquante dernières années sur l'utilisation de notre temps afin d'analyser l'évolution du concept de temps libre[19]. Entre 1965 et 2003, le nombre moyen d'heures de loisirs a augmenté dans la plupart des foyers. Dans les années 1960, un homme titulaire d'un diplôme universitaire déclarait disposer d'un peu plus de temps libre qu'un diplômé d'études secondaires. En 2005, la situation s'était inversée – avec presque huit heures hebdomadaires de temps libre supplémentaires pour le moins diplômé. D'après les résultats de l'American Time Use Survey de 2013, les salariés titulaires d'un diplôme de premier cycle travaillent environ deux heures de plus par jour que les personnes n'ayant pas achevé leurs études secondaires[20]. Dans leurs travaux de recherche de 2006, Daniel

Kahneman *et al.* ont quant à eux montré que les foyers américains dont les revenus étaient inférieurs à vingt mille dollars par an consacraient jusqu'à 40 % de temps supplémentaire à des loisirs passifs (comme regarder la télévision) que des foyers gagnant cent mille dollars[21].

Ce phénomène peut s'expliquer de différentes manières. La théorie de l'*effet de substitution* pose l'hypothèse suivante : puisque les salaires sont désormais plus élevés, le coût d'opportunité du temps pris pour soi a aussi augmenté ; autrement dit, moins vous travaillez, plus vous perdez d'argent. Puisque les salaires les plus élevés ont continué à augmenter alors que ceux des classes ouvrières stagnaient, les économistes considèrent que les gains financiers sont des facteurs de motivation puissants pour inciter les personnes qui gagnent le plus à continuer ainsi. Une autre théorie met en avant la nature ultra-concurrentielle de l'économie mondiale où « le gagnant rafle toute la mise » : réussir à identifier de nouvelles opportunités de marché peut alors être synonyme de gains financiers colossaux. Le rythme rapide de l'innovation a créé une pression constante sur les entreprises et leurs salariés pour qu'ils conservent une longueur d'avance ; on ne prend plus de temps pour soi de crainte de passer à côté de la prochaine opportunité[22]. Mais aucune de ces explications n'est véritablement satisfaisante. Nous pourrions penser qu'à partir d'un certain seuil, les salaires engrangés sont tels que le coût du temps libre devient négligeable. Si vous gagnez déjà suffisamment pour vous offrir ce que vous désirez, pourquoi choisir de travailler plus ? C'est ici qu'entre en jeu notre ego : il est désormais tout simplement plus valorisant d'un point de vue statutaire d'être un guerrier du travail que de profiter de notre temps libre

Ce sujet est donc complexe. Du fait des effets dévastateurs de la crise de 2008, l'augmentation du temps libre dont disposent les personnes les moins diplômées ne relève pas uniquement d'un choix assumé – mais plutôt du chômage, de l'augmentation des contrats à temps partiel et du recours à l'intérim ainsi que du déclin de l'industrie manufacturière. Affirmer qu'il ne s'agit que d'une question de statut serait une grossière erreur de simplification. Mais, de manière générale, les concepts de loisir et de travail sont bien plus entremêlés que ce que l'on pourrait penser. Les personnes qui auraient les moyens financiers de moins travailler ne le font pas toujours à cause du statut et du plaisir qu'elles en retirent. Le manque de temps à consacrer aux « loisirs » est désormais un véritable marqueur de succès : nous le retrouvons en particulier dans le mythe de l'entrepreneuriat, dans le fait de toujours se montrer très occupés, à la poursuite du rêve américain. Il est devenu le reflet de la noble quête qu'est le travail. Et, pour un guerrier, il n'est pas de plus grande récompense.

Petit résumé, grandes idées

- ➜ Le travail est devenu un sport d'endurance extrême où les comportements de surmenage sont célébrés comme des signes de prouesse et de réussite.
- ➜ L'oisiveté et les loisirs, auparavant marqueurs des classes aisées, sont désormais rattachés aux classes aux revenus plus faibles.
- ➜ Selon l'usage que nous en faisons, notre ego peut être un atout ou un obstacle. Dans le meilleur des cas, il est source de motivation et de résilience face aux échecs. Dans le cas contraire, il empêche d'écouter les avis de son entourage ou de se montrer attentif aux besoins des autres.

NOTRE FUTUR [SCÉNARIOS]

11
BURN-OUT

UNE ARMÉE DE PATRONS INVISIBLES

Depuis plusieurs années, nos téléphones portables font office de réveils. Nous avons à peine ouvert un œil que nous les saisissons pour nous empresser de vérifier ce qui s'est passé pendant notre sommeil. Avant même d'avoir quitté la couette, nous scrutons la liste de nos mails, nous les parcourons, cliquons ici et là pour trier et supprimer. Ainsi, à partir du moment où nous sommes joignables, nous pouvons travailler – or, depuis l'apparition des smartphones en 2007, nous sommes joignables en permanence, sans jamais véritablement déconnecter. Pourtant, les *burn-outs* dus aux nouvelles technologies ne sont pas uniquement liés au travail. Après la vérification de nos mails professionnels et personnels (qui se confondent de plus en plus), nous nous plongeons souvent dans la consultation des réseaux sociaux, des fils d'information ou dans des jeux.

Dans un article rédigé pour *The Atlantic*, le développeur de jeux et philosophe Ian Bogost considère qu'une grande partie de nos activités sur les réseaux sociaux relève d'une nouvelle forme d'hyper-emploi. Il décrit le sentiment d'écrasement parfois ressenti face au déferlement de notifications, de mails, de DM (messages directs), de statuts et de mises à jour. « Le plus souvent, nous faisons de ces nouvelles contraintes soit des obsessions (l'attraction addictive et possiblement dangereuse pour la vie virtuelle), soit des nécessités (l'importance accordée au contact digital et à notre image de marque numérique, à l'heure de l'économie de l'information) », écrit-il. « Et si nous nous trompions ? Si ces deux tendances n'étaient en réalité que des symptômes d'hyper-emploi ? » Nos activités sur ces plateformes – gérer les flux d'informations, créer de nouveaux contenus et de la valeur en tant qu'utilisateurs – sont de petits fragments de travail que nous effectuons pour le compte de sociétés comme Google, Instagram, Facebook et Twitter. « Aujourd'hui, nous sommes tous des hyper-travailleurs », poursuit Ian Bogost. « Mais désormais, nous ne travaillons plus seulement pour nous-mêmes ou nos patrons, mais pour une multitude d'autres patrons invisibles. »

À l'ère du digital, le fardeau qui consiste à soutenir, réagir ou créer en ligne est devenu un nouveau type de travail en tant que tel. Même nos activités de loisirs commencent à s'apparenter à du travail. Il s'agit alors de travail non-rémunéré pour de nouveaux médias, que nous effectuons « pour le plaisir ».

La plupart d'entre nous approuvons Aristote lorsqu'il déclare : « Nous travaillons pour avoir des loisirs, dont dépend le bonheur. » Mais comment cela se traduit-il dans les faits ? Si le gain de productivité associé au phénomène d'hyper-emploi nous a permis d'augmenter notre temps disponible pour nos loisirs, nous l'avons utilisé pour travailler plus, sans être toujours rémunérés. La disparition progressive de la frontière entre travail et jeu, ainsi que les sollicitations constantes (pour attirer notre attention et nous inciter à l'action) façonnent nos besoins. Le *burn-out* digital a une part de responsabilité dans notre sentiment de surmenage et ce, même lorsque nous ne « travaillons » pas. Il n'est pourtant pas question d'abandonner nos mails et de supprimer Facebook, mais plutôt de prendre conscience que nos attentes envers nous-mêmes et les autres évoluent. Plus important encore peut-être, il s'agit de considérer que cette période de notre histoire n'est que passagère. Les choses peuvent changer.

Les effets d'un flux d'informations infini sont considérables, avec des conséquences tant sociales que professionnelles. Doit-on vraiment s'étonner du fait que le surmenage soit devenu la norme ? Notre culture contemporaine du travail s'est construite sur la notion de productivité permanente et a été consolidée par des valeurs sociétales associant travail et moralité, ainsi que par des archétypes idéalisés largement relayés par les médias. Cependant, l'avènement de la créativité en tant que compétence professionnelle essentielle, et précieux indice économique, a rendu notre situation actuelle insoutenable. En réalité, pour réussir, nous devons travailler moins, et non plus. Aujourd'hui, les créatifs productifs (quiconque effectue des tâches non standardisées et non répétitives) se trouvent confrontés à une situation paradoxale où les comportements qui ont été érigés comme des symboles de succès et de réussite sont ceux-là même qui risquent de nous empêcher d'atteindre nos objectifs.

Une chose est sûre : si nous ne modifions pas nos comportements, c'est notre santé, nos relations et toute notre économie que nous mettons en péril.

LE CERVEAU SOUS PRESSION

À l'origine, le terme *burn-out* était une métaphore pour décrire l'extinction d'une flamme – et c'est ce qui se produit lorsque nos étincelles de vitalité et de créativité sont étouffées.

Au début du XXe siècle, *to burn oneself out* signifiait, en argot anglais, *travailler au point de mourir prématurément* (les Japonais ne sont donc pas les seuls à disposer d'un terme pour décrire la mort par surmenage). Le terme *burn-out* a par la suite été popularisé en 1974 dans le milieu médical par Herbert Freudenberger, psychothérapeute américain né en Allemagne. Alors qu'il exerçait dans une clinique de médecine alternative de New York, il a observé une tendance répétée à l'épuisement et à la fatigue chez les jeunes volontaires, sujets à une fatigue émotionnelle intense et permanente du fait de leur proximité avec des personnes souffrant de dépendance aux drogues. Il a remarqué que les personnels qui se disaient épuisés et extrêmement fatigués, généralement un an après leur arrivée, étaient souvent les plus impliqués dans l'activité de la clinique. Le terme a donc d'abord été utilisé pour désigner les symptômes de stress dont souffraient les travailleurs des associations de lutte contre le sida, des refuges de femmes, des écoles de centre-ville, des hôpitaux et des institutions judiciaires[1]. Aujourd'hui, il s'utilise dans de multiples professions, secteurs et pays pour traduire un état de détresse psychologique qui affecte les économies à l'échelle mondiale (un rapport particulièrement intéressant évoque même un « niveau alarmant de *burn-out* » parmi les pasteurs et prédicateurs de l'église baptiste[2]).

Nous connaissions les effets secondaires du *burn-out*, mais ses mécanismes sous-jacents demeurent globalement méconnus ; des recherches émergentes prouvent cependant que le *burn-out* – à la fois psychologique et physiologique – est non seulement une réalité mais également une dangereuse menace qui affecte fortement notre manière de travailler. Parmi ses symptômes, on trouve l'épuisement, une implication moindre au travail face à l'augmentation des exigences, un risque accru de dépression, le recours à l'agression comme mécanisme de défense, une diminution des performances intellectuelles, de la motivation, de la créativité et de la capacité de discernement, une dégradation de la vie émotionnelle et sociale, et enfin un sentiment de désespoir. Dans le livre *The Burnout Companion to Study and Practice: A Critical Analysis* (1998), le phénomène du *burn-out* est même décrit comme « le résultat à long terme d'un déséquilibre entre investissements et résultats[3]. »

Si le terme est relativement récent, le phénomène ne l'est pas. Dans son livre *Burnout: History of a Phenomenon* (2012), Flavio Muheim cite des exemples remontant au prophète Élie dans l'Ancien Testament ; ce dernier « était célèbre pour avoir réussi à accomplir plusieurs miracles et victoires au nom de Dieu. Pourtant, confronté à des obstacles permanents et après avoir essuyé une grande défaite, il fut lui-même soudain plongé dans un immense désespoir, espérant la mort et désirant sombrer dans un profond sommeil. »

Dans un article universitaire de 2011, le docteur Wolfang P. Kaschka explique que le *burn-out* est souvent le fruit d'un mélange complexe de facteurs internes et externes. Des traits de personnalité, tels qu'un fort besoin de reconnaissance, une tendance à substituer le travail à la vie sociale et une vision idéalisée de soi-même, peuvent entrer en conflit avec un cadre de travail où les exigences sont élevées, les délais serrés et les responsabilités écrasantes. Si l'évènement déclencheur peut varier d'une personne à l'autre, il en résulte couramment des sentiments de perte d'implication, de tristesse et de fatigue.

Mais que se passe-t-il dans le cerveau et le corps d'une personne victime d'un *burn-out* ? Armita Golkar et ses collègues du Karolinska Intitute en Suède ont réalisé une étude qui laisse entrevoir que les parties du cerveau en charge des réponses émotionnelles et des fonctions exécutives sont celles qui sont affectées – à savoir les structures du système limbique, l'amygdale et le cortex préfrontal médian[4]. Ils estiment alors que le *burn-out* peut diminuer notre capacité de résilience neurologique, transformant le stress en une spirale destructrice. L'étude s'est intéressée à quarante participants, tous formellement diagnostiqués comme présentant des symptômes de *burn-out* – des personnes ayant travaillé soixante à soixante-dix heures par semaine pendant plusieurs années – ainsi qu'à un groupe de contrôle de soixante-dix personnes, de même catégorie socio-économique, en bonne santé et détendus. Au cours de la première session, tous devaient se concentrer sur une image. Soudain, un grand bruit les faisait sursauter. Une électrode placée sur leur visage enregistrait leurs réactions spontanées à ce stimulus stressant. Les deux groupes éprouvaient la même surprise. En revanche, le groupe de personnes présentant des symptômes de *burn-out* avait beaucoup plus de difficultés à réguler à la baisse et à la demande leur réaction négative. Au cours de la seconde session, les participants, assis calmement, étaient soumis à une IRM. Dans le groupe souffrant de *burn-out*, l'amygdale (la zone du cerveau maîtresse des réactions émotionnelles comme la peur et l'agression) s'élargissait et les chercheurs ont remarqué une augmentation des connexions avec les autres zones cérébrales en lien avec la détresse émotionnelle. De façon intéressante, les connexions observées dans ce groupe entre l'amygdale et le cortex médian préfrontal (acteur essentiel des fonctions exécutives) étaient également plus faibles. Cette étude gagne à être approfondie mais propose d'ores et déjà quelques hypothèses importantes quant à l'effet du stress sur notre expérience des émotions négatives, ainsi que sur notre capacité à les réguler. Si les résultats ne sont pas surprenants, ils ont le mérite d'apporter des preuves dans un domaine où les études sur l'impact neurologique du *burn-out* sont encore peu nombreuses.

Le docteure Esther Sternberg, directrice du Molecular, Cellullar and Behavioral Interactic Neuroscience Program du National Institute of Mental Health américain, a publié en 2001 *The Balance Within: The Science Connecting Health and Emotions*, où elle s'est intéressée aux effets du stress prolongé sur notre corps. Ses recherches montrent des liens forts entre la mémoire, les émotions et le stress ainsi que leur rôle dans le déclenchement ou l'aggravation de maladies.

> « Dès qu'un évènement stressant se produit, il déclenche la libération d'une cascade d'hormones hypothalamiques, pituitaires et surrénales – c'est ainsi que notre cerveau répond au stress. Cela provoque également une libération de l'épinéphrine, ou adrénaline, par les glandes surrénales et un jaillissement de norépinéphrine, composé organique proche de l'adrénaline, dans tout le corps depuis les nerfs du système sympathique – ceux qui sont reliés au cœur, aux intestins et à la peau. Le cœur est ainsi poussé à battre plus rapidement, nos poils fins se hérissent, nous transpirons, nous pouvons avoir envie de vomir ou d'aller aux toilettes. Mais nous sommes concentrés, notre vision est très nette et une force intérieure nous aide à nous mettre en mouvement – ces mêmes substances chimiques libérées par les nerfs permettent au sang d'irriguer nos muscles et de nous préparer à courir. Tout va très vite. [...] Si nous mesurions le niveau des hormones de stress

dans notre sang, ou notre salive, trois minutes après le début de l'évènement déclencheur, il aurait déjà augmenté. Dans les tests de psychologie expérimentale, nous observons que jouer à un jeu vidéo rapide augmente le niveau de cortisol salivaire et le déversement de norépinéphrine dans les veines presque dès le début du combat virtuel. Mais si le stress se prolonge, parce que nous sommes incapables de le contrôler, qu'il est trop puissant ou durable, et que ces hormones et substances chimiques continuent à pomper sur les nerfs et les glandes, alors les mêmes molécules qui nous ont dynamisés pendant un court moment nous affaiblissent. »

Lorsque le stress devient chronique, le système immunitaire s'affaiblit et est moins à même de protéger notre corps. Si nous sommes exposés à une maladie alors que nous souffrons de stress chronique, notre corps est bien plus vulnérable. Mais la fatigue et le stress ne sont que les premiers symptômes du *burn-out* parmi une longue liste qui compte aussi l'épuisement, le désintérêt, l'ennui, la forte irritabilité, le sentiment de ne pas être apprécié, la perte de concentration et l'impression de détachement. S'il persiste, le *burn-out* peut aussi mener à la dépression, à l'abus de drogues et à une dégradation globale de notre état de santé.

Cependant, ce qui fait de nous des « battants » n'est pas totalement négatif. Notre corps est conçu pour associer stress et efficacité – si le premier grimpe, la seconde aussi. Malheureusement, cela va de pair avec un inconvénient : notre efficacité n'augmente que jusqu'à un certain point. Ensuite, notre performance baisse de façon drastique à cause du stress. Ce sujet a également fait l'objet de recherches, notamment de la part de l'American Sleep Disorders Association et du Center for Sleep and Circadian Neurobiology. Les études sont nombreuses sur les liens entre le manque de sommeil et la performance, la créativité, la fluidité, la flexibilité ou l'originalité des pensées, la mémoire, la prise de décision et les performances visuomotrices. Et les résultats sont sans surprise : moins nous dormons, moins nous sommes performants. Si cela devient une habitude, les neurones chargés de réguler notre vivacité peuvent subir des dommages irréversibles.

LE COÛT D'UNE PANDÉMIE MONDIALE

En 2019, l'Organisation Mondiale de la Santé a officiellement reconnu le *burn-out* comme un *phénomène lié au travail*[5]. Sans être reconnu comme une maladie, il est défini comme « un syndrome […] résultant d'un stress chronique au travail qui n'a pas été correctement géré. » Trois dimensions le caractérisent :

1. un sentiment de manque d'énergie ou d'épuisement ;
2. un retrait vis-à-vis du travail ou des sentiments négatifs ou de cynisme liés au travail ;
3. une perte d'efficacité professionnelle.

Malgré cette reconnaissance officielle, les études montrent que les travailleurs français ressentent le poids de cette pression depuis des années. En 2014, l'une d'elles a recensé 3,2 millions de salariés « faisant preuve d'efforts excessifs, voire obsessionnels dans leur travail », et les a identifiés comme courant le risque d'un *burn-out*. « Vue de l'étranger, la situation de la France peut être perçue de façon simplifiée », confirme Jean-Claude Delgenes, dont la société, Technologia, a mené l'étude. « Les heures supplémentaires sont nombreuses. La plupart des salariés ne travaillent pas véritablement trente-cinq heures par semaine. » Jean-Claude

Delgenes renvoie plutôt à une notion familière : la crainte profonde du chômage due à l'instabilité économique du pays (en 2014, le taux de chômage dépassait les 10 % en France[6]). Même dans un pays comme la France, généreux en matière de congés payés et de jours fériés, la peur psychologique de l'instabilité économique peut être un puissant moteur de surmenage. Ce constat est relativement frustrant car nombreux sont les gouvernements à ne pas se préoccuper des systèmes de croyances enracinés qui sont à l'œuvre, pour privilégier des conseils superficiels ne visant qu'à traiter les symptômes. Par exemple, en 2015, un rapport du gouvernement français encourageait les salariés à prendre en main la question de leur *burn-out* en en parlant à leurs responsables[7]. Mais il est peu probable qu'un salarié dont la stabilité financière est en jeu et qui, mû par la peur, cherche à tout prix à s'affirmer au sein de son entreprise, fasse part de ses difficultés à ses supérieurs. De plus, une enquête[8] menée par Cadremploi en 2019 a observé que 86 % des managers qui répondaient être sujets à un *burn-out* n'avaient pas le sentiment de recevoir le soutien adéquat.

Une récente étude de l'University College of London, menée auprès de plus de dix mille fonctionnaires londoniens, a par ailleurs révélé que les personnes travaillant au moins trois heures de plus qu'une journée classique de sept heures ont 60 % plus de risques de souffrir de problèmes cardiaques, comme des attaques – fatales ou non – et des angines de poitrine[9] . Aux États-Unis, Gallup évalue le coût du surmenage pour les entreprises entre quatre cent cinquante et cinq cent cinquante milliards de dollars par an en perte de productivité[10]. En 2000, un rapport publié par l'Organisation Mondiale de la Santé observait que « dans la plupart des pays, aucune réglementation spécifique ne traite des effets du stress au travail. La plupart disposent de normes minimales en matière de sécurité et de santé au travail. Celles-ci ont tendance à se concentrer sur les aspects physiques du lieu de travail sans inclure de façon explicite les aspects de santé psychologique et/ou mentale des conditions de travail[11]. »

Malgré les leçons durement apprises par nos aïeux à l'époque industrielle, nous choisissons d'ignorer les dangers du surmenage en célébrant une culture où le travail continue à s'immiscer dans des moments auparavant dédiés aux loisirs ou, pire, au sommeil. Pour de nombreuses personnes, qu'elles soient journalistes freelances ou salariés d'un géant de la tech, passer la soirée au bureau est devenu une réalité (revendiquée et/ou redoutée), un problème auquel les gouvernements commencent enfin à s'atteler.

- En 2012, le gouvernement français a inculpé l'ancien PDG de France Telecom, Didier Lombard, et six autres cadres dirigeants pour répondre aux accusations selon lesquelles la direction avait créé une culture d'entreprise toxique qui valorisait le surmenage, aboutissant au suicide de trente salariés entre 2008 et 2010[12]. Ces derniers avaient laissé derrière eux des lettres dénonçant les conditions de travail punitives à l'origine de leur acte. L'affaire a été jugée en 2019 : les dirigeants ont été reconnus coupables de complicité de harcèlement moral et l'entreprise elle-même a été reconnue coupable. L'ancien PDG a été condamné à un an de prison, dont huit mois avec sursis, et quinze mille euros d'amende. Le groupe, rebaptisé Orange en 2013, a écopé d'une amende de soixante-quinze mille euros, la peine maximale.
- Inquiète du poids du *burn-out* sur le système de santé canadien, la Canadian Medical Association a mené en 2017 une enquête révélant que quatre-vingt mille de ses

membres présentaient des symptômes d'épuisement professionnel. Une personne qui consulte un médecin au Canada a donc une chance sur deux pour que le professionnel en charge de son traitement souffre lui aussi de symptômes susceptibles de compromettre ses fonctions cognitives.

- Une étude de la London School of Economics et du King's College de Londres a quant à elle évalué le coût annuel des *burn-outs* à soixante-dix-sept milliards de livres sterling pour les entreprises européennes[13].
- L'ex-ministre allemande du travail, Ursula von der Leyen, a estimé que les salariés surmenés tombants malades ou prenant leur retraite de façon anticipée, coûtent à l'économie allemande entre huit et dix milliards d'euros chaque année[14]. De façon à la fois paradoxale et prévisible, elle a précisé que ce problème n'était pas lié aux politiques des entreprises mais à leur difficulté à les faire appliquer.
- Aux États-Unis, les entreprises perdent trois cents millions de dollars par an à cause du stress et des *burn-outs* des salariés[15].

La liste est encore longue mais le constat sans appel : nous sommes face à un problème d'ampleur mondiale[16]. L'augmentation du nombre de *burn-outs* s'accompagne d'une multitude d'autres maux qui affectent notre capacité à bien travailler et vivre. Ainsi, aux États-Unis, les Employee Assistance Programs sont des programmes d'avantages sociaux venant en aide aux employés confrontés à des problèmes personnels et/ou liés au travail, susceptibles d'avoir une incidence sur leur santé, leur bien-être mental et émotionnel. Un rapport de 2015, basé sur cent mille salariés y ayant eu recours, a observé chez eux une augmentation du stress (jusqu'à 28 %), de l'anxiété (jusqu'à 74 %) et de la dépression (jusqu'à 58 %) par rapport aux niveaux de 2012. Cumulés, ces problèmes représentent près de 83 % des situations liées à la santé émotionnelle, contre 55,2 % en 2012[17]. À noter que les répondants asiatiques présentaient les taux de dépression parmi les plus élevés, les niveaux de stress les plus hauts apparaissaient en Amérique Centrale et du Sud, et les niveaux d'anxiété les plus préoccupants au Moyen-Orient et en Amérique du Nord. D'après l'OMS, entre 1993 et 2012, le nombre de personnes souffrant de dépression et d'anxiété est passé de quatre cent seize millions à six cent quinze millions, soit une augmentation de 50 %. Un document de recherche de 2009 intitulé *High Anxieties: The Social Consctruction of Anxiety Disorders* affimait même qu'au début du XXIe siècle les troubles de l'anxiété étaient les problèmes de santé mentale les plus fréquents à travers le monde. L'OMS prévoit ainsi que la dépression se placera en première position des maladies mondiales d'ici 2030[18].

Heureusement, des traitements existent. « Nous savons que la prise en charge de la dépression et des troubles de l'anxiété est pertinente pour notre santé et notre bien-être ; cette nouvelle étude [de 2012] vient confirmer qu'elle fait aussi sens d'un point de vue économique », explique le docteure Margaret Chan, ancienne directrice générale de l'Organisation Mondiale de la Santé. « Nous devons maintenant trouver les moyens de nous assurer que l'accès aux services de santé mentale devienne une réalité pour tous les hommes, femmes et enfants, où qu'ils vivent. » L'OMS estime que chaque dollar investi en traitements génère quatre dollars, sous forme d'une amélioration de la santé et d'une meilleure capacité de travail. Appliqué à grande échelle, si les différents pays investissaient les cent soixante-quatorze milliards de dollars jugés nécessaires pour déployer et rendre accessibles leurs programmes, le gain de 5 % de productivité qui en découlerait permettrait d'injecter trois cent quatre-vingt-dix-neuf milliards de dollars dans l'économie, auxquels s'ajouteraient trois cent dix milliards de dollars liés à la meilleure santé des travailleurs[19].

Certains pays prennent ces questions très au sérieux. Par exemple, pour faciliter l'accès à ces services, le Brésil a développé un réseau de centres de soins psychosociaux. L'Éthiopie a investi dans la formation et l'aménagement de centres de soins de santé mentale à travers tout le pays pour garantir les bons diagnostics et prises en charge des patients. L'Afrique du Sud a récemment réorganisé son système de santé pour faire des questions de santé mentale une composante essentielle. Cela reste cependant insuffisant : l'OMS estime que les gouvernements qui investissent sur des initiatives en lien avec la santé mentale ne représentent qu'environ 3 % de l'ensemble des budgets de santé[20].

RÉPONDRE À L'ÉPIDÉMIE DE *BURN-OUT*

Le passage d'une économie d'artisanat au management scientifique industriel demeure une source de stress pour les travailleurs. Alors que ces derniers deviennent des marchandises, le contexte des théories de Marx sur l'aliénation par le travail salarié se précise. Sans surprise, les études montrent que 70 % de la masse salariale américaine manque de motivation au travail.

Le monde du management n'est cependant pas en reste et fait également entendre son point de vue. Dans un article de 2014 de *Fast Company* intitulé « Comment les personnes qui réussissent vainquent le burn-out », des leaders de renom dispensent leurs conseils pour un retour au travail réussi après un *burn-out*. La plupart s'appuient sur la notion d'équilibre entre vies professionnelle et personnelle – se reposer et se ressourcer, prendre régulièrement du recul, comprendre que toute opportunité va de pair avec un coût d'opportunité. Ce concept est relayé par une école de pensée qui arrive à maturité dans le domaine du récent genre littéraire dédié au développement personnel/professionnel – comme en témoigne, par exemple, l'article de 2014 du magazine *The New Republic* intitulé « Comment 2014 est devenue l'année de la pleine conscience[21] ». Dans son livre *Mindful Work: How Meditation Is Changing Business from the Inside Out* (2016), le journaliste David Gelle décrit même les efforts des entreprises américaines pour institutionaliser la méditation[22]. Ses avantages ? Réduction du stress, augmentation de la compassion et des entreprises plus citoyennes ; ainsi que l'implication et la notion de raison d'être qui sont les ultimes moteurs de la productivité.

Mais le rêve de l'entrepreneur, qui consiste à être heureux en vivant à cent à l'heure, a la peau dure, comme le prouve un article publié dans *Fast Company* par le PDG de Wizeline, Bismarck Lepe. « Si vous êtes dedans – et que vous êtes pleinement impliqué dans la mission qui est la vôtre, que vous y croyez, alors vous êtes à l'abri du véritable *burn-out* », écrit-il. « Voilà la différence entre équilibrer vie professionnelle et vie personnelle et concilier les deux[23]. » C'est une autre manière d'appréhender la question, une façon de s'accommoder de la réalité du *burn-out* en faisant de la *raison d'être* l'ultime facteur de motivation. Cette approche figure en bonne place dans les ouvrages de développement personnel. Par exemple, dans *The Business Romantic* (2015), Tim Leberecht incite à « en vouloir plus. Donner plus de nous-mêmes. Retomber amoureux de notre travail et de notre vie[24]. » Autrement dit, à nous de trouver la raison d'être qui peut nous permettre de continuer et, comme toujours, d'en faire plus. Pour Stewart Friedman, professeur à la Wharton School of Business et auteur du best-seller *Leading the Life You Want* (2014), concilier vie professionnelle et vie personnelle ne consiste pas à les séparer en deux composantes égales mais à comprendre que, selon les périodes, certaines zones de notre vie nécessiteront plus d'attention et d'efforts que d'autres[25].

Le modèle vie personnelle/vie professionnelle nous offre une vision holistique : il nous aide à prendre de la hauteur et, si possible, à trouver un alignement entre notre travail, notre entourage et nous-mêmes. Mais dans une culture obsédée par le travail, nous courons le risque d'utiliser la conciliation entre vies professionnelle et personnelle pour rationaliser des comportements sans s'interroger sur les croyances sous-jacentes qui nous ont initialement poussés à les adopter. Les livres regorgent d'astuces à destination des managers, du type « mettez en place des programmes et des systèmes pour qu'un salarié qui se sent surchargé ou épuisé puisse se reposer sur l'idée que son entreprise l'apprécie pour ses heures supplémentaires et son travail acharné. » Mais ce genre de remarque résout-il vraiment la question du *burn-out* ?

Nous avons distingué deux réactions face à l'épuisement professionnel : prendre du recul et s'y enfoncer. Mais, dans les deux cas, il semblerait que prime une forme de déni, comme s'il suffisait de changer d'état d'esprit ou de se mettre à la méditation pour résoudre ce problème réel et quantifiable. Il y a toujours une forme de honte à admettre nos difficultés, à assumer nos postes et missions, alors que nos journées de travail sont déséquilibrées.

Nous renvoyons la balle à l'individu : qu'as-*tu* besoin de faire pour tenir le coup ? Nous lui demandons d'endosser la responsabilité de systèmes économiques, organisationnels et culturels sur lesquels il n'a aucune prise ; qui plus est, nous lui demandons de s'estimer heureux de cette situation.

Au final, toutes ces publications éludent la question, s'intéressent aux symptômes plutôt qu'à la cause profonde. Lorsque nous observons la culture de la connexion permanente que nous avons créée et qui se concentre sur l'intensité de la performance, il est évident que le *burn-out* est plus qu'un risque : il est inévitable.

CRÉATIFS PRODUCTIFS ET *BURN-OUT*

Le problème est encore plus délicat lorsque nous réfléchissons aux implications d'une épidémie de *burn-out* sur les industries créatives. Chercher à tout prix à faire entrer la créativité et sa nature imprévisible dans un modèle de productivité standardisé est l'une des principales difficultés de notre vie professionnelle moderne. N'oublions pas que la productivité, en tant qu'indicateur économique, vise à standardiser les tâches afin de réduire les coûts et gagner en efficacité.

Le terme *efficacité* est particulièrement intéressant car il porte en lui la promesse implicite de tout manuel de productivité. Nous savons comment faire les choses, nous voulons simplement faire plus et plus vite. Nous avons intégré l'obsession de la productivité pour la quantité dans les structures qui nous servent à évaluer notre qualité de vie. Voici donc le véritable problème : nous ne cherchons pas à mieux travailler mais à travailler plus car nous croyons (du fait des rituels de la dévotion au travail et de nos récits sur l'éthique du travail) que réussir implique de nous dépasser les uns les autres. Notre empressement à adopter le dernier système qui nous permettra de faire plus avec moins naît de notre désir de bénéficier d'un avantage concurrentiel.

Cela ne serait pas problématique si nous réalisions des tâches standardisées ; mais les industries créatives reposent sur des éléments hautement imprévisibles : avoir des idées, imaginer des solutions, des campagnes, etc. – des tâches à l'opposé de celles effectuées à l'époque où les mesures de productivité faisaient encore sens. Ceci a son importance car, en tant qu'espèce, nous avons développé un ensemble de compétences très spécifiques qui nous permet d'affronter l'incertitude et le stress – autant de réponses issues de l'évolution qui nous aident à assurer notre survie. Ces réponses au stress devaient nous servir en cas d'évènements soudains (échapper à un prédateur, mener à bien une chasse, résoudre un problème en créant un outil) – et non dans le cadre d'emplois envahissants. Notre quête d'efficacité nuit à notre santé et à notre créativité.

Au fil des progrès technologiques, nous avons utilisé l'automatisation pour réduire le nombre de nos tâches prévisibles, certaines ou répétitives, au profit du développement de notre créativité et de nos compétences interpersonnelles. De bien des façons, cela rejoint les discours sur un utopique futur du travail où nous serions libérés des tâches subalternes ou inutiles. Mais la réalité du *burn-out* nous enseigne que l'incertitude est un facteur de stress essentiel. Si l'excès de travail ne nécessitant pas d'effort intellectuel génère du stress, alors il en ira de même avec un excès de travail intellectuel. Tel est le dénominateur commun : la surcharge de travail.

Nous sommes tellement concentrés sur la notion d'efficacité que nous négligeons un élément clé : les hommes (comme le marché) s'adaptent. Dès qu'un nouvel outil dédié à l'efficacité est adopté (qu'il s'agisse de la machine à écrire, de l'ordinateur, du téléphone portable ou des voitures autonomes) nos attentes en matière de productivité minimum augmentent.

Prenons l'exemple des assistants virtuels à intelligence artificielle. Ce genre d'outil peut nous permettre de gagner deux ou trois heures par semaine en programmant nos réunions et en gérant notre calendrier, ce qui revient à gagner dix à quinze heures par mois. Mais à partir du moment où nous avons tous recours à un assistant virtuel, le niveau du marché est redéfini et chacun s'y adapte – ce qui réduit notre gain de temps par rapport aux autres (en termes économiques, les *gains* ne sont caractérisés comme tels que lorsqu'ils permettent de franchir un échelon dans la société). Ainsi, plutôt que de travailler moins, nous travaillons autant mais notre travail est plus stressant, empreint d'incertitude et d'imprévisibilité.

BURN-OUT ET FUTUR DU TRAVAIL

Le rapport State of American Workplace publié par la société Gallup en 2017 indique que seuls 33 % de la main-d'œuvre américaine est pleinement impliquée dans son travail : une écrasante majorité ne l'est donc pas[26]. Les bénéfices par action des sociétés dont les salariés sont impliqués (c'est-à-dire « ceux qui sont engagés, enthousiastes et dévoués à leur travail et à leur bureau ») sont pourtant 47 % plus élevés – ces salariés n'étant en général motivés ni par l'argent ni par les horaires ; nous comprenons donc pourquoi les sciences de gestion cherchent constamment comment les impliquer. Ainsi, chaque année, Gallup met en avant les organisations qui impliquent leurs salariés en leur décernant le « Gallup Great Workplace Award ». Ce sont celles qui « ont compris que l'implication des salariés est une force qui produit des résultats tangibles pour la société », autrement dit, des résultats supérieurs à moindre coût.

Nous entendons souvent dire que *tout travail tend à s'étaler pour occuper le temps disponible pour son achèvement*. Il s'agit de la loi de Parkinson, du nom de Cyril Northcote Parkinson qui l'a énoncée après avoir étudié la fonction publique britannique et publié en 1955 un article au ton ironique dans *The Economist*. La loi de Parkinson et les aspects scientifiques du travail fictif ont été étudiés sous toutes leurs coutures tant par les scientifiques que par les adeptes des astuces du quotidien. Plus la quantité de travail augmente, plus le stress augmente. Procédons à quelques calculs de productivité.

Si la loi de Parkinson affirme que le travail se dilate pour occuper tout le temps qui lui est imparti, et que les études prouvent la faible valeur ajoutée de la surcharge de travail, nous devrions, de toute évidence, nous reposer la question du nombre d'heures de travail nous permettant d'être efficaces et en bonne santé. Tant que nous n'aurons pas fait le lien entre ces deux réalités, nous sommes condamnés à tourner en rond sans jamais trouver de meilleure solution. Il ne s'agit pas de dénigrer les initiatives prises autour de la question de l'implication des salariés car elles peuvent effectivement permettre d'améliorer leurs conditions de travail. La question est plutôt de comprendre pourquoi nous sommes poussés à produire sans relâche.

Les entreprises et les organisations peuvent être des environnements propices au *burn-out*. Malgré l'abondance de livres et d'articles sur les manières de le surmonter, il n'en reste pas moins que la responsabilité de son diagnostic et la recherche d'un traitement sont du seul ressort de l'individu. Nous sommes censés avouer que nous sommes incapables de faire ce pour quoi nous avons été conditionnés – un acte qui, étant donné le contexte initial qui nous a probablement menés au *burn-out*, peut prendre des proportions monstrueuses.

Si l'absentéisme est depuis longtemps un problème (au Royaume-Uni, le stress est l'un des principaux motifs des congés maladie longue durée), c'est désormais également le cas du présentéisme. Une récente étude menée par le Chartered Institute of Personal Development (CIPD) observe que la précarité de l'emploi est l'une des raisons qui explique la diminution du nombre de congés maladie au Royaume-Uni et l'augmentation du nombre de personnes qui se rendent au travail même malades[27]. En France, une enquête de 2010 a indiqué que les salariés étaient venus travailler alors qu'ils étaient malades en moyenne quatre jours par an, plutôt que de prendre un congé maladie rémunéré[28]. Le sociologue Denis Monneuse, spécialiste du présentéisme, identifie une motivation commune : les salariés se rendent sur leur lieu de travail car ils se sentent obligés d'être au bureau. En 2013, il a ainsi estimé que 55 % des salariés français faisaient du présentéisme, avec une moyenne de dix jours travaillés tout en étant souffrants. Le contexte de turbulence économique croissante serait, d'après lui, l'un des principaux facteurs d'explication de ce phénomène[29].

Au Japon, où les travailleurs dorment moins que dans la plupart des autres pays, les salariés ne sont pas incités à dormir plus mais à faire des siestes en cours de journée pour améliorer leurs performances (une solution absurde pour éviter le pire)[30]. Ceci rappelle le syndrome de Stockholm – nos geôliers nous font du mal mais nous leur en sommes reconnaissants. Nous avons bien conscience que l'on nous surcharge de travail mais nous apprécions tellement cette opportunité que nous nous convainquons de son intérêt – elle reflète notre standing moral et notre force de caractère, elle prouve que notre réussite n'est due qu'à nous-même, quel que soit le prix à payer. Nous nous sommes habitués à cet environnement de travail impitoyable et, plutôt que de nous attaquer à la racine du problème, nous avons instauré une discipline qui se concentre sur la gestion des symptômes.

Aux États-Unis, le phénomène de résurgence de l'optimisme au travail en est une manifestation flagrante. En 2016, dans l'étude Gallup mentionnée précédemment, 42 % des répondants déclaraient que la période était propice à trouver un emploi de qualité, contre seulement 19 % en 2012. À mon sens, ceci illustre parfaitement le fait que le *burn-out* est devenu la norme. Cette réalité est devenue si familière qu'elle ne nous dérange même plus, malgré ses conséquences dévastatrices.

Voici le danger des forces qui façonnent notre culture : nous faire croire qu'une chose est normale lorsqu'elle ne l'est pas.

Petit résumé, grandes idées

- Le *burn-out* a de réelles conséquences physiques et psychologiques qui peuvent sérieusement affecter la santé et le bien-être mental.
- Le coût du *burn-out* sur l'économie mondiale, en tant que conséquence du surmenage, se chiffre en centaine de millions de dollars du fait des maladies, de l'absentéisme et des erreurs commises au travail.
- Nous avons droit au repos. Nous avons droit aux pauses. Notre obsession pour la mesure de notre productivité nous fait culpabiliser dès que nous ne travaillons pas.

12
LES FORCES DÉMASQUÉES

"IN DOERS WE TRUST"

Fiverr, plateforme en ligne pour freelances, n'a pas hésité à diviser le monde en deux catégories à l'occasion d'une campagne publicitaire : ceux qui rêvent et ceux qui agissent. *Dreamers kindly step aside* (Que les rêveurs laissent gentiment leur place) pouvait-on lire sur une affiche. Tandis qu'une autre insistait : *You could have finished this project by now* (Ce projet pourrait déjà être terminé). Le slogan de la campagne ne laissait aucun doute sur la nature des gagnants : *In Doers We Trust* (Nous croyons en ceux qui agissent). Fiverr est même allé plus loin en précisant ce qui caractérise un *doer*, une personne qui agit ; une affiche mettant en scène une femme éreintée titrait : « Votre déjeuner se résume à un café. Vous allez au bout du bout. L'insomnie est votre drogue préférée. Il se pourrait que vous soyez un *doer*. »

Nous nous félicitons lorsque nous sautons un repas et la privation de repos est l'un de nos excitants favoris car nous sommes dans l'action ! À une époque, en regardant cette affiche, j'aurais sans doute acquiescé en signe de solidarité.

Maintenant, j'y vois tout autre chose.

Ces stéréotypes ne vous auront sans doute pas échappé : glorifier la dévotion au travail est un moyen de nous rassurer sur notre propre valeur. L'honnêteté de cette publicité est brutale. Le mannequin ne ressemble en rien aux traditionnelles images de la réussite, lisses et retouchées (des photos de bureaux minimalistes sur lesquels trônent des produits Apple et un parfait cappuccino aux couleurs saturées – cette esthétique nous est familière) ; à la place, une femme qui semble épuisée. Et malheureuse. Sa photo rappelle étrangement celle d'un repris de justice, ce qui fait tristement sens si l'on songe à quel point nous sommes désormais prisonniers de ce genre de raisonnement. Ce n'est pas tant l'image qui est déprimante que le fait que des sociétés et des agences publicitaires trouvent un certain intérêt à ce genre de cri de ralliement – mais que nous continuions à mettre en avant ces fausses valeurs, en faisant croire que la privation de nourriture et de sommeil puisse être un *but aspirationnel*.

Dans ce chapitre, nous considérerons les trois forces qui ont donné naissance au système de croyances sur lequel reposent des publicités comme celle de Fiverr. Nous verrons comment identifier et éradiquer ces croyances fondamentales qui nous desservent et comment commencer à mettre en œuvre les changements dont notre culture du travail a désespérément besoin.

RÉVÉLER LES FORCES À L'ŒUVRE

J'ai commencé l'écriture de ce livre dans l'espoir de mieux comprendre notre relation au travail. L'une de mes découvertes les plus importantes a été de voir à quel point nos comportements, nos croyances et nos attitudes peuvent être influencés sans que nous en ayons conscience.

Nous culpabilisons de ne pas passer nos soirées au bureau sans jamais reconnaître le rôle joué par les puritains dans l'association entre souffrance, travail et moralité. Nous nous sentons découragés à la lecture d'un énième article au sujet d'un entrepreneur levé à l'aube et sans cesse dans l'action, sans jamais réfléchir à l'écosystème des médias qui a créé et diffusé une vision particulière de la réussite, en transformant le sacrifice et l'éthique de travail en un guide de bonnes pratiques garantissant que, nous aussi, nous pouvons y arriver. Nous testons une énième méthode de gestion de nos boîtes de réception saturées, sans jamais prendre le temps de nous demander pourquoi nos idées sur la productivité proviennent d'un ingénieur en mécanique du XXIe siècle qui avait imaginé un monde où les hommes prouvaient leur valeur en effectuant des tâches efficaces, standardisées et répétitives. Enfin, les réseaux sociaux renvoient des images de personnes qui semblent toujours aimer ce qu'elles font, nous abandonnons alors toutes nos tentatives de *digital detox* en cours de route sans comprendre que les applications ont pris en otage nos processus cognitifs – les bips des notifications faisant office de stimulus pour libérer des hormones du plaisir dans notre cerveau pendant que les réseaux sociaux manipulent sans peine nos instincts ancestraux de survie liés à notre statut et notre cohésion sociale.

Ce n'est qu'après avoir rédigé une première version de ce livre que j'ai pu prendre suffisamment de recul pour voir comment trois forces se sont combinées pour former notre culture du travail. Je nomme ces forces : systèmes, récits et identités. Je m'étais intéressée à chacune d'elles séparément mais je n'avais encore jamais distingué leurs interconnexions. En les mettant à jour et en les nommant, j'ai ressenti une forme de libération. Partout, j'ai commencé à repérer des manifestations de la dévotion au travail, à les interpréter de façon claire et manifeste. La folie pure qui consiste à vouloir faire entrer notre créativité dans un système conçu pour l'étouffer m'est apparue comme une évidence. À l'heure où l'intelligence artificielle et l'automatisation s'apprêtent à jouer un rôle de plus en plus important, il est essentiel de prendre conscience des aspects du travail qui sont centrés sur l'humain. Avant que les robots ne s'emparent de nos emplois (thème que nous traiterons au prochain chapitre), il nous faut résoudre certaines questions fondamentales, en notre âme et conscience. La première étape (couverte dans les précédents chapitres) consiste à comprendre d'où viennent ces forces et pourquoi elles ont pris cette forme dans notre quotidien.

Pour résumer, voici comment notre culture du travail actuelle nous nuit.

- **La surcharge de travail nuit à la santé mentale et physique.** Au-delà de la fatigue chronique et du manque de sommeil, travailler trop va de pair avec de l'anxiété, une augmentation du risque de consommation de drogues et divers problèmes de santé, dont des maladies cardiaques.
- **La surcharge de travail ne rend pas plus inventifs.** Se priver de moments de répit a pour seul effet de diminuer sa capacité à trouver les solutions créatives dont nous avons besoin. Être un meilleur créatif productif nécessite de travailler moins, pas plus.

- **La surcharge de travail engendre une baisse de la performance.** Certaines personnes ne sont jamais à court d'idées et ce, malgré la faim ou le manque de sommeil. Pourtant, repousser ses limites affecte sa capacité de travail. Notre performance s'en ressent.

CROYANCES

Ces constats sonnent comme des évidences. Ne cherchons-nous pas tous (quelles que soient nos ambitions) à être en bonne santé, créatifs et capables d'exploiter aux mieux nos capacités ? Pourquoi alors est-il si difficile de faire évoluer ces comportements ?

Fondamentalement, il ne s'agit ni d'un problème de connaissances ni d'un problème idéologique Cela touche à notre subjectivité, par-delà l'exposition de faits ou de vérités objectives. En fusionnant, les trois forces (systèmes, récits, identités) on créé un mélange détonnant extrêmement puissant : un système de croyances. Si nous agissons souvent en dépit de notre intérêt personnel ou professionnel, c'est parce que, malgré les preuves contraires, nous pensons bien faire. Nous croyons au rêve américain, au mythe du *self-made man*. Nous croyons en cette vérité fondamentale qui stipule qu'il existe une corrélation entre efforts, richesse et réussite. Ceci s'inscrit dans des systèmes émotionnels et psychologiques qui dépassent l'intellect et sont impossibles à désamorcer en faisant appel à la raison et aux résultats de travaux de recherche. Voici pourquoi des personnes sensées font fi des conseils raisonnables qui leur permettraient d'améliorer leurs conditions de vie, au profit de systèmes qui ne font que restreindre leurs possibilités d'accéder au genre de travail qu'elles désirent vraiment faire. Peut-être êtes-vous d'accord, d'un point de vue logique et rationnel, quant à certaines incompatibilités entre systèmes de productivité et créativité ; vous reconnaissez qu'un système de valeurs qui normalise la surcharge de travail est problématique. Et pourtant, si vous ne vous attaquez pas à votre système de croyances, il vous sera difficile de faire évoluer vos propres comportements.

C'est ce que j'ai vécu. Même après toutes ces découvertes, j'ai de nouveau cédé à mes anciennes habitudes : travailler trop ou trop longtemps tout en sachant qu'une pause m'aurait été plus bénéfique, faire l'étalage de ma dévotion au travail et exposer ma surcharge ou mon manque de sommeil comme des prouesses dignes d'une athlète au service de sa société, ou encore culpabiliser si je m'accordais mon après-midi. Et un jour, j'ai reçu un SMS de ma sœur qui me demandait : « Pourquoi culpabilises-tu d'avoir besoin de ton après-midi alors que c'est exactement ce que tu défends ? » Je lui ai répondu que je ne savais pas, mais que je me sentais coupable. Malgré trois années de recherches, il m'était difficile d'ignorer ce sentiment latent de culpabilité, né de l'influence d'une culture du travail qui associe rendement continu et productivité accrue. Puis j'ai compris. Notre système de croyances a donné naissance à un modèle économique complexe : toute évolution de ce modèle doit donc se refléter dans la philosophie qui le façonne.

LA FABRIQUE DES CROYANCES

Littéralement, une croyance n'est rien de plus qu'un point de vue conditionné qui se crée à partir d'expériences, qu'elles soient agréables ou douloureuses.

Avec le temps, cette multiplicité de points de vue construit un cadre complexe et global qui influence ce que nous pensons de nous-mêmes, qui façonne nos attentes envers les personnes qui nous entourent et le monde dans lequel nous vivons. Les croyances viennent ajouter une dimension ordonnée à un univers par ailleurs chaotique et imprévisible ; elles permettent de traduire toutes nos expériences en un contexte compréhensible. Elles nous font nous sentir à la fois en sécurité et en maîtrise, ce que les humains ont toujours ardemment désiré. Cependant, en valorisant à ce point ce sentiment de certitude, nous adoptons deux comportements dangereux : tout d'abord, nous nous accrochons à nos systèmes de croyances même lorsqu'ils nous desservent ; ensuite, nous sommes intimement convaincus que nous transformons notre perception du monde en une réalité, y compris à tort.

Le docteur Michael Shermer, auteur de *The Believing Brain* (2012), résume bien le lien entre rationalité et croyances. « Nous construisons nos croyances pour diverses raisons subjectives, personnelles, émotionnelles et psychologiques dans le contexte d'environnements créés par notre famille, nos amis, nos collègues, notre culture et la société dans son ensemble », écrit-il. « Après avoir construit nos croyances, nous les défendons, les justifions et les rationalisons avec une foule de raisons intellectuelles, d'arguments convaincants et d'explications rationnelles. Nous commençons par les croyances puis nous les expliquons[1]. » Il continue en décrivant notre cerveau comme « une machine à croyances » et explique que nous avons recours à un processus en deux étapes pour créer du sens. D'abord, la *patternicity* (de l'anglais *pattern*, tendance) est notre penchant naturel à repérer des tendances autour de nous. Puis, l'*agenticity* (de l'anglais *agency*, pouvoir) est notre penchant à leur donner du sens, des intentions et un pouvoir. Ces tendances qui font sens finissent par construire les briques constituant nos croyances. Après les avoir créées, nous recherchons donc des preuves venant confirmer leur véracité, dans une boucle vertueuse sans fin[2].

Lionel Tiger, biologiste évolutionniste, anthropologue à l'université de Rutgers aux États-Unis et auteur de *God's Brain* (2010), vient confirmer le modèle de Shermer en s'appuyant sur la neurobiologie. Lorsque nos croyances sont confirmées, notre cerveau sécrète un neurotransmetteur spécifique, la sérotonine, qui inonde notre système nerveux central tout en procurant un sentiment de bien-être et de bonheur[3]. Ceci suscite en nous un besoin primitif relativement fort consistant à rechercher des expériences religieuses qui nous font nous sentir bien tout en augmentant notre sentiment de sécurité et de confort. D'après Tiger, cette réaction neurochimique est un besoin biologique important pour les humains et explique notre tendance, en tant qu'espèce, à rechercher des expériences spirituelles et à nous impliquer dans diverses religions (à ce jour, il y en aurait plus de quatre mille deux cents à travers le monde[4]).

Comment cela se traduit-il dans le contexte actuel de notre culture du travail ? Nous avons créé un système qui s'auto-alimente, dans lequel nous considérons la surcharge de travail, la dévotion et le fait d'être *overbookés* comme une confirmation du statut de « vrais travailleurs », respectables et vertueux. Inconsciemment, chaque fois que nous nous surmenons, une part de notre subconscient renforce nos croyances quant à la nature et les origines de la réussite. Les croyances se surimposent à la logique ou, plus précisément, elles la déforment de façon rationnelle pour expliquer ce comportement d'une façon plus positive – et ce, même si nous savons ou si l'on nous démontre, preuves à l'appui, le contraire.

Croyances fondamentales et identités

Notre sensibilité aux croyances liées au travail tient au passage d'une culture du travail centrée sur le collectif à une culture centrée sur l'individu. L'obsession pour la productivité se focalise principalement sur nous-mêmes, nos comportements et nos capacités à nous conformer au rêve américain. Contrairement aux ouvriers employés sur des chaînes de montage dont la réussite (la création d'un produit final, comme une voiture) dépend directement de leur coopération avec tous leurs collègues de l'usine, les créatifs sont souvent directement responsables de leur propre performance, qu'il s'agisse de leur idée, de leur rapport, de leur présentation ou de leur projet ; même dans les sociétés qui valorisent les efforts collectifs, la plupart des évaluations de performances demeurent individuelles.

En plus des systèmes de croyances que nous avons intégrés en tant que société sur le plan culturel, nous devons aussi composer avec les croyances que nous avons construites et qui constituent une part essentielle de notre identité. Si nous associons la notion de succès à des archétypes culturels tels que Steve Jobs, Elon Musk ou Mark Zuckerberg, il est naturel que, de façon inconsciente, nous cherchions à imiter leurs comportements et que nous les considérions comme les marques de fabrique incontournables de tout entrepreneur qui réussit. Ce type de comportements fusionne avec nos « croyances fondamentales », celles directement liées à notre perception de nous-mêmes. Si notre définition du succès passe par une démonstration permanente de notre éthique de travail, et par une obsession constante pour ce dernier, approuvée par la société, alors nous allons, sans nous en apercevoir, recopier ces comportements en vérifiant que nos propres actions sont bien alignées avec cette vision communément admise du succès.

Pourtant, notre travail va bien au-delà de ce que nous faisons – il est devenu le reflet complexe de notre identité, y compris de nos croyances sur l'amour, la sécurité, l'estime de soi et l'épanouissement. Prenons l'exemple de l'amour. Pour les puritains, les signes extérieurs de réussite étaient le reflet direct de la bonté d'une personne, une preuve que Dieu l'avait choisie pour la sauver et vivre éternellement heureuse au paradis. Brené Brown, conférencière et chercheuse en sciences humaines à l'université de Houston, a beaucoup réfléchi à l'idée d'utiliser le fait d'être *overbookés* pour mettre en sourdine notre malheur et la honte profonde liée à la croyance inconsciente, et fermement enracinée, que nous ne sommes pas dignes d'être aimés. Le travail devient alors une forme de salut, une manière de se prouver sa valeur – cette conception se traduit souvent dans notre façon de traiter les personnes qui réussissent par rapport à celles qui sont au chômage ou moins aisées. Quant à la notion de sécurité, nous l'avons vu, de plus en plus de salariés sont prêts à accepter une dégradation de leurs conditions de travail en échange de la sécurité de l'emploi.

Malgré la menace du *burn-out,* une part de nous-mêmes continue à trouver suffisamment d'avantages à la surcharge de travail pour en négliger les conséquences physiques. Mais si nous pensons que notre travail détermine notre valeur, alors nous risquons de toujours lui donner la priorité.

Reste la question plus complexe de l'épanouissement. L'idée selon laquelle notre travail devrait aller de pair avec une vocation spirituelle supérieure est la dernière évolution du rêve américain ; elle se glisse dans des slogans racoleurs destinés à nous motiver, tels que *Suivez votre passion* et *Trouvez votre vocation.* Nous associons réussite et épanouissement, nous nous contraignons à vouloir toujours plus, nous espérons toucher du doigt la lune – sachant pertinemment qu'elle restera inaccessible.

L'appel du devoir

Notre estime de nous-même et de notre identité se sont entremêlées avec nos emplois. En négligeant la question de ces croyances, nous risquons de faire fausse route. Les conseils de carrière sagement dispensés par Alain de Botton dans *The School of Life: An Emotional Education* (2019) en sont une bonne illustration. Il évoque le sens du devoir qui nous est inculqué dès l'enfance, venant remplacer le penchant naturel à l'hédonisme et à la recherche du plaisir qui nous caractérisent avant notre entrée à l'école.

Ce sens du devoir gravé en nous prend la forme de responsabilités, de récompenses soumises à conditions et de sacrifices ; il s'insinue profondément en nous car il est intimement lié à notre désir de nous sentir en sécurité dans le « monde des adultes ». En grandissant, ce sens du devoir gouverne subtilement ce que nous jugeons digne d'occuper l'essentiel de notre temps. Mais le sens du devoir ne suffit plus pour réussir. À la place, comme nous l'explique *The School of Life,* pour réussir dans notre économie moderne et véritablement nous différencier de ceux qui ne travaillent que par devoir, nous devons dédier « une implication et une imagination phénoménales à [notre travail][5]. »

Prenons un instant pour y réfléchir. Certes, il est tout à fait censé de s'encourager à faire du travail une source de plaisir et d'épanouissement, mais traitons-nous vraiment le problème à la source ? Trouver les moyens de s'épanouir au travail est un premier niveau de lecture, mais pourquoi notre économie contemporaine exige-t-elle « les plus hauts niveaux possible d'énergie et de matière grise pour sortir du lot ? » Qu'est-ce qui, à l'origine, nous pousse à croire que pour faire du « bon travail » et véritablement réussir nous devons faire preuve de dévotion extrême, alors qu'une bonne partie de nos vies de travail contemporaines ont été façonnées par une économie industrielle à l'opposé de notre situation actuelle ?

Pour identifier nos désirs profonds, *The School of Life* conseille de s'imaginer à la fin de sa vie. Cet exercice peut, en effet, s'avérer utile pour interroger le sens du devoir qui nous a été inculqué depuis notre plus jeune âge et prendre du recul ; mais si nous utilisons le cadre de pensée adéquat pour comprendre ce qui alimente nos croyances les plus profondes, se pourrait-il que le travail disparaisse du radar ? Pouvons-nous reformater nos croyances ?

En un mot, oui, c'est possible. Le plus difficile reste cependant de commencer par les identifier. Dans son célèbre discours de remise de diplôme prononcé au Kenyon College en 2005, David Foster Wallace racontait ainsi l'histoire de deux jeunes poissons en croisant un plus âgé. « Bonjour les garçons », dit ce dernier, « comment trouvez-vous l'eau ? ». Les deux poissons poursuivent leur chemin jusqu'à ce que l'un d'eux, perplexe, demande à l'autre : « Mais qu'est-ce donc que l'eau ? ».

Et il en va de même pour nos croyances : elles gravitent autour de notre réalité et, si nous n'y prenons pas garde, nous pourrions ne jamais y prêter attention.

L'INSTANT PRÉSENT

Notre périple à travers la génétique, les comportements, la culture et l'histoire nous a menés jusqu'ici. J'espère que, désormais, vous comprenez mieux pourquoi notre culture du travail contemporaine est telle qu'elle est, et quels sont les défis qui nous attendent. Car la suite recèle de bonnes et de mauvaises nouvelles.

La mauvaise ? Il n'existe pas de solution unique et évidente pour tout arranger. Ni programme en dix étapes, ni méthode pratique dotée d'un acronyme clinquant. Une heure quotidienne de méditation ou d'entraînement à la gratitude ne suffit pas à faire disparaître notre réalité ; ce n'est pas aussi simple que de mettre en œuvre de nouvelles règles de travail ou de débuter un nouveau programme destiné à nous simplifier la vie. Il s'agit d'une démarche compliquée, complexe et parfois désagréable.

La bonne nouvelle ? Si vous ne craignez pas les situations inconfortables et compliquées, alors vous pourrez aller loin. Je peux vous suggérer quelques étapes à suivre pour démarrer mais vous serez seul maître de la durée du voyage. Je peux vous aider à démarrer mais c'est vous seul qui déciderez jusqu'où vous irez.

FORCES ET CROYANCES FONDAMENTALES

Guide de discussion

Après avoir compris l'origine des forces qui façonnent nos croyances professionnelles et la raison de leur présence dans nos vies, la deuxième étape consiste à observer, en toute honnêteté, leurs manifestations.

Posez-vous les questions ci-dessous et soyez attentif à vos réponses. Vous serez peut-être tenté de faire comme si tout allait bien mais faites-vous confiance et ne craignez pas d'aller en profondeur.

- Comment mes amis et moi parlons-nous de notre travail ?
- Qu'est-ce que j'éprouve lorsque je travaille ?
- Quel rôle joue la peur de la concurrence dans ma façon de travailler ? (Remarque : la technologie sert souvent d'excuse à une peur sous-jacente qui conduit à croire que toute pause fera perdre pied).
- Quel sens – s'il y en a un – est-ce que je trouve véritablement à mon travail ? (Remarque : il n'existe pas de bonne ou de mauvaise réponse).
- Si je repense à la période à laquelle j'ai fait mon choix de carrière, qu'est-ce qui a motivé ce choix ? Qu'est-ce que je m'imaginais faire, vouloir et réussir ? Quelles différences avec aujourd'hui ?
- Comment est-ce que je me présente professionnellement ? Dans quel but ?
- Quelle est ma définition de la réussite ?
- Comment est-ce que je communique ou rends visible mon éthique de travail ? D'où me vient-elle ?
- Dans mon travail, quels sont les comportements qui sont récompensés ou bien vus ?

Ce processus peut, bien entendu, s'avérer désagréable. En prêtant vraiment attention à certains de ces signaux, nous devons faire face à notre ego et notre orgueil, à notre besoin de statut et de reconnaissance par nos pairs, ainsi qu'à la pression qui pèse sur nous pour nous conformer aux définitions du succès imposées par la société et déformées par les réseaux sociaux qui prônent à l'excès la maîtrise et la mise en scène.

Que retenir ? Nous sommes tout à fait en droit de ressentir ce que nous ressentons et d'aspirer à une certaine reconnaissance, une forme de validation et d'aisance financière. Nous sommes les produits de notre histoire et de notre environnement : il est donc tout à fait naturel que nos désirs, nos ambitions et nos rêves reflètent cette histoire riche et complexe. Toute la difficulté consiste à comprendre qu'un autre choix s'offre à nous – nous pouvons nous lancer le défi de prendre du recul sur nos objectifs professionnels et comprendre si nous les poursuivons parce que nous les désirons véritablement ou simplement parce que nous pensons les désirer.

Si vous choisissez de ne rien changer, alors je vous souhaite le meilleur. Le tout est d'être acteur de ses choix plutôt que de se laisser diriger par des forces dont nous ignorons l'influence sur nos décisions. Mais si vous vous sentez prêts à remettre en cause des croyances et des attitudes liées au travail et largement partagées, à voir s'il existe d'autres voies possibles, alors je vous invite à poursuivre votre lecture.

Identifier ses croyances limitantes

Après avoir identifié la présence des forces puissantes que sont les systèmes, les récits et les identités, il est temps de vous pencher sur vos propres croyances fondamentales et sur leurs liens avec votre identité. Il n'existe ni bonne ni mauvaise réponse – nous disposons tous de croyances fondamentales qui risquent d'entrer en conflit avec le genre de vie que nous souhaitons mener. Ce sont nos croyances limitantes. Chacun vit avec.

Les méthodes qui visent principalement à modifier nos comportements échouent fréquemment à cause de l'écart entre ce que nous voulons pour nous-mêmes et ce que nous croyons intimement devoir vouloir. Cela n'a rien à voir avec le fait d'être suffisamment fort intérieurement pour méditer quotidiennement ou écrire régulièrement le matin, ni avec la volonté de se déconnecter des réseaux sociaux le week-end ; il s'agit d'étudier les croyances fondamentales que nous entretenons avec ces différentes tâches. Les méthodes qui soulignent l'importance d'automatiser les bons comportements grâce à la mise en place de routines sont pleines de bonnes intentions, mais si nos croyances fondamentales ne sont pas alignées avec ce que nous cherchons à accomplir, alors nous lutterons constamment. Si nos croyances fondamentales quant à notre propre valeur sont négatives, aucune promesse de travailler moins ou de prendre mieux soin de notre santé n'aura d'effet tant que nous n'aurons pas transformé la croyance *Je ne suis pas à la hauteur* en *Je suis à la hauteur et ma santé est précieuse.*

Les croyances fondamentales dictent nos actions à long terme. À force de volonté, vous parviendrez peut-être à vous contraindre à des changements à court terme ; mais, au final, sans un changement profond des croyances fondamentales qui vous définissent, vous finirez par revenir à ce que vous pensez être véritablement vrai. L'identification de ses croyances fondamentales passe ainsi par l'écoute de notre petite voix intérieure, celle qui nous parle tout au long de la journée. Les croyances se révèlent souvent par le biais de nos pensées récurrentes : il nous faut y prêter attention, surtout si elles semblent objectivement vraies.

Je vous livre ici quelques exemples de croyances limitantes qui ont émergé au cours de mes ateliers, travaux de recherches, conférences et échanges avec ma famille, mes amis et mes clients.

- Si je me repose, je vais être débordé.
- Pour gagner de l'argent, je dois sans cesse travailler.
- Seuls ceux qui n'arrêtent jamais réussissent.
- Mon travail est la partie la plus importante de moi-même.
- Je n'ai pas le sens des affaires.
- Je suis trop âgé pour me reconvertir.
- Le travail est synonyme de difficulté et de stress.
- Mes collègues ne m'apprécient pas.
- Je suis le seul à me préoccuper de ce projet.
- Je ne gagnerais jamais assez d'argent si je faisais ce que j'aime.
- La seule façon pour que mon travail soit reconnu est que je travaille énormément.
- L'avenir appartient à ceux qui se lèvent tôt.
- Je serai heureux lorsque je serai riche.

Vous comprendrez que quiconque est persuadé que le repos est synonyme de prise de retard puisse avoir des difficultés à adhérer aux conseils d'Arianna Huffington qui, dans son livre *S'épanouir : réussir sans défaillir* (2015), encourage à conserver un rythme de sommeil sain et régulier. Tel est mon propos : les modèles conçus pour s'attaquer à certaines des raisons pour lesquelles la culture du travail actuelle ne fonctionne pas ne tiennent compte ni des trois forces (systèmes, récits et identités), ni des croyances fondamentales qui en découlent. Une personne pourra lire cet ouvrage et considérer que le sommeil est effectivement important mais si ses croyances fondamentales sont à l'opposé de ce point de vue, alors elle ne suivra pas le programme en question pendant suffisamment longtemps pour que de véritables changements s'opèrent.

Une autre manière d'aborder la question est de se demander ce sur quoi vous pensez être honnête avec vous-même : l'argent, le succès, le bonheur, la réussite, le travail, la carrière ?

De nombreux ouvrages s'intéressent à la question des croyances limitantes (je vous recommande notamment *Le grand saut* de Gay Hendricks paru en 2019) car les démêler nécessite du temps et des efforts. En prendre conscience permet déjà de faciliter ce processus. Il s'agit d'être prêts à changer et à remettre en cause nos propres hypothèses.

Après avoir identifié vos croyances fondamentales, vous pouvez commencer à les modifier en créant des croyances alternatives et en les renforçant par de petites actions. *Je crois que le repos est une composante essentielle à l'amélioration de la performance.* La formuler et y associer des actions délibérées (comme éteindre votre téléphone le week-end) finira par créer un nouveau système de croyances qui aboutira à des changements plus profonds et plus durables dans votre vie.

LANCER LA CONVERSATION

Comprendre la cohérence explicative

Après avoir pris le temps de découvrir vos propres croyances, j'espère que vous aurez envie d'en parler avec vos amis, votre famille et vos collègues. Ne dit-on pas que les échanges sont propices au changement ? Lorsque j'ai partagé mes découvertes avec mes amis et ma communauté de créatifs, mon message a trouvé un écho qui m'a fait chaud au cœur et m'a encouragée. J'ai également été frappée par certaines réactions d'opposition : des attitudes défensives et agressives, des personnes qui m'accusaient de « ne pas être à la hauteur » pour réussir et de chercher à « rationaliser mes propres échecs en un modèle déformé du succès. » Écœurant.

J'avais apparemment touché une corde sensible en osant suggérer que notre obsession exacerbée pour la productivité relevait moins d'un désir extérieur de réussite que d'une multitude de croyances et de signaux internes qui trouvaient leur origine dans nos expériences culturelles, historiques et personnelles. Pour certaines personnes, toute remise en question des normes communément admises s'apparente à une attaque personnelle – une critique de leur mode de vie – ce qui déclenche une réponse épidermique. Le malaise est souvent l'expression de vérités cachées que nous préférons éviter. C'est pourtant en les affrontant que nous pouvons dépasser ces limites. Le savoir permet de s'y préparer – les bonnes questions déclenchent souvent des réactions inattendues. Cela vaut tout particulièrement pour les échanges avec ses collègues ou amis.

Au cours d'un atelier avec un client, j'ai pu observer cette réaction à l'œuvre dans une dynamique de groupe. Nous étions huit, assis en cercle, et échangions sur les signes visibles de la dévotion au travail inhérents à la culture de cette entreprise. La plupart des participants éprouvaient un certain soulagement à savoir qu'ils n'étaient pas les seuls à ressentir cette pression de devoir être constamment connectés et productifs. Ils appréciaient leur équipe et leur responsable mais commençaient simplement à se sentir quelque peu épuisés par ce rythme incessant. Soudain, une femme a levé la main et a lancé : « Je ne vois pas où est le problème à répondre à ses mails quelle que soit l'heure. J'adore mon travail et être constamment connectée ne me dérange pas. Je suis fière d'être sur le point de faire partie du senior management. » L'un de ses collègues est alors intervenu, dubitatif : « On dirait que tu fais preuve de dévotion au travail », a-t-il dit d'un air hésitant. « Non, pas du tout », a-t-elle répondu.

« C'est juste que c'est vraiment ce que je veux. » Cette scène rappelle la *mentalité du crabe*, expression qui fait référence au comportement des crabes dans un seau. Plutôt que de s'échapper du seau (ce dont chacun est capable individuellement), ils s'unissent pour retenir tout crabe tentant de s'enfuir et s'assurent qu'aucun ne recouvre sa liberté. Ces comportements autodestructeurs existent également dans les réseaux sociaux. Si un membre interroge le *statu quo* ou les croyances collectives de son groupe, les autres vont chercher à le remettre dans le droit chemin.

Il peut arriver que certaines personnes ne soient pas prêtes à aborder ce genre de questions : l'essentiel est de donner la priorité à votre bien-être personnel. Vous n'avez personne à convaincre de quoi que ce soit, vous devez juste essayer d'être le plus à l'écoute de vous-même. Malheureusement, les effets à long terme sur certaines de vos relations peuvent s'en faire ressentir, la prudence est donc de mise. Si certaines personnes ne sont pas à l'aise avec vos choix, cela n'a rien à voir avec vous. Il est en effet presque impossible de faire changer quelqu'un d'avis à partir de données factuelles et de résultats de recherches, surtout lorsqu'il s'agit d'aller à l'encontre de croyances fondamentales très ancrées. La plupart des gens balaieront les études si elles ne sont pas en accord avec leurs idéologies personnelles. Ce phénomène, identifié par le spécialiste des sciences cognitives Paul Thagard, auteur de *Coherence in Thought and Action*, se nomme la *cohérence explicative*[6].

Imaginons que l'on vous ait dit que la surcharge de travail est un frein à la performance. Vous observez pourtant que les médias font la part belle aux entrepreneurs qui travaillent jour et nuit. Les soirées au bureau que passe votre collègue lui valent une promotion et vous vous souvenez du sentiment positif qui vous animait lorsque vous faisiez tout pour clôturer un projet dans les temps. Vous avez construit la croyance selon laquelle travailler sans relâche est une composante essentielle de la réussite, et aucun livre ni aucune étude ne vous fera changer d'avis. Il faudra bien plus que des statistiques ! Privilégiez alors les discussions ouvertes et dénuées de préjugés et attendez-vous à devoir recommencer à de multiples reprises. Une discussion autour d'un café ne suffira pas à ébranler des croyances profondément enracinées. Au cours de ces conversations, savoir comment et pourquoi nous en sommes arrivés là vous sera également utile.

Croyances organisationnelles *vs* culture organisationnelle

Les échanges sont particulièrement importants au sein des entreprises. La plupart des discussions qui couvrent les aspects « non techniques » d'une société relèvent de la culture d'entreprise. Il est beaucoup question de valeurs et de *mission statements*, mais bien moins des véritables systèmes de croyances sous-jacents qui sont les moteurs mêmes des organisations. Celles-ci ont tendance à considérer que leur environnement culturel se développe dans une bulle et demeure, en quelque sorte, préservé du contexte social et historique avec lequel nous devons tous composer. C'est un oubli de taille. Les écarts entre une culture et ses croyances peuvent être conséquents.

Je l'ai d'ailleurs observé au cours d'un atelier organisé dans une multinationale. Mon client, Mark, vice-président, manageait une équipe de quinze personnes. Il m'avait invitée à venir parler de mon travail de recherche pour ce livre. Sa société se targuait de faire de l'équilibre entre vies professionnelle et personnelle l'une de ses valeurs culturelles fondamentales – cela apparaissait dans leur *mission statement*. Mais au moment de parler de la culture de la société, j'ai senti une certaine tension dans la salle. J'ai demandé à Mark de bien vouloir sortir un instant et ai proposé à l'équipe de s'exprimer librement et sous couvert d'anonymat.

La réalité du travail au quotidien était loin de l'image véhiculée à l'extérieur par la société. Mark envoyait des mails à toute heure du jour et de la nuit, y compris le week-end. Sans que ça ne soit explicitement dit, cela appelait des réponses rapides. J'ai alors fait revenir Mark et lui ai demandé pourquoi il envoyait des mails le soir et le week-end. Il était abasourdi. Il a expliqué que c'étaient les seuls moments où il pouvait rattraper son retard sur sa boîte de réception, mais il a également précisé qu'il ne s'était jamais attendu à obtenir des réponses en dehors des heures de bureau. Face à la surprise de son équipe, je lui ai ensuite simplement demandé : « N'avez-vous jamais dit clairement que vous n'attendiez pas de réponses immédiates ? ». Il ne l'avait en effet jamais verbalisé ; son équipe avait donc pris son comportement pour un signal de ses attentes. Suite à cet échange, Mark a rédigé une note sans équivoque : aucun membre de l'équipe ne devait répondre aux mails pendant les congés, soirées et week-ends. En cas d'urgence, le protocole consisterait à téléphoner à la personne concernée pour échanger de vive voix. Tout mail qu'un salarié recevrait de la part de Mark en dehors des heures de travail pourrait être traité le jour travaillé suivant. Mark a aussi annoncé qu'il se comporterait différemment et déléguerait plus de tâches à son équipe de façon à ce que lui aussi puisse profiter de temps de répit.

Par la suite, Mark m'a sollicitée pour une session de coaching individuel. Il m'a expliqué qu'il lui était difficile de lever le pied car il avait été formé par un bourreau du travail. Mark avait fait sienne l'idée selon laquelle, pour réussir, un vice-président devait travailler sans relâche afin d'atteindre un certain niveau d'excellence. Cette prise de conscience lui a fait l'effet d'une révélation. Jusqu'alors, chaque fois qu'il avait tenté de bloquer la réception de ses mails sur son téléphone le soir, il avait éprouvé un sentiment de mal-être et de culpabilité. Notre conversation lui a permis de reconnaître une manifestation de son ego : recevoir en permanence des messages de ses collègues renforçait sa croyance selon laquelle il était essentiel à sa société. Sa disponibilité permanente était un signe de dévotion au travail, une manière de montrer à son supérieur qu'il était indispensable. Mark a décidé de se créer de nouvelles attentes et croyances pour la suite. En se confrontant à lui-même, il a commencé à volontairement déléguer et à s'assurer que les moments de répit, autant les siens que ceux de son équipe, deviennent sacrés.

Quelques mois plus tard, j'ai pris des nouvelles de Mark et de son équipe : tous avaient ressenti un changement important en matière de performance et d'ambiance. L'équipe était plus heureuse et plus productive, y compris dans les moments de crise, car chacun savait qu'il aurait ensuite largement le temps de récupérer. Par ailleurs, ils avaient commencé à tester des *après-midis de répit* : des plages horaires libérées, sans réunion, de manière à permettre à chacun de réfléchir tranquillement ce qui, sans surprise, s'est traduit par une augmentation du nombre d'idées créatives et une hausse supplémentaire de productivité.

Même si vous travaillez pour le compte d'une entreprise dont la culture est détendue, énoncer les attentes de chacun peut avoir pour effet de mettre en lumière des croyances cachées ou sous-jacentes (à l'échelle des individus, de l'équipe ou de l'entreprise) susceptibles d'entrer en contradiction avec la culture que vous cherchez à construire.

Joe Biden, actuel président américain, nous offre un bel exemple de leader qui comprend l'importance de formuler ces attentes. Le texte suivant est extrait d'une note adressée à son équipe en 2014 alors qu'il était vice-président sous Obama[7] :

> « Ma formidable équipe,
>
> J'aimerais prendre un moment pour clarifier les choses pour tous. Je n'attends ni ne souhaite qu'aucun d'entre vous ne passe à côté ou ne sacrifie ses obligations familiales importantes pour le travail. Les obligations familiales incluent, de manière non exhaustive, les anniversaires et célébrations, les mariages, les cérémonies religieuses comme les premières communions et les bar-mitsva, les remises de diplômes et les périodes difficiles comme la maladie ou la perte d'un membre de votre famille. Ceci est très important pour moi. D'ailleurs, si j'apprends que vous travaillez à mes côtés au détriment d'un moment familial important, j'en serai extrêmement déçu. Depuis l'époque où j'étais sénateur, cette règle est devenue pour moi implicite.
>
> Merci à tous pour votre travail. »

Voici une formidable manière de s'assurer que les croyances d'une entreprise et sa culture sont alignées. Pour mémoire, de nombreuses organisations imaginent créer leur culture d'entreprise dans une bulle, mais nous sommes tous soumis à l'influence de trois forces cachées : les systèmes, les récits et les identités. Aucune mesure en faveur du divertissement en entreprise ne peut résister à nos croyances les plus profondément ancrées.

OSER RALENTIR

Conseiller quelque chose d'aussi basique que de discuter peut sembler trivial mais, en réalité, si nous discutons déjà – autour d'un café, par mail, par chat –, le véritable message se perd en chemin.

Certes, en tant qu'espèce, nous nous acheminons vers un futur automatisé, dont le moteur sera l'intelligence artificielle. Mais, pour beaucoup d'entre nous, il s'agit déjà d'y faire face au moment présent. En attendant l'arrivée des robots, la façon dont nous travaillons nuit à notre performance et à notre bien-être. Il nous faut plus qu'une amélioration des réglementations en faveur de l'équilibre vies professionnelle et personnelle, plus que des en-cas gratuits dans nos salles de pause, plus qu'une étude sur la productivité distribuée à l'occasion d'une réunion. Nous devons agir dès à présent, en tant qu'individus et leaders.

Carol Dweck, professeure de psychologie à l'université de Stanford et auteure du livre *Osez réussir ! Changez d'état d'esprit* (2017), est célèbre pour avoir mis en exergue les différences entre les personnes ayant un état d'esprit de développement (*growth mindset*) et celles qui ont un état d'esprit fixe (*fixed mindset*).

> « Lorsqu'ils ont un état d'esprit fixe, les étudiants pensent que leurs compétences de base, leur intelligence et leurs talents ne sont que des traits fixes. Ils disposent d'une certaine quantité, ni plus ni moins ; ils cherchent alors à avoir toujours l'air intelligent et à ne jamais passer pour des idiots. Dans le cas de l'état d'esprit de développement, les étudiants comprennent que leurs talents et leurs capacités peuvent être développés grâce à leurs efforts, à un bon enseignement et à de la persévérance. Ils ne pensent pas nécessairement que nous sommes

tous semblables ni que nous pouvons tous être Einstein, mais ils sont convaincus que chacun peut gagner en intelligence en y travaillant. »

Malheureusement, nous envisageons notre culture du travail contemporaine par le prisme d'un état d'esprit fixe – nous la tenons pour acquise, comme un fait irréfutable ; mais si nous faisions l'effort de mener plus de conversations de ce genre, quelque peu inconfortables, alors nous pourrions la rendre meilleure et plus humaine.

Nos croyances liées au travail sont incroyablement puissantes. Elles sont inextricablement liées à notre société contemporaine. Il suffit de voir le phénomène de déification d'Elon Musk (si incroyable soit-il), dont les médias parlent comme s'il accomplissait une grande destinée professionnelle. Les recoupements entre travail et spiritualité s'accentuent et s'accompagnent de notions neurologiques. Le concept de destinée professionnelle et l'idée d'*être élu* sont enivrants. Lier nos accomplissements personnels à notre connexion, à un but divin supérieur, est un parfait et détonnant mélange d'ego, de sérotonine et d'adoration culturelle. Nous dépassons le cadre de simples attitudes envers le travail pour basculer dans une nouvelle ère de pseudo-spiritualité d'entreprise.

Alors que nous aborderons, dans le prochain chapitre, le changement radical de notre économie, nous détacher des croyances qui nous poussent vers une destinée professionnelle divine pourrait être la meilleure voie à suivre.

Petit résumé, grandes idées

- L'influence des trois forces (systèmes, récits, identités) est puissante et souvent invisible. Admettre leur existence est le premier pas vers un changement de comportement.
- Ces forces font office de fondations pour nos croyances liées au travail ; ces dernières peuvent être limitantes et donner lieu à des comportements qui entravent la progression et la créativité.
- Il est possible de remettre en question nos croyances mais cette démarche est difficile et inconfortable.

13
L'HOMME ET LA MACHINE

Intéressons-nous à présent à la révolution technologique qu'alimentent les mégacorporations telles qu'Amazon, et à ses effets sur l'évolution des relations entre les hommes et les machines. Nous plongerons ainsi au cœur de l'économie de la robotique et du rayonnement culturel des entreprises qui en sont à l'origine, impulsant un nouveau discours social sur la collaboration entre les machines et les humains.

IA ET TECH EN COL BLANC : UN PRÉSENT CHAOTIQUE

Les innovations de rupture bouleversent les différents secteurs d'activité et pays de façon extrêmement rapide. La technologie réinvente le monde du travail et nous sommes emportés dans cette course folle. Parmi les ruptures les plus importantes : l'essor de l'automatisation, le développement d'algorithmes prédictifs pointus et les possibilités grandissantes de l'intelligence artificielle. Ces outils ne se contentent pas de changer notre manière de travailler, ils nous obligent à réinterroger la notion même de travail.

Mais qu'en est-il pour les créatifs productifs ?

Tout d'abord, il faut prendre conscience que ces évolutions technologiques vont virtuellement bousculer l'ensemble des industries créatives. Lorsqu'il est question de robotique, d'intelligence artificielle et de Big Data, nous (y compris les créatifs productifs) pensons voitures autonomes et robots sur des chaînes de montage. S'ils en anticipent les conséquences pour l'industrie, la logistique et le commerce, pour la plupart des créatifs productifs cette révolution ne concerne que les cols bleus. Ils regrettent que les chauffeurs de poids lourds, les Uber ou les caissiers se retrouvent bientôt au chômage mais y voient une étape aussi regrettable que nécessaire, au nom de l'efficacité et du progrès.

Ce sentiment de sécurité est pourtant illusoire. Si l'automatisation de la créativité n'est pas aussi avancée que celle du secteur industriel, elle se développe et se déploie dans des emplois résolument créatifs : des avocats aux médecins, des auteurs aux artistes. Et ce, dès aujourd'hui. Nous sommes à la fois horrifiés et fascinés par l'enfer dystopique de la dernière saison de la série *Black Mirror* mais nous passons à côté des changements fondamentaux qui ont lieu en ce moment même – ce que je nomme le *présent chaotique* –, alors que la rupture est devenue la norme.

À l'heure où j'écris ce livre (et probablement dans un futur proche), l'intelligence artificielle n'est pas encore en mesure de remplacer totalement les humains. Mais étant donné le rythme exponentiel des progrès dans ce domaine, la situation peut changer à tout moment. Des emplois longtemps considérés comme intouchables subissent déjà des évolutions technologiques grâce à des logiciels sophistiqués.

Je ne cherche pas à faire peur. J'invite chacun à réfléchir attentivement à la façon dont le cumul des technologies de rupture influence notre rapport au travail, déjà complexe ; en particulier le travail créatif qui, nous l'avons vu, est bien plus qu'un simple emploi car il forge notre identité, notre statut social et notre raison d'être.

Prenons l'exemple du milieu juridique : quelques secondes suffisent à un algorithme d'intelligence artificielle pour générer de nouveaux contrats en puisant dans une base de données pour analyser et comparer des contrats similaires puis en extraire les termes pertinents. Désormais, des machines se chargent de passer en revue des piles de documents en les scannant pour identifier les dates et mots-clés. Même l'analyse juridique la plus pointue n'y échappe pas. En 2015, une collaboration entre l'université du Michigan et la faculté de droit de Houston au Texas a ainsi donné naissance à un modèle statistique capable de prédire avec justesse les résultats de 71 % des affaires portées devant la Cour suprême des États-Unis. Toutes ces compétences – qui nécessitent de comprendre quels seront les arguments juridiques les plus efficaces, d'appréhender le contexte juridique, la jurisprudence et les lois en vigueur et même d'identifier les préférences du président du tribunal – relèvent du domaine des juristes mais peuvent désormais être effectuées par un logiciel.

Ces mêmes compétences d'analyse peuvent être utilisées dans d'autres secteurs, qui requièrent l'accès à de nombreuses informations. Les analystes et conseillers financiers sont en concurrence avec des algorithmes qui utilisent la Big Data et l'analyse prédictive pour évaluer des rendements financiers et repérer des opportunités d'investissement. Par exemple, la start-up SigFig s'informe sur le profil des investisseurs, leur rapport au risque et leurs objectifs pour concevoir des stratégies d'investissement personnalisées et leur proposer la gestion d'un portefeuille d'actifs.

Les effets des nouvelles technologies sont également sensibles dans le domaine médical : des machines sophistiquées et des algorithmes offrent de nouveaux moyens de proposer aux patients des diagnostics plus précis. De plus, la quantité de nouvelles données est telle que les médecins ont du mal à rester informés des dernières recherches et avancées. À titre d'exemple, quelques secondes suffisent au Watson d'IBM pour absorber l'équivalent de cent soixante heures de lectures hebdomadaires.

Et qu'en est-il pour un secteur comme le journalisme ? Le programme News Tracer de *Reuters* analyse des centaines de millions de publications sur les réseaux sociaux, principalement sur Twitter, afin de repérer de potentiels sujets. Lorsque des groupes d'utilisateurs sans lien se mettent à tweeter en même temps au sujet d'un même évènement, le système est averti de l'émergence possible d'un nouveau sujet. L'algorithme évalue le profil des personnes qui publient (par exemple leur appartenance à la police ou leur statut de personnalité politique), la structure des tweets, le nombre de retweets et vérifie si l'information est corroborée par les utilisateurs. Il génère alors une note plus ou moins élevée selon l'intérêt du sujet. Avant d'être publiée, l'information est relue et vérifiée par des journalistes. Cette technologie a déjà fait ses preuves ; Reuters s'en est par exemple servi pour annoncer la fusillade de San Bernardino en Californie, le séisme de Guayaquil (Équateur) en 2016, ou encore lors des attaques terroristes à New York et Bruxelles. Désormais, *Reuters* utilise ce type de logiciel pour publier quotidiennement pas moins de huit mille articles dans diverses langues. Dans la course à la publication à laquelle se livrent les médias, la *Columbia Journalism Review* a estimé que, grâce à son News Tracer, *Reuters* avait entre huit minutes et une heure d'avance sur ses concurrents[1].

Narrative Science, une société américaine spécialiste du langage naturel, a également créé la plateforme Quill qui, d'après son site web, « analyse des données issues de diverses sources, identifie les plus importantes puis génère instantanément et automatiquement des textes de tous formats parfaitement rédigés afin de les rendre accessibles à n'importe quel client cible ou public professionnel, quelle que soit sa taille. » Qu'il s'agisse d'un article de presse ou du résumé d'une publication financière, Quill peut chercher, agréger et générer des résultats en un temps record.

Autre exemple, en 2016, le roman intitulé *Le jour où un ordinateur a écrit un roman*, rédigé par une intelligence artificielle (en collaboration avec une équipe de programmeurs), a passé le cap des pré-sélections d'un prestigieux concours de littérature japonais. À cette étape, les ouvrages étaient anonymes pour que les jurés se concentrent uniquement sur le texte et évitent les biais liés à l'identité des auteurs. S'il n'a pas remporté le premier prix, le créateur de l'intelligence artificielle, Hitoshi Matsubara de la Future University Hakodate, a cependant considéré cette pré-sélection comme une avancée majeure. « Jusqu'à présent, les programmes d'IA ont été utilisés pour résoudre des problèmes solubles, comme [des jeux] tels que le Go et le *shōgi* », a-t-il déclaré lors d'une conférence de presse. « Je souhaite élargir les possibilités de l'IA pour qu'[elle] s'apparente à de la créativité humaine[2]. »

D'autres partagent cet objectif. Des algorithmes d'IA produisent déjà des œuvres d'art originales, composent de la musique, de la poésie et inventent même de nouvelles recettes. Certains programmes se chargent de négocier des annulations de contraventions pour excès de vitesse ou s'attaquent à des théorèmes mathématiques tandis que d'autres créent de nouveaux produits de consommation.

Bien entendu, les résultats obtenus sont encore le plus souvent rudimentaires ; mais cette révolution technologique se distingue des précédentes par sa rapidité et la scalabilité des progrès. D'autant plus que nous entraînons des algorithmes à s'auto-programmer et à apprendre de leurs erreurs. À partir du moment où un ordinateur sera capable de modifier et d'améliorer son propre code, nous assisterons à une explosion d'innovations sans précédent.

Je n'entrerai pas dans les aspects techniques de l'IA et de ses outils. Je souligne simplement qu'avec les progrès de l'intelligence artificielle, la créativité n'est plus l'apanage des seuls humains.

GIG ECONOMY : LE RÊVE AMÉRICAIN EN MORCEAUX

Toutes ces ruptures rendent obsolètes la plupart des carrières traditionnelles. Pour beaucoup de créatifs productifs, imaginer une carrière ou même un emploi, au sens où l'entendaient nos parents et grands-parents, n'est plus possible. L'incertitude professionnelle est devenue la norme alors que les nouvelles technologies bouleversent des secteurs d'activité entiers.

Reid Hoffman, ancien PDG de LinkedIn, a une solution. Dans son livre *Managez votre carrière comme une start-up* (2013), il nous encourage à gérer notre carrière comme notre propre micro-entreprise. « L'essentiel est de gérer votre carrière comme une start-up : votre start-up qui vit, qui respire et qui grandit », écrit-il. « Les conseils de ce livre vous aideront à survivre, à prospérer et à atteindre vos ambitions professionnelles les plus osées [...] [en vous donnant la force] de devenir l'entrepreneur de votre carrière et de prendre le contrôle de votre futur[3]. »

Nous retrouvons ici pêle-mêle de nombreux thèmes déjà abordés : le mythe du *self-made man*, l'idéalisation des entrepreneurs, la quête d'un sens professionnel supérieur, la pression qui pèse sur les individus pour comparer leur performance à celles d'une entreprise. Nous avons pris conscience des forces à l'œuvre : leur influence nous apparaît désormais sans cesse. Il est intéressant d'observer qu'Hoffman parle de notre attention permanente pour l'hyper-concurrence comme d'une « perpétuelle version bêta » : ce terme d'ordinaire réservé à un produit en cours de finalisation s'applique désormais à des êtres humains. Certes, Hoffman cherche sans doute simplement une expression propre à interpeller – sans réflexion philosophique sur le rôle des créatifs productifs dans un contexte technologique de plus en plus prégnant – mais cela invite à réfléchir.

Cette tendance à vouloir *être son propre PDG, l'entrepreneur de sa propre carrière* est également une réponse face à l'angoisse de l'inemployabilité ; mais ce sentiment de contrôle qu'elle nous procure, cette impression de pouvoir échapper à la rigidité du salariat à temps plein pour accéder à l'autonomie financière selon nos propres règles, est un mirage. L'émergence de la *gig economy* (l'économie des petits boulots ou l'économie à la tâche) en est un témoignage flagrant. Si ses promesses – être son propre patron, choisir ses horaires, ses clients et, plus globalement, s'affranchir des corvées – ont de quoi séduire, elles ne sont pas réalistes.

Notre culture du travail est entrée dans une phase nouvelle et plus dangereuse : la fusion des plateformes technologiques et de la micro-économie. Les infrastructures technologiques ont largement contribué à l'expansion de la *gig economy*. Des sociétés comme AirBnb, TaskRabbit, Uber, Deliveroo, Etsy et bien d'autres, ont permis à des individus de gérer leur propre micro-entreprise, d'être leur propre PDG. Elles vantent cette vision du futur, nous promettent de gagner autant que nous le désirons ou, autrement dit, autant que nous sommes prêts à travailler (nous retrouvons une fois de plus le rêve américain). Cette vision est en effet convaincante et souvent présentée sous la forme d'une séduisante interface habilement marketée.

Mais la vérité est moins reluisante. Fin 2016, l'application de partage de trajets Lyft a ainsi rendu hommage sur son blog à l'une de ses conductrices qui, enceinte de neuf mois et à quelques jours de son terme, continuait à transporter des clients, même après avoir ressenti ses premières contractions (la publication a depuis été retirée).

> « Après quelques courses, les contractions sont arrivées. Comme il lui restait une semaine avant la date prévue d'accouchement, Mary a pensé à une fausse alerte et a continué à rouler. Mais tandis que la soirée avançait, les contractions se sont poursuivies et Mary a décidé d'aller à l'hôpital. Persuadée qu'elle n'était pas sur le point d'accoucher, elle avait laissé l'application en mode disponible. Alors qu'elle était sur la route de l'hôpital – ding ! – elle a reçu une demande de course.
>
> Fort heureusement, il s'agissait d'une course rapide. Après avoir déposé son passager, Mary a filé à l'hôpital. En arrivant, les médecins lui ont annoncé que le travail avait déjà commencé.
>
> Le 22 juillet 2016, à 7 h 23, Maven Mia a vu le jour. »

Bryan Menegus, du blog Gizmodo spécialisé dans les nouvelles technologies, a mentionné cette publication dans la rubrique habilement intitulée *Notre avenir de merde* ; il y souligne le malaise provoqué par la manière dont Lyft traite cet évènement comme un exemple inspirant d'éthique de travail et de mentalité de battante[4] : « Quel bon petit soldat que cette Mary qui ne désirait sans nul doute rien de plus que travailler enceinte de neuf mois pour un emploi de chauffeur non salarié, n'offrant ni protection sociale de base ni congés maternité », remarque-t-il d'un ton sarcastique. « Vouloir faire une course supplémentaire pour gagner quelques dollars malgré les contractions n'a rien de charmant – cela ne fait que souligner à quel point les emplois contractuels sont précaires dans cette économie dite *du partage.* »

Car Mary n'était pas salariée de Lyft, elle était à son compte. Lyft ne lui devait donc ni soins de santé, ni congés maternité. Ces responsabilités, comme la gestion de notre propre employabilité, sont désormais de notre ressort. Les entreprises comme Uber et Lyft bénéficient d'un vaste réseau mondial sans avoir à assumer ni congés maladie, ni vacances, ni contribuer à aucun régime destiné aux salariés.

D'ailleurs, la plupart de ces entreprises mettent tout en œuvre pour s'assurer que tous ceux qui travaillent pour leurs plateformes sachent clairement qu'ils ne sont pas salariés. Récemment, Deliveroo (cette start-up d'origine britannique dont les coursiers livrent des plats cuisinés à domicile) a souffert d'une mauvaise presse à cause de la fuite d'un mémo qui soulignait l'obligation pour ses employés d'utiliser des termes précis pour parler des livreurs : ils doivent être désignés comme des « fournisseurs indépendants ». L'entreprise a même cessé de former ses nouveaux coursiers pour ne pas donner l'impression de gérer des salariés plutôt que des entrepreneurs. Comme chez Uber, les coursiers de Deliveroo sont rémunérés à la livraison, doivent acheter et entretenir leur propre vélo ou scooter. Des zones de livraison leur sont assignées qui, d'après un article du *Guardian* de 2018, « s'étendent sans cesse, allongeant la durée des livraisons et diminuant [leurs] revenus[5]. » (Le principe de l'élargissement du travail existe toujours bel et bien).

La promesse d'un mode de vie similaire à celui des entrepreneurs est alléchante. Ces derniers sont les nouveaux « dieux » de notre culture du travail, des figures imposantes dont les récits d'ascension sociale contribuent à nous faire croire que la richesse matérielle est la conséquence directe de notre persévérance et de notre force morale. Ce mythe a pourtant lui aussi sa part d'ombre : la création d'une force de travail composée de micro-entrepreneurs affaiblit leur pouvoir de négociation collectif pour obtenir de meilleures conditions de travail ; en les faisant quitter le champ des entreprises traditionnelles, on les prive souvent d'accès à une couverture santé et à d'autres ressources (aux États-Unis notamment, plus que dans des pays comme le Canada et la France où l'accès aux soins est considéré comme un droit fondamental).

Notre désir de croire au mythe d'une formidable autonomie nous fait oublier que nous créons de nouveaux types d'emplois qui ne nous permettent pas d'en vivre. Uber est actuellement valorisé à soixante-deux milliards de dollars tandis que son fondateur et ex-PDG Travis Kalanick pèse 4,8 milliards de dollars. Les chauffeurs Uber n'ont, eux, pas cette chance[6]. En tant que micro-entrepreneurs, ils sont responsables de l'entretien de leur véhicule, du paiement de leurs amendes, licences, frais de permis, réparations, essence, assurances, abonnement téléphonique et toutes les autres dépenses liées, dont les impôts, qui viennent s'ajouter à la commission de 25 à 30 % prélevée par Uber sur leur chiffre d'affaires. Un récent rapport a même conclu que la plupart des chauffeurs Uber et Lyft gagnaient à peine le salaire minimum une fois toutes ces dépenses déduites (sans compter l'achat initial du véhicule)[7]. Une autre étude du Center for Energy and Environmental Policy Research du MIT a quant à lui estimé le salaire horaire médian des chauffeurs Uber à 8,55 dollars, avec 41 % des répondants gagnant moins que le salaire minimum fédéral et 4 % perdant même de l'argent en travaillant[8].

La stratégie de Deliveroo repose aussi sur une autre caractéristique de notre mythologie du travail. L'entreprise propose les meilleurs créneaux horaires aux coursiers qui font le plus de livraisons ce qui, de prime abord, semble très motivant. Dans un entretien, un livreur raconte : « Ils présentent ça aux livreurs de façon très macho, comme quoi si vous êtes vraiment rapide et impliqué vous allez gagner beaucoup d'argent. Mais en réalité, beaucoup de variables vous échappent : les restaurants qui mettent trop longtemps à préparer les commandes, les clients absents, les crevaisons... » Dévotion au travail, guerrier du travail et part d'ombre du rêve américain : les personnes séduites par la promesse du rêve américain du travail qui donne sa chance à chacun sont particulièrement vulnérables à ce genre de discours.

SYNDICALISATION ET REJET DE L'INNOVATION

Face à ces modèles économiques, il n'est pas surprenant que certains travailleurs, quand ils comprennent qu'ils sont perdants, répliquent en exigeant les mêmes protections que celles pour lesquelles s'étaient battus leurs aïeux à l'époque industrielle.

Mais la bataille est rude car les nouvelles technologies ont permis aux organisations de tirer profit d'une force de travail sans la considérer comme telle. De plus, les sociétés comme Uber et Deliveroo sont largement financées par du capital-risque qui leur permet d'assumer le coût de longues batailles juridiques – et leur laisse le temps d'élaborer des contrats unilatéraux.

En 2017, le Central Arbitration Committee, tribunal britannique chargé de traiter les conflits au travail, a ainsi décrété que les livreurs de Deliveroo étaient des entrepreneurs indépendants dans la mesure où l'entreprise leur permet de se faire remplacer ponctuellement par une personne de leur choix (par exemple un ami) contrairement à un emploi classique[9]. Au cours de la procédure, on a aussi appris que Deliveroo avait modifié ses contrats, notamment cette question du droit au remplacement, afin que ses livreurs entrent dans la catégorie des entrepreneurs indépendants[10]. Ceci les empêche alors de bénéficier d'un salaire minimum, de congés payés et de négocier collectivement.

L'affaire n'est cependant pas close car l'Independant Workers Union of Great Britain (qui avait déposé la plainte initiale contre Deliveroo) a été autorisé à faire appel de la décision au motif que le tribunal devrait réévaluer les droits des livreurs à mener des négociations collectives ; il n'est donc plus question d'un type précis d'emploi mais des droits de l'homme car la Convention européenne des droits de l'homme considère la négociation collective comme un droit fondamental. À ce jour, la question n'est pas tranchée mais commence à attirer l'attention des gouvernements[11].

Frank Field, parlementaire et président du Work and Pensions Committee, a ainsi, lui aussi, lancé une enquête parlementaire sur le recrutement et les pratiques en matière de rémunération des entreprises de la *gig economy*, dont Uber,

Parcelforce et Deliveroo. « D'après les éléments que j'ai pu consulter, le soi-disant travail indépendant est utilisé par ceux qui bénéficient largement de la *gig economy* pour éviter d'avoir à se conformer aux obligations envers leurs travailleurs », a déclaré Field[12]. Le gouvernement britannique a également annoncé prévoir des réformes du marché du travail qui tiendront compte de l'émergence de cette économie des petits boulots.

Aux États-Unis, le Bureau of Labor Statistics a publié son premier rapport sur la *gig economy*, définie comme le recours au travail temporaire, au *freelancing* et aux applications de services à la demande[13]. Il est apparu que seize millions et demi d'Américains comptent sur ces « régimes de travail non conventionnels » pour vivre. Il est cependant difficile d'établir un état des lieux précis de ce marché car les nouvelles technologies ont créé un flou rendant complexe la catégorisation de ces nouveaux types de travail (appelés *à la demande, occasionnels, non conventionnels, petites entreprises, travailleurs indépendants*, etc.). Cela rend presque impossible la mise en œuvre d'une quelconque protection réglementaire. Les différents entre travailleurs et employeurs doivent alors se résoudre au tribunal – une dépense que peuvent bien entendu se permettre plus facilement les entreprises.

Les jugements rendus ont jusqu'à présent été mitigés mais les grosses entreprises se battent pour que leurs « travailleurs » continuent à être considérés comme des indépendants. Handy est une plateforme de mise en relation avec des bricoleurs et des personnes en charge de tâches ménagères comme le ménage, la petite plomberie, le montage de meubles. La société a déposé des projets de loi dans huit états américains en vue de qualifier de façon permanente ses travailleurs comme des indépendants et de se prémunir de futures actions en justice[14]. Si ses projets de loi sont adoptés, toutes les entreprises qui présentent ainsi leurs travailleurs pourront fixer leurs tarifs, suivre à la loupe leur travail et les licencier sans avoir à les indemniser, ni cotiser à l'assurance-chômage ou respecter les lois anti-discrimination. Des états comme le Colorado, l'Arizona, le Kentucky et l'Indiana les ont pourtant déjà adoptées[15]. Uber et Lyft ont même envoyé des SMS à leurs clients en les incitant à soutenir ce type d'initiatives ; Uber a dépensé près de deux millions de dollars en frais de *lobbying* tandis que Lyft a offert des courses gratuites aux clients pour aller voter[16].

Ces sociétés de la *gig economy* défendent donc l'idée selon laquelle le droit du travail est trop fastidieux, qu'il est un frein à l'innovation et au succès. Elles préfèrent faire peser tous les risques et coûts sur les travailleurs en encaissant des milliards de dollars de bénéfices, et vont même encore plus loin en dissimulant ces risques sous l'illusion extrêmement séduisante de l'accès au rêve américain : la flexibilité, l'autonomie et la sécurité financière. Comment refuser ? Puis la réalité nous rattrape : il n'est pas question d'innovation mais d'esclavage industriel, présenté sous la forme d'une belle interface web.

Nous sommes réceptifs à cet appel car l'autre monde du travail, appelons-le le travail traditionnel, n'est pas non plus formidable, surtout depuis la crise financière de 2008. On nous a fait croire à une alternative, à un moyen de reprendre le contrôle de notre argent et de notre temps, mais la réalité est toute autre. À la place, nous assistons à l'avènement de nouveaux géants de la tech qui nous permettent de participer dans une certaine mesure à l'un des mythes contemporains les plus puissants : celui de l'entrepreneur.

NOUVELLES TECHNOLOGIES ET CRÉATIVITÉ

Alors que les modèles économiques issus des nouvelles technologies bouleversent les secteurs de l'hôtellerie, du transport et de l'entretien, des plateformes existent d'ores et déjà pour faire de même avec l'écriture, le conseil, l'illustration, la composition musicale, la recherche, le marketing, etc. Ces *marketplace* basées sur des systèmes de notation rendent possibles les micro-transactions pour tous types de services créatifs, du recrutement d'un auteur ou d'un publicitaire en freelance, à celui d'un photographe, d'un chef ou d'un rédacteur. Sans compter les applications qui couvrent tous nos besoins, du recrutement à la gestion de notre comptabilité.

J'ai cherché à dépasser le cadre des nouvelles technologies pour m'intéresser à deux notions-clés. La première est que la créativité est elle aussi touchée par les bouleversements technologiques. Bien que la plupart des nouvelles technologies n'en soient qu'à leurs débuts, elles vont continuer à évoluer et avoir un impact conséquent sur la façon dont travaillent les créatifs et sur ce qu'ils pourront réaliser à l'avenir.

La deuxième est que bon nombre des principales entreprises qui profitent de cette nouvelle économie prétendent créer un nouveau futur mais elles associent profondément leur ADN à nos croyances professionnelles les plus toxiques et, pire encore, elles renvoient le droit du travail plus d'un siècle en arrière. Ne nous laissons pas éblouir par les nouvelles opportunités qu'elles nous offrent et qui semblent trop belles pour être vraies. Elles le sont en effet. L'intelligence artificielle, l'automatisation et les algorithmes ne sont que des lignes de code. Ce sont les humains, nous-mêmes, qui les programmons et qui créons les conditions de leur rôle dans notre vie.

La technologie qui ouvrait la voie à tant de liberté s'est ainsi transformée en prison : la naissance de la *gig economy* a engendré des travailleurs qui baissent sans cesse leurs tarifs pour enchaîner des missions de freelance sans sécurité de l'emploi ni profits. Nous sommes devenus responsables de notre esclavage. Les nouvelles technologies nous ont permis de créer des systèmes de travail alternatifs mais nos conceptions du travail sont arriérées et nous détruisent. De plus, nombreuses sont les entreprises qui proposent ce type d'infrastructure technologique ; aux freelances d'en profiter : elles ont bien conscience de nous vendre une version écornée du rêve américain mais elles la dissimulent derrière une façade d'archétypes de guerriers du travail, autonomes et volontaires à laquelle elles savent qu'il est difficile de résister. Nous nous laissons séduire par l'idée de travailler moins et nous nous retrouvons à travailler beaucoup plus qu'auparavant.

En prenant du recul sur le fonctionnement de ces technologies, nous comprendrons que l'innovation qui accompagne cette nouvelle infrastructure digitale n'est pas sans conséquences : elle met à mal l'équilibre du travail de millions de personnes désormais livrées à elles-mêmes.

Comble de l'ironie, ces sociétés constituent l'*économie du partage :* en réalité, elles ne partagent aucun risque – ni bénéfice.

Petit résumé, grandes idées

- Les effets des bouleversements engendrés par les nouvelles technologies vont toucher tous les secteurs, du journalisme à la comptabilité.
- Les géants des nouvelles technologies créent des infrastructures numériques mondiales qui font circuler leur vision du travail à des niveaux encore jamais atteints.
- Les technologies du futur demeurent marquées par une conception du travail démodée.
- La *gig economy* se sert de notre rapport au travail (le rêve américain, l'ascension sociale) pour créer un modèle économique non pérenne dans lequel les travailleurs peinent à gagner un salaire décent.

14
UN MONDE DE TRAVAILLEURS SANS TRAVAIL

Après trois années de recherches, d'écriture, d'interrogations, de doutes et de luttes contre mes propres biais, je suis arrivée à ce moment critique : nous sommes à la veille d'une révolution technologique qui va véritablement transformer le monde, que nous y soyons prêts ou non. Et je pense que personne n'est prêt.

Le travail était auparavant une question de survie, il garantissait notre gîte et notre couvert. Avec l'évolution et la croissance des industries du savoir, portées par des technologies *scalable* et de nouveaux modèles économiques, nous avons cherché à travailler au profit de choses plus subtiles mais tout aussi importantes à nos yeux : notre identité, nos valeurs et notre estime de soi. Le travail s'est transformé en une quête d'épanouissement personnel. Nos difficultés sont les rites de passage du travail des temps modernes, le signe de notre entrée dans l'âge adulte en tant que membres à part entière de la société. La valeur que nous accordons au travail est à ce point liée à nos autres idéaux sociaux et culturels que cela ne risque pas de changer, bien que l'instabilité de nos conditions économiques et le vieillissement de nos institutions ne puissent nous garantir un futur stable et financièrement sûr.

Les conséquences financières de cette révolution technologique sont relativement simples à comprendre. Ses conséquences psychologiques et émotionnelles sont plus dangereuses – particulièrement dans un monde où le bien-être, le bonheur et même la spiritualité sont intimement liés au travail.

Mais ne nous attardons pas sur nos malheurs et nos déceptions personnelles. Comment notre société de consommation va-t-elle continuer à fonctionner alors que de plus en plus de personnes ne trouvent plus le travail leur permettant de survivre (et de consommer) ? Parmi les solutions qui s'offrent à nous : instaurer un revenu universel minimum, taxer l'intelligence artificielle, durcir les lois sur les nouvelles technologies destructrices d'emplois, partager les emplois et, tout simplement, tenter de concurrencer les robots. Toutes ces solutions, nous l'avons vu, s'intéressent aux symptômes et non à la cause sous-jacente du problème.

Cette cause est double : d'une part, l'imminence de progrès technologiques incontrôlables ; d'autre part, notre difficulté à nous adapter à ces inéluctables progrès à venir à cause des croyances et valeurs liées au travail que nous avons accumulées lors de la révolution industrielle. Étant donné son poids, il est très surprenant que cet héritage culturel soit si rarement évoqué. Une chose est sûre : la solution ne consiste ni à créer plus d'emplois ni à travailler plus. Alors que les économistes s'interrogent sur ce qu'il adviendra d'un système économique (le capitalisme) dénué de son principe central unificateur (le fait que chacun travaille), une autre question se pose : qui serons-nous sans le travail ? Que deviendrons-nous lorsque les robots s'empareront de notre source d'épanouissement ? Ce qui s'annonce va mettre en péril les fondements de notre identité. Nous pouvons commencer par nous poser les questions listées au chapitre 13, identifier et nommer de façon explicite les forces cachées (systèmes, récits, identités) qui ont contribué à nous créer cette identité factice ; nous serons ainsi mieux armés pour résister. Mais ce n'est qu'un début.

L'IMPORTANCE SOCIALE ET CULTURELLE DU TRAVAIL

Les piliers fondateurs de l'estime de soi, de l'identité et de la raison d'être, tout ce sur quoi nous avions construit notre conception du travail, ont commencé à s'effondrer. Oublions le futur – notre réalité actuelle est celle d'emplois stables et sûrs en nombre insuffisant. La grande promesse du New Deal, un travail et un toit pour tous, considérée à une époque comme un droit inaliénable, fait désormais figure d'incertitude, de vestige d'une époque révolue. Bien des personnes se sentiront responsables de leurs difficultés à conserver un emploi stable. Cette part d'ombre du rêve américain est tenace : si vous ne réussissez pas, c'est uniquement parce que vous ne travaillez sans doute pas assez.

Les universités s'empressent de dépoussiérer les vieux enseignements qui ne nous seront d'aucune utilité pour déjouer les robots. En 2017, une édition spéciale du *Financial Times* assurait aux parents inquiets qu'ils pouvaient protéger les futures carrières de leurs enfants contre les robots.

Parmi les suggestions : être plus créatifs. « L'intelligence artificielle tend à résoudre les problèmes de façon méthodique mais le cerveau humain est bien plus doué pour créer des liens logiques en faisant appel à notre imagination. » Voilà qui est peut-être vrai aujourd'hui mais l'IA progresse à grands pas pour toutes sortes de tâches, dont nous étions jusqu'alors convaincus qu'elles relevaient uniquement du domaine du cerveau humain. Et si nous commencions à apprendre à nos enfants qu'ils ne se réduisent pas à ce qu'ils font ?

Nous assistons à l'émergence d'un sous-domaine du secteur du développement personnel qui consiste à nous aider à identifier le plus rapidement possible une activité professionnelle lucrative. La notion d'image de marque personnelle est souvent au cœur de ces stratégies, c'est-à-dire la capacité à se différencier pour se démarquer de la concurrence et optimiser sa valeur sur le marché du travail. Les personnes sans emploi sont incitées à consacrer du temps à l'apprentissage de nouvelles compétences, à développer leur réseau pour se créer de nouvelles opportunités, à s'aventurer sur la voie de l'entrepreneuriat et du travail à temps partiel (la *gig economy*), ainsi qu'à s'engager dans une multitude d'autres activités. Pour résumer, nous avons fait du statut de chômeur un travail à temps plein.

Nous nous sentons individuellement responsables de notre propre productivité, comme de notre employabilité ; et ce, même si elles ne sont plus la conséquence du travail fourni ou de nos compétences mais tiennent simplement à la disparition des emplois (tels que nous les connaissions jusqu'à présent). Chercher à concurrencer les robots est une solution erronée et court-termiste qui ne fait que mettre en lumière l'ampleur du défi. Nous avons idolâtré le travail comme un indicateur essentiel de notre vertu morale et de notre statut.

Nous sommes donc profondément déstabilisés lorsque nous comprenons que le système lui-même nous fait désormais faux bond. Plutôt que d'interroger notre rôle dans la co-création de cette vision, nous nous concentrons sur des solutions superficielles et des politiques qui nous procurent une illusion de contrôle. La plupart des discussions sur le futur du travail tournent autour de la technologie en tant que telle, des outils et des modèles économiques qui rendront ce type d'activités viables. Nous parlons PIB et diminution du nombre d'emplois stables à temps plein. Vous l'avez deviné : nous omettons de mentionner que nos systèmes de croyances si bien ancrés ne suivent pas le rythme de ces nouvelles technologies. Nous sommes persuadés d'être visionnaires quant au futur du travail. Mais, le plus souvent, nous continuons de façon inconsciente à attendre d'un emploi sécurité et identité. Il ne s'agit pas d'une simple période de bouleversements mais bien d'une rupture permanente de notre conception du monde.

Il faut également insister sur le cadre temporel de ces changements. De nombreux théoriciens évoquent l'avenir du travail à long terme. Ils se plaisent à envisager des scénarios dans lesquels ces changements ont déjà eu lieu pour essayer d'imaginer les modèles et philosophies qui gouverneraient cette nouvelle société. Avant d'en arriver là, nous traverserons cependant une difficile période d'intense transition, une phase pendant laquelle nous testerons différents modèles, en apprenant de nos essais et de nos erreurs. Cette transition a déjà commencé et nous imaginons sans peine qu'elle peut s'intensifier – avec des conséquences indélébiles si, en tant que société, nous ne nous réveillons pas rapidement pour regarder la situation en face. Mais il est difficile de tourner le dos aux mythes.

LE MYTHE DE L'ÉPANOUISSEMENT

Des générations de « travailleurs acharnés » ont fait du zèle une religion, convaincus que leurs efforts porteraient leurs fruits. Par le passé, le travail a offert le salut, la réputation morale, le statut et désormais, comme si la liste des promesses n'était pas suffisamment longue, l'épanouissement. Il promet en effet des bénéfices pseudo-spirituels sous la forme d'une vocation supérieure ou de la révélation d'un dessein créatif. Au vu de notre réalité économique actuelle, cette idée, comme celle d'une destinée professionnelle, prête à sourire. Et pourtant, à cause de notre système de croyances, nous continuons à y croire : contre toute attente, malgré les faits, la rationalité et la logique, nous ne pouvons nous empêcher d'être convaincus que la souffrance et les sacrifices que l'on s'impose nous rendront un jour dignes d'accéder à une quelconque terre promise ou, pire, rendront simplement notre existence valide.

Depuis des millénaires, la question de l'épanouissement est au centre des débats philosophiques, chacun donnant son avis, de Socrate et Bouddha à Bill Gates et Oprah Winfrey. Il est vrai que, pour de nombreuses personnes, le travail est une solution facile : nous y consacrons l'essentiel de notre vie d'adulte, il va de pair avec un statut, des dogmes et des souffrances, le tout travesti sous la forme d'une alléchante promesse de multiples possibles. Le concept de *vie active* a quelque chose de romantique et s'accompagne d'un sentiment de statut et de prestige.

Marie Forleo, entrepreneure américaine, coach de vie, fondatrice de MarieTV et B-School (une formation entrepreneuriale en ligne destinée aux femmes) le résume bien dans un slogan récurrent : « Le monde a besoin de ce don si particulier que vous seul(e) possédez. » Voici un message très convaincant qui, s'il part d'un bon sentiment, trouve ses racines dans une émancipation fondée sur la consommation et l'achat de divers produits en ligne qui nous aideront à « découvrir notre véritable vocation. » Cette promesse, certes enivrante, vient ajouter une pression supplémentaire au fait de nous épanouir par le travail : elle sous-entend que non seulement nous nous desservons nous-mêmes si nous ne trouvons pas notre vocation, mais nous privons également le reste du monde d'une précieuse ressource. C'est une arme à double tranchant, très révélatrice de l'état actuel de notre culture du travail. Soyons clairs, Marie Forleo n'a pas tort. J'aime beaucoup ce qu'elle propose et son message est, pour l'essentiel, très en accord avec les idées défendues dans ce livre – elle recommande, par exemple, de s'accorder des temps de pause pour prendre soin de soi, se reposer et retrouver sa créativité. Comme le reste de son équipe, elle s'octroie plusieurs semaines de congés d'été pour se détendre et se ressourcer. Mais son message reflète bien le contexte culturel dans lequel nous évoluons aujourd'hui tout en actionnant le séduisant ressort de l'épanouissement spirituel par le travail, grâce à un discours puissant et novateur porté par les réseaux sociaux.

Les emplois créatifs sont célébrés comme une voie vers l'épanouissement personnel ; on nous présente des visuels d'espaces naturels, souvent des plages ou des forêts, accompagnés de citations telles que *Faites ce qui vous plaît* et *Trouvez votre raison d'être*. Nous occupons désormais des emplois prenants, souvent bien loin de ce type de paysages et pourtant, de façon ironique, une image de cascade suffit à nous motiver. Nous nous concentrons sur notre épanouissement spirituel car il est normal de s'épanouir au travail, d'en tirer une satisfaction et une fierté personnelles. Mais il existe une différence entre réussir grâce à ses compétences et l'idée d'un sacro-saint devoir au service d'un plan universel bienveillant. La production créative est devenue plus qu'un malencontreux indicateur économique, elle a été érigée en une quête noble et sainte. Qui plus est, nous nous focalisons sur l'épanouissement au travail car, d'un point de vue intellectuel, nous exigeons beaucoup des travailleurs du savoir. À force de tant travailler, ils rentrent chez eux épuisés, vidés de toute énergie. D'une certaine manière, associer travail et but supérieur fait donc sens ; cela permet de rendre plus supportable notre réalité, celle où l'on se contente de rentrer à la maison directement après le travail, après avoir peut-être fait un peu de sport et avant de s'installer devant Netflix.

Mais, alors que nous avons adapté nos offres culturelles pour faire rimer « destinée » avec efficacité et productivité, nous oublions que ce qui lie tout ceci est en voie de disparition. Comme l'a si bien dit David Frayne, auteur du livre *Le Refus du travail* : « Nous devenons une société de travailleurs sans travail[1]. » Nous devons impérativement reconsidérer nos croyances au sujet du travail, de la créativité et de la notion d'épanouissement. Tout part de l'épanouissement personnel – plus nous nous accrocherons au travail comme à un moyen de se rassurer sur notre propre valeur en fonction de notre réussite, plus, au fur et à mesure que son rôle dans nos vies diminuera, nous souffrirons – que nous le voulions ou non.

Il ne s'agit pas d'affirmer que c'en est fini de la créativité humaine – loin de là. Simplement, je ne crois pas que son avenir passe par le travail.

BULLSHIT JOBS ET CLASSE DES INUTILES

En 2015, de mystérieuses affiches ont fait leur apparition dans le métro londonien. Sur fond jaune vif, une seule phrase écrite en gras et en noir : *It's as if someone were out there making up pointless jobs just for the sake of keeping us all working* (On dirait que quelqu'un, quelque part, invente des jobs inutiles juste pour que nous continuions tous à travailler[2]). Suivie d'un *hashtag* : *#bullshitjobs*, littéralement *emplois à la con*.

Cette citation était extraite d'un essai de l'anthropologue David Graeber pour le magazine radical *STRIKE!* daté de 2013. Intitulé *À propos du phénomène des* bullshit jobs *: coup de gueule contre le travail*, le texte avait été largement partagé ; de toute évidence, sa condamnation sans appel de ce qu'il considérait comme de l'affairement inutile au travail ayant pour seul but d'occuper les gens touchait une corde sensible[3]. « La classe dirigeante a compris qu'un peuple heureux et productif disposant de temps libre représente un danger mortel (songez à ce qui s'est passé lorsque cela a failli arriver dans les années 1960) », écrivait-il. « Et, d'un autre côté, le sentiment que le travail est une valeur morale en soi, et que quiconque refuse de se soumettre à une forme d'intense discipline du travail à longueur de journée ne mérite rien, leur est extrêmement utile. » Si ces *bullshits jobs* permettent de continuer à faire fonctionner l'économie, c'est au détriment de l'idéal fondamental d'un travail doté d'un sens et d'un but.

Je comprends la colère de Graeber envers le capitalisme et les classes dirigeantes, et je m'y associe ; mais c'est le rôle que nous jouons dans notre propre oppression, en tant qu'individus et travailleurs au sein de cet écosystème qui m'intéresse ici. Nous ne remettons pas en cause les facteurs intrinsèques qui nous motivent.

En tant que société, nous avons décidé que le travail pour le travail se suffit à lui-même. Graeber observe que ce point de vue est partagé par l'ensemble de la classe politique et que « le seul slogan sur lequel la gauche et la droite tombent toujours d'accord est : plus d'emplois. »

Au fur et à mesure de l'effondrement du marché du travail, cette pression (impulsée par l'influence des trois forces (systèmes, récits, identités) sera à l'origine de bon nombre de nos difficultés. C'est ce à quoi s'intéresse Yuval Noah Harari, auteur du best-seller *Sapiens, une brève histoire de l'humanité* (2015), dans son livre *Homo deus, une brève histoire du futur* (2017). Il y explore différents scénarios d'un futur centré sur les innovations technologiques. D'un côté, elles contribuent à repousser les limites (les maladies, le vieillissement et le changement climatique) en nous transformant en créatures toutes puissantes. De l'autre, nous plaçons notre destin entre les mains d'algorithmes intelligents qui finiront par nous rendre économiquement inutiles, donnant naissance à ce que Harari nomme la *classe des inutiles*.

Alors que de plus en plus de personnes sont exclues du marché du travail et que les institutions de longue date comme les universités peinent à s'adapter, des milliards de personnes vont se retrouver inaptes à occuper des emplois rémunérés : Harari considère ce scénario comme l'une des menaces les plus catastrophiques pour notre espèce. Son emploi délibéré du terme *inutile* renvoie à notre système de valeurs actuel et non à une notion de valeur personnelle. Il s'en explique : « Je choisis ce terme particulièrement dérangeant [...] pour mettre en lumière l'inutilité sous l'angle du système économique et politique, et non d'un point de vue moral[4]. » Si la valeur d'une personne ne se mesure qu'à l'aulne de sa contribution économique au système, que se passe-t-il lorsqu'elle ne peut plus y prendre part ?

Certains tentent actuellement d'éviter l'émergence de cette classe des inutiles en créant sans cesse des emplois inutiles ; mais cela revient à mettre un pansement sur une blessure par balle. Ce n'est pas d'une grande utilité, surtout face à la rapidité des progrès technologiques.

Pour Graeber, la première étape est claire. « Il nous faut changer ce à quoi nous accordons de la valeur », a-t-il déclaré dans un entretien au site *Vox*. D'après lui, nous devons remettre en question l'idée selon laquelle les emplois sont notre seul moyen d'apporter une valeur tangible à la société. « Et si nous acceptions simplement le fait que la technologie puisse accomplir un grand nombre de tâches indispensables et que nous nous contentions de travailler moins ? », interroge-t-il. « Et si nous passions simplement plus de temps à faire ce que nous voulons vraiment plutôt que de rester assis quarante heures par semaine dans un bureau à faire mine de travailler ? ». Il fait ainsi référence à tous ceux qui contribuent à la société sans contrepartie financière – les bénévoles, les aidants et les mères (ou pères) au foyer par exemple, dont le poids des responsabilités n'apparaît pas dans le PIB, dont les efforts passent inaperçus auprès de ceux qui s'attachent à quantifier la valeur des choses.

Dans leur article « *The Crisis of Social Reproduction and the End of Work* », les sociologues Helen Hester et Nick Srnicek classent quant à eux ce type de tâches dans la catégorie du *travail reproductif*, qu'ils définissent comme « les activités qui nourrissent les futurs travailleurs, régénèrent la main-d'œuvre actuelle et soutiennent ceux qui ne peuvent pas travailler – c'est-à-dire l'ensemble des tâches qui, réunies, assurent le maintien et la reproduction de la vie, tant au quotidien qu'au fil des générations[5]. »

LES LOISIRS SELON VEBLEN

Notre vision du travail a dépassé le cadre de la simple productivité et nous l'apprécions désormais pour lui-même, ou plutôt pour le statut qui en découle. Alors que nous valorisons les rythmes de vie *overbookés*, nous dénigrons l'excès de loisirs comme une preuve d'insignifiance.

C'est avec le grand-père de la théorie des loisirs que j'ai débuté mes recherches sur ce concept et son lien avec nos conceptions du travail et du statut : l'économiste américain Thorstein Veblen et son désormais classique *Théorie de la classe de loisir*, publié en anglais en 1899.

Veblen qualifie les loisirs d'*ostentation,* accessibles à ceux qui peuvent déléguer les tâches du quotidien, répétitives et ennuyeuses (ce qu'il nomme les *métiers d'industrie*), se libérant ainsi du temps pour chercher à accomplir des *exploits*, des vocations bien plus gratifiantes et importantes telles que l'investissement, la philanthropie, le débat, la magistrature et l'écriture[6]. À cette époque, les femmes aisées étaient des hôtesses reconnues, en charge de grandes maisonnées, elles défendaient leurs « œuvres » et consacraient du temps au service de leur communauté.

Cette conception des loisirs n'est pourtant pas celle qui nous vient d'emblée à l'esprit. Dans leur excellent article « *Post-Industrious Society: Why Work Time Will Not Disappear for our Grandchildren* », Jonathan Gershuny et Kimberly Fisher ont remarqué que la définition de Veblen ressemble fortement à celle du travail[7] :

> « Ces membres de la classe des loisirs du XIXe siècle poursuivaient, somme toute, des activités liées au sport, à l'art, à la justice et la loi, à la recherche scientifique, aux actions de bien-

faisance et d'entraide, à la gestion de grandes maisons. Nous pourrions tout à fait considérer que ces personnes *travaillaient*, au sens moderne du terme. Elles effectuaient en effet souvent ce que nous identifions bien comme le travail *rémunéré* de divers membres de la classe dominante du XXIe siècle : en particulier les activités liées au sport, à l'art, à la justice et la loi, à la recherche scientifique, aux actions de bienfaisance et d'entraide, à la gestion de grandes maisons ![8] »

En basculant dans une économie post-industrielle, la production de richesses est passée de la possession d'actifs capables de produire des biens matériels (des terres, des usines, des navires) à l'application de l'intellect et de la créativité pour la production de services. Comme nous l'avons vu aux chapitres 2 et 3, alors que la nature du travail évoluait, nos activités se sont de plus apparentées à la notion d'*ostentation* que Veblen associait aux loisirs, ce qui explique pourquoi certaines personnes choisissent délibérément de travailler plus. Ceux qui ont la chance d'avoir un travail plus créatif et plus gratifiant peuvent profiter du même genre d'*exploits* que ceux réservés aux personnes les plus aisées à l'époque de Veblen, ainsi que du statut et du prestige associés. Les recherches montrent également que les personnes qui exercent des métiers intellectuellement satisfaisants ont tendance à les préférer à la vie de leur foyer[9].

Nos préjugés envers les personnes sans emploi traduisent certaines des croyances les plus omniprésentes et dangereuses de notre société. Nous sommes bien trop prompts à les qualifier de paresseuses, immorales ou peu travailleuses.

À l'heure où des milliards de salariés doivent malgré eux faire face à la perspective du chômage, ceci doit changer. Pour les psychologues, ce dernier est un « traumatisme[10] », en particulier pour les personnes habituées à réussir. Et ce traumatisme va bientôt devenir bien trop courant. « Que faire à propos du chômage de masse ? », s'est interrogé Elon Musk au sommet mondial des gouvernements qui s'est tenu à Dubaï en 2017. « Il va représenter un changement social énorme. Il y aura de moins en moins d'emplois qu'un robot ne pourra pas faire mieux qu'un humain. Ce n'est pas ce que je souhaite. Je pense simplement que c'est ce qui va se passer. »

SOCIÉTÉ POST ET ANTI-TRAVAIL

Notre réticence à admettre l'échec du travail en tant que pseudo-religion illustre parfaitement son pouvoir. Désormais, il ne garantit ni la prospérité, ni la stabilité, ni l'ascension socio-économique. Au lieu de cela, nous nous dirigeons vers une réalité du travail chaotique, erratique et imprévisible pour de nombreuses personnes – pour les parties prenantes de la *gig economy* à la merci des algorithmes et de la technocratie, comme pour les salariés à temps plein qui doivent survivre à la prochaine vague de restructuration, ou encore ceux à temps partiel qui jonglent avec les contrats courts (quand ils en obtiennent) sans profiter des avantages du salariat. Dans sa forme actuelle, le travail est source de stress et d'épuisement pour la plupart des créatifs productifs, sans pour autant qu'une solution viable ne se dessine. On nous a répété que le travail était l'une des caractéristiques qui nous définissait en tant qu'humain. Le travail acharné est devenu synonyme de vertu. Nous l'avons assimilé à la consommation en y voyant un moyen d'accéder au bonheur. L'heure d'une nouvelle idéologie a-t-elle sonné ?

Les recherches du mouvement post-travail s'intéressent à ce qui pourrait potentiellement remplacer ce système défaillant. Le pouvoir de la créativité humaine semble sur le point de devoir relever son défi le plus important : imaginer un futur alternatif. David Frayne, auteur du livre *Le Refus du travail* (l'un des ouvrages les plus convaincants et aboutis de la philosophie post-travail), s'interroge : « Sommes-nous donc des utopistes ? Ou les utopistes sont-ils ceux qui pensent que le travail va demeurer tel quel ? ». À quoi pourrait ressembler une société post-travail ?

Plusieurs conceptions coexistent. Certains défendent l'idée d'un revenu universel de base, une idée qui fait débat, soutenue tant par la gauche (comme moyen de réduire les inégalités) que par la droite (comme simplification du régime social). Le principe consiste à verser chaque mois aux résidents nationaux en situation régulière une somme fixe décorrélée de toute obligation d'occuper un emploi ou d'en chercher un. Ce revenu ferait office de filet de sécurité pour tout un chacun et garantirait une certaine stabilité aux personnes contraintes de changer fréquemment d'emploi ou dont le nombre d'heures travaillées varie. Néanmoins, les opposants de gauche craignent que le revenu universel serve à justifier une baisse des salaires et la suppression de programmes d'aide sociale, alors que leurs homologues de droite s'inquiètent de savoir qui en supportera le coût – et si l'accès à un revenu stable ne sera pas source de démotivation envers le travail et la notion de contribution à la société dans son ensemble. Pour résumer, les raisons de s'opposer à ce genre d'initiative sont multiples.

Des expériences de revenu universel ont été menées en Finlande, au Canada, en Espagne, en Inde, au Kenya, aux Pays-Bas et en Ouganda. Dans la mesure où il s'agissait toujours d'expériences temporaires auprès d'échantillons de populations, il est difficile d'évaluer la faisabilité de ce type de modèle à grande échelle. À mon sens, la plupart des débats sur ce revenu de base font fausse route : ils s'appuient sur le passé pour formuler des hypothèses et s'en servent pour évaluer une idée qui a vocation à s'appliquer à un futur très différent. Les structures financières actuelles semblent indiquer qu'il est impossible de mettre en place un revenu universel car, pour la plupart des pays, son coût estimé varie entre 5 et 35 % du PIB national – ce qui ne signifie pas pour autant que cela ne sera pas possible à l'avenir, avec d'autres sources de revenus.

Pourtant, même un concept aussi anti-travail que le revenu de base peut se retrouver pris au piège du dogme du travail. En Finlande, une proposition d'expérimentation incluait un programme dans lequel un échantillon de deux mille citoyens recevait cinq cent soixante euros par mois pendant deux ans. Le gouvernement conservateur a modifié la proposition pour que seuls soient concernés les citoyens *au chômage* percevant des allocations. Le gouvernement finlandais, qui n'a rien compris au principe du revenu universel (dans lequel les fonds sont versés sans contrepartie), a déclaré que « le principal but de l'expérience du revenu de base [était] de promouvoir l'emploi. » Il s'agissait de vérifier si les participants cherchaient du travail peu rémunéré lorsqu'ils étaient assurés de ne pas perdre leurs allocations. Autrement dit, un mécanisme post-travail conçu pour mettre un terme à la dépendance envers des emplois peu rémunérateurs a été transformé en une initiative conçue avec un objectif unique : faire en sorte que les personnes acceptent plus d'emplois à faibles salaires. Sans surprise, le gouvernement finlandais a interrompu l'expérience fin 2018, une décision saluée, une fois de plus, par l'ensemble de la classe politique du pays. Les politiques de droite ont assuré que « le travail est la meilleure des sécurités sociales », tandis que le chef du parti social-démocrate aurait déclaré : « Je n'ai pas besoin de revenu de base. J'ai un bon salaire et si je devais perdre mon emploi, je toucherais les allocations chômage. » Comme l'ont écrit dans le *New York Times* Antti Jauhiainen et Joona-Hermanni Mäkinen, cofondateurs d'un *think tank* finlandais dédié à la démocratie participative : « Le revenu universel n'a pas été un échec en Finlande. C'est la Finlande qui a échoué[11]. »

Stephen Hawking prônait lui aussi la redistribution des richesses comme seul moyen de s'attaquer aux inégalités qui accompagnent l'émergence de nouvelles technologies. « Si tout ce dont nous avons besoin est produit par des machines, alors tout dépendra de la manière dont les choses seront distribuées », écrivait-il en 2016 sur Reddit à l'occasion de l'une des célèbres sessions de questions-réponses *Ask Me Anything*[12]. « Si la richesse produite par les machines est partagée, chacun peut profiter d'une vie de loisirs raffinés ; si les propriétaires des machines parviennent à empêcher cette redistribution, alors la plupart des gens finiront pauvres. Pour l'instant, la tendance est plutôt à la seconde option, avec des technologies qui entretiennent des inégalités croissantes. » Bill Gates estime ainsi que les gouvernements devraient taxer les robots au même titre que les salariés humains pour compenser le manque à gagner des impôts dû à l'automatisation[13]. Comme Elon Musk, il est convaincu que le revenu universel peut faire office de soupape bienvenue en cette turbulente période de bouleversements afin de laisser le temps à notre société de s'ajuster, de s'adapter et de trouver comment continuer à avancer.

Pour ses partisans, le revenu de base nous rendra libre de nous consacrer à ce qui nous fait nous sentir bien et nous donne une raison d'être. Ses détracteurs martèlent qu'il sera un désastre pour l'économie, « une fiction utopiste qui gaspille l'argent public au profit des riches », et une forme de totalitarisme institutionnel[14]. Laissons ces débats de côté. À ce stade, il est bien trop tôt pour tirer de quelconques conclusions. Heureusement, chaque année, de plus en plus de gouvernements testent l'idée. Il me semble important de la considérer – même si elle s'accompagnera sans doute de son lot de défis inattendus. Je crois que derrière la plupart des arguments des détracteurs se cache une peur profonde et viscérale. La peur de ce que signifiera la dissociation entre travail et argent, et celle du traumatisme de se retrouver sans travail.

PROMESSES SANS LENDEMAIN D'UNE CROISSANCE INFINIE

Certains futurologues vous diront que ces avertissements sont inutilement dramatiques, que l'essor des technologies va créer de nouvelles typologies d'emplois et des opportunités encore inimaginables – à l'image de tous les métiers des secteurs de l'informatique, de la programmation et d'autres domaines qui n'existaient pas il y a encore quelques décennies.

Certes, de nouvelles compétences seront exigées et des postes aux titres ronflants verront le jour. Parmi eux, nous relevons déjà des *éthiciens des algorithmes*, qui doivent garantir que les comportements programmés sont exempts de biais (volontaires ou non) ou des *psychologues d'intelligence artificielle*, qui aident les ordinateurs de plus en plus sophistiqués à s'y retrouver dans notre monde complexe – et finalement souvent absurde (imaginez un pauvre psychologue tentant d'expliquer le principe des *mèmes* à un robot désemparé).

L'expansion économique vers de nouveaux secteurs d'activité a toujours été une façon de limiter les coûts engendrés par l'obsolescence de vastes pans de compétences (bien que la disparition d'emplois soit plus rapide que l'émergence de nouveaux secteurs). L'autre méthode a consisté à intensifier les gains de productivité et à accroître le rendement pour justifier le recours à une main-d'œuvre supplémentaire. Ces deux stratégies reposent sur l'une des failles les plus importantes et les plus fondamentales de la théorie économique moderne : l'idée selon laquelle les ressources et la croissance seraient infinies.

Si les ressources et les opportunités ont pu sembler infinies au début de la révolution industrielle, nous savons désormais que nous composons avec des paramètres fixes en termes d'espace disponible, de ressources naturelles et même de capital humain. Nous commençons déjà à frôler certaines de ces limites, comme en témoignent les signaux d'alerte catastrophiques du changement climatique, de la déforestation, de la désertification, de l'augmentation de la pollution et l'inquiétante menace qui pèse sur les oiseaux, les poissons et les mammifères avec qui nous partageons cette planète. Penser que nous pourrions surmonter ce changement sociétal en continuant simplement à croître sans fin (que cela soit en augmentant les rendements ou les secteurs d'activité) s'avère tout aussi improbable que lorsque nous considérons le nombre de personnes qui se retrouveront sans emploi. Qui achètera tout ce qui est produit ?

Même si nous créons de nouvelles catégories d'emplois, les travailleurs déplacés seront très peu nombreux à être qualifiés pour. Quelle est la probabilité qu'un chauffeur de poids lourds remplacé par un véhicule autonome puisse se convertir en spécialiste des algorithmes ? Les nouvelles opportunités bénéficieront aux privilégiés socio-économiques capables de s'adapter, d'apprendre et de progresser avec l'innovation technologique. Autrement dit, un secrétaire au chômage, un employé de banque ou un analyste peuvent conduire un Uber ou s'inscrire sur une plateforme en ligne pour répondre à des missions. Par définition, ce sont bien des emplois nés de cette nouvelle économie digitale, mais s'agit-il vraiment du type d'emplois que nous désirons ?

Petit résumé, grandes idées

➔ Les bouleversements technologiques rendent inéluctables les pertes d'emploi massives. Nous devons commencer à réfléchir à une société post-travail.

➔ Les expériences menées sur le revenu universel sont biaisées car elles ne sont pas sans contrepartie et sont financées par les impôts actuels (plutôt que de taxer le recours à l'automatisation).

➔ Alors que nous avons été habitués à imaginer une croissance infinie, nous n'allons pas tarder à en rencontrer les limites à nos dépens (avec l'augmentation de la population et les dommages environnementaux). Nous devons créer des indicateurs économiques alternatifs plutôt que de compter sur une croissance positive infinie.

CONCLUSION

Un nouveau rêve

THE ROAD LESS TRAVELED[1]

Notre quête de réponses quant à la genèse de nos croyances sur le travail touche à sa fin. La prochaine étape, au cours de laquelle nous mettrons en application nos apprentissages, ne fait que commencer.

L'écriture de ce livre a été l'une des expériences les plus éprouvantes de ma vie, tant personnelle que professionnelle. En retraçant les origines de nos croyances liées au travail, j'ai dû faire face à ma propre résistance émotionnelle. Il m'a été très difficile de traduire le fruit de mes recherches en une vérité que j'acceptais au plus profond de moi. Il m'a fallu persévérer. À chaque faux départ j'étais assaillie par les doutes et par un sentiment d'échec. J'accumulais les semaines de retard et de procrastination, les échéances étaient décalées. De la honte de ne pas créer naissait un mélange écœurant de culpabilité et d'angoisse latente ; je ne parvenais pas à me délester du poids du stress, peu importe le temps que je passais sur BuzzFeed, Netflix ou YouTube pour me distraire.

J'avançais lentement et par à-coups, mais j'avançais. Ce n'est que bien plus tard que j'ai compris que mes recherches n'étaient pas uniquement mues par de la simple curiosité : elles étaient une question de survie. Il me fallait impérativement trouver une meilleure manière de créer et de composer avec les réalités actuelles de l'économie de la créativité productive car je ne pouvais plus continuer ainsi. Désormais, je sais que ma solide éthique de travail m'avait perdue, que ma quête sans fin d'un rendement toujours meilleur me faisait plus de mal que de bien. Plus je courais après la productivité, plus je perdais du terrain. Je me rendais malade, restais sourde aux avertissements que me lançait mon corps et finissais empêtrée dans cette situation que j'avais moi-même créée. Ma propre faiblesse me mettait en colère et j'étais terrifiée à l'idée de m'être infligée des dommages irréparables. J'avais supporté la fatigue et les insomnies. J'avais même appris à vivre avec la perte de mes cheveux. La seule chose que je ne pouvais plus supporter était mon incapacité à écrire. Lorsque j'étais au plus mal, je ne parvenais pas même à rédiger une simple phrase. Pire encore, la machine que j'avais dans la tête, fourmillant toujours de nouvelles idées, s'était tue. La perte de cette part de moi-même a été un choc terrible qui m'a plongée dans une telle dépression que je me suis demandée si j'aurais la volonté (ou la force) de poursuivre.

Que fait un auteur qui ne peut plus écrire ?

Je m'en suis beaucoup voulu. Effectuer des recherches pour ce livre a été cathartique, cela m'a aidé à comprendre que je n'étais pas seule responsable, que de puissantes forces culturelles étaient à l'œuvre, déteignant sur ma vision des choses et me conduisant à aborder la situation sous un certain angle. En prendre conscience m'a donné le courage d'affronter certaines de mes pires vulnérabilités et de les surmonter.

Comme je l'ai mentionné au chapitre 13, ce réveil s'effectue en deux temps. Il nous faut d'abord découvrir les raisons cachées de nos attitudes et comportements. Puis nous devons mettre en pratique ces leçons d'une manière qui a du sens pour nous, en tant qu'individu. J'espère que l'approche pluridisciplinaire de ce livre – qui croise des domaines aussi divers que la psychologie, l'anthropologie, l'histoire, la sociologie, la philosophie, la théologie, la théorie des médias, l'histoire de l'art et plus encore – vous a aidé à commencer votre voyage en vue de comprendre votre propre relation, unique et complexe, au travail. Les questions posées dans ce livre ne sont qu'un point de départ. À vous de poursuivre.

Ce n'est pas un processus linéaire que je pourrais me contenter de résumer en une méthode. Votre processus sera tortueux, complexe et exaspérant. Il vous faudra peut-être, comme moi, procéder par étapes en prenant le temps de digérer et d'intégrer différentes notions. Vous devrez trouver votre propre voie mais il vous sera peut-être utile que je vous partage la mienne.

Au cours de l'année écoulée, j'ai procédé à de nombreux changements, certains mineurs, d'autres plus importants – mais tous utiles.

Le plus significatif et le plus sain a été de me libérer d'un modèle fondé sur le rendement permanent. Nous ne sommes pas des machines capables de produire chaque jour la même chose de la même manière. Nous sommes des êtres gouvernés par des cycles : les saisons, et même la lune.

C'est en observant à quel point notre quête de productivité nous a éloignés de ces rythmes naturels que j'ai eu envie de me les réapproprier.

J'ai commencé petit, en consommant des produits de saison issus de producteurs locaux. J'ai analysé ma courbe d'énergie au cours de la journée et j'ai découvert que mon pic de créativité se situait entre seize heures et une heure du matin : j'ai donc appris à structurer mes journées autour de ce qui fonctionnait pour moi et j'ai fait la sourde oreille à toutes les odes aux levers matinaux qui fleurissaient sur Internet. Ceux qui se lèvent tôt peuvent se vanter de leur productivité mais l'Histoire montre que bien des génies étaient des oiseaux de nuit. Je me suis plongée dans les études et j'ai découvert qu'il n'existait pas de méthode unique meilleure que les autres. Chacun naît avec ses préférences : si vous n'êtes pas du matin, ne laissez personne vous dire que votre productivité créative va en pâtir.

Plus je faisais attention, plus je découvrais des schémas récurrents. Mes cycles d'énergie étaient quotidiens, mensuels, voire annuels. En les respectant, j'ai appris à composer avec eux plutôt que les ignorer. J'ai dédié des semaines spécifiques à l'écriture plutôt qu'à d'autres projets. Bien sûr, il peut arriver que des clients, des dates de rendus ou des voyages interfèrent, mais je l'accepte – la vie est imprévisible. Je fais simplement de mon mieux pour aligner aussi souvent que possible mon emploi du temps professionnel et mon flux d'énergie naturel. Ironiquement, malgré toutes les recherches qui m'avaient prouvé la pertinence de cette démarche, j'étais étonnée qu'elle fonctionne. Je remarquais une amélioration de mon niveau de satisfaction au travail, de mon humeur, de mon rendement et de mon énergie. En analysant celle-ci, j'ai découvert une part de moi-même qui m'était inconnue jusqu'alors. Pour la première fois, j'ai eu l'impression de travailler avec mon corps plutôt que contre lui.

Lorsque que vous avez conscience de tous les cycles qui vous entourent, votre horizon de temps s'élargit naturellement. La technologie nous a imprégnés d'un faux sentiment d'urgence, nous voulons tout, et tout de suite. J'ai appris à accepter que les choses prennent un peu plus de temps. Ma nouvelle connaissance de mes cycles d'énergie m'a poussée à commencer à planifier mon année plutôt que ma journée ou ma semaine. J'avais coutume de m'en vouloir si je ne consacrais pas quelques heures à l'écriture chaque jour après le travail. Désormais, je réserve simplement quelques week-ends chaque trimestre. Cela fonctionne pour moi, sans pour autant que je me sente épuisée ou coupable. Pendant l'été, je garde du temps pour travailler sur des projets parallèles comme mon podcast, ou pour donner plus de cours, en sachant que pendant l'hiver j'aurai envie de rester chez moi pour écrire.

Mes progrès ne sont pas linéaires. À vous de trouver les rythmes et les horizons temporels qui vous conviennent le mieux. Quel intérêt à vous précipiter vers votre but si vous tombez malade et, plus important encore, si vous n'appréciez pas le chemin qui vous y conduit ?

Ces changements peuvent vous sembler anodins mais mon problème n'avait jamais été de ne pas savoir quoi faire pour mieux prendre soin de moi. J'étais frustrée de savoir que je pouvais mieux faire sans pourtant m'y atteler. Les recherches et l'écriture de ce livre m'ont donné la vision et le courage nécessaires pour affronter et traiter certaines de mes problématiques les plus profondes (mon ego, mon estime de moi-même, mon identité). Par la suite, je n'ai plus eu à compter sur ma seule volonté. Comprendre les origines de ma résistance m'a aidé à la dépasser.

Lorsque, en tant que créatifs productifs, vous décryptez les mythes et récits que l'on vous ressasse, ils perdent de leur impact. J'ai commencé par me désabonner de tous les comptes de mes réseaux sociaux qui publiaient des citations inutiles soi-disant hyper-motivantes (du type *Nobody Cares, Work harder – Tout le monde se fiche de vos problèmes. Travaillez plus*). J'ai cessé de fréquenter quiconque me donnait le sentiment de ne jamais en faire assez. J'ai arrêté de lire les articles qui recommandaient de se lever à l'aube pour travailler quelques heures de plus. J'ai cessé de dire que j'étais *overbookée* et j'ai commencé à prêter attention à mes propres étalages de dévotion au travail. J'avais par exemple pour habitude de poster des photos du nombre de mails non lus de ma boîte de réception (montrant ainsi à quel point j'étais occupée et sollicitée). Je ne le fais plus. Les recherches que j'ai menées sur l'ego m'ont mise face à ma propre tendance à me comparer aux autres. À la place, j'ai cessé d'être en concurrence avec moi-même, j'ai identifié des manières de continuer à apprendre et à progresser sans me soucier autant de ce que font les autres. Cela m'a rendu bien plus heureuse.

J'essaie d'être moins dure envers moi-même et plus réaliste quant à ce que je suis capable de faire au quotidien. Lorsque j'ai besoin de me reposer, je le fais, même pendant les heures de travail. Je suis devenue intransigeante sur le fait de déconnecter pendant les vacances. Se libérer du travail et du dogme de la productivité signifie aussi réinvestir ailleurs ce temps auparavant consacré à la surcharge de travail. La quantité de temps libérée a de quoi surprendre ; c'est une merveilleuse opportunité pour passer plus de moments de qualité en famille ou entre amis, se découvrir une nouvelle passion ou se porter bénévole.

En me plongeant dans la longue histoire de notre espèce, je me suis souvenue à quel point la plupart de nos habitudes de travail sont récentes. L'éthique protestante si présente dans nos vies date du XVIe siècle, une fraction de secondes au regard de notre existence en tant qu'espèce humaine. En ce sens, les idéologies que nous avons construites autour du travail ne sont pas anciennes au point de ne pouvoir être remises en question ; et, contrairement à ce que l'on nous a habitués à croire, elles ne sont pas un élément fondamental de la nature humaine. Mais si nous n'interrogeons pas ces idées, nous ne nous en libérerons jamais.

Mener ce processus d'auto-réflexion me semble indispensable à tout créatif productif. Remettre en question notre propre réalité n'est jamais une expérience agréable mais elle est essentielle pour entretenir un état d'esprit de développement et savoir s'adapter, deux qualités dont notre société aura plus que jamais besoin.

TOUT COMMENCE PAR VOUS

Fort de ce savoir, je vous souhaite de réfléchir à votre propre comportement, en tant qu'individu d'une part, mais tout particulièrement si vous êtes en charge d'équipes créatives. Les croyances se créent collectivement et les changements apportés à la culture d'entreprise sont les premières étapes vers la création de meilleurs environnements de travail. Ces changements peuvent commencer petits. Reconsidérez vos principes de fonctionnement à travers le prisme de ce que vous avez appris sur la créativité et le cerveau pour vérifier si vous offrez à votre équipe les conditions optimales à son épanouissement. Échangez avec vos équipes. Avec vos collègues. Avec vos supérieurs. Le simple fait d'admettre l'existence des trois forces (systèmes, récits, identités) constitue déjà un grand pas en avant. Rendre visibles ces influences cachées a pour effet de réduire leur emprise sur nous.

Finalement, je ne sais pas ce qu'il adviendra de nos emplois. Honnêtement, je crois que personne ne le sait. Je pense, et j'espère, que notre avenir se situera quelque part entre le paradis utopique et le cauchemar dystopique. C'est pour cela que, plutôt que de m'en inquiéter ou de me préparer à voir mes rêves brisés, je tente de m'ancrer dans le présent et dans ce qu'il est possible de faire aujourd'hui. Cela commence par s'impliquer et s'informer sur ces questions. En tant que citoyens nous avons la responsabilité de consommer de façon éthique – y compris sur les nouvelles plateformes en ligne. Nous devons exiger des rémunérations justes et des conditions de travail décentes. Nous avons le pouvoir d'influencer les entreprises par nos choix de consommateurs et nous devrions soutenir celles dont la vision de l'avenir passe par le partage des richesses entre tous – et non seulement entre leurs actionnaires. Nous devrions également éviter de soutenir celles dont la vision diverge de la nôtre.

Je ne suis pas une idéaliste. Au contraire, je suis extrêmement pragmatique lorsqu'il s'agit de ma vision du monde. Je défends les modèles de partage des richesses car, à en croire les évènements récents, bon nombre de nos modèles économiques actuels ne seront pas pérennes. Piller la terre sans vergogne, décimer des classes socio-économiques et créer des technologies incontrôlables pourrait porter ses fruits à court terme mais ces pratiques finiront certainement par être désastreuses. L'innovation ne peut plus se faire au détriment de salaires décents et de codes du travail qui protègent toutes les classes de travailleurs. Notre histoire du travail se répète mais, cette fois, ce sont les travailleurs du savoir qui vont devoir défendre ces droits, à l'image de ce qu'ont fait nos ancêtres à l'époque industrielle. L'atomisation du marché du travail en micro-segments a réussi à faire de nous des entités individuelles – des travailleurs individuels déconnectés les uns des autres, seulement unis par le fait d'être au service de conglomérats de sociétés de la tech. Nous devrons collaborer pour s'assurer que les politiques mises en place par les entreprises et ceux qui nous gouvernent protègent nos intérêts.

Personne ne sortira gagnant de ce combat. Un proverbe africain dit très justement : « Si tu veux aller vite, marche seul, mais si tu veux aller loin, marchons ensemble. » Le marché du travail des générations à venir dépend de nos efforts.

OSER RÊVER

Mes cheveux ont retrouvé leur vigueur. Après une longue période de repos, la petite voix dans ma tête a recommencé à murmurer ; ma créativité a de nouveau jailli. Sans miracle, sans programme en dix étapes. Avec de la réflexion et beaucoup d'efforts délibérés pour créer l'espace dont j'avais besoin pour me définir par autre chose que simplement ce que je pouvais produire. C'était un long voyage, souvent douloureux, mais dont je suis reconnaissante pour les leçons que j'en ai tirées sur la résilience de l'esprit créatif.

N'oubliez pas, le futur ne se crée pas en un instant – chacune de nos décisions, ici et maintenant, le façonne peu à peu. En un sens, notre crise du travail actuelle est aussi une crise de l'imagination. C'est à nous, les créatifs productifs, les rêveurs, les adeptes des siestes, les artistes, de faire ce que nous faisons le mieux : imaginer un avenir meilleur. Dès à présent, avant qu'il ne soit trop tard.

Je suis convaincue que nous sommes à la hauteur de ce défi.

REMERCIEMENTS

Au cours de ma vie, j'ai eu la chance de rencontrer des personnes qui se sont montrées extrêmement généreuses : elles m'ont offert du temps, elles ont partagé leurs points de vue, leurs conseils avisés, leurs retours. Ce projet ambitieux n'aurait jamais existé sans vous. Merci.

À ma sœur, Riwa, tout d'abord. Ce livre porte l'empreinte de ta vision brillante, de tes idées, de tes recherches et de ton écriture. Merci d'être sortie avec moi de l'ombre de Beyoncé et de m'avoir aidée à trouver la lumière.

À Arthur Goldwag, mon éditeur. Tu m'as aidée à trouver ma voie. Ce projet n'existerait pas sans toi. Merci.

À Cosimo Turroturro, mon Yoda, qui m'a appris à penser plus grand. Merci.

À mon agent, Jim Levine, qui a cru en ce projet et a inlassablement revu mes contrats, mes premiers jets et mes multiples mails. Merci.

À mon éditrice chez Diversion Books, Lia Ottaviano, qui s'est battue pour ce livre. Ton sens de l'humour et ton soutien ont été de précieux alliés. Merci.

À David Lavin, Charles Yao, Gord Mazur et l'équipe Lavin Team, pour m'avoir aidée à donner vie au message de ce livre. Merci.

À l'équipe de Red Thread, Heather Moffatt et Antoinette Schatz, pour avoir pris soin de vérifier que je tenais bon alors que j'étais enfermée dans ma cave d'auteur. Merci.

À mon mentor, Don Tapscott, qui a toujours trouvé du temps pour moi lorsque j'avais des questions. Merci.

À Jay Goldman et Leerom Segal, qui ont partagé avec moi leurs discussions, leurs conseils et leur Wi-Fi chez Klick. Merci.

À David Sarfati, mon coach de Krav, qui a compris que parfois la seule chose à faire est de taper sur quelque chose. Merci.

À ma mère, Hanan Harfoush, qui a imprimé tout mon manuscrit et l'a transporté dans une enveloppe car elle désirait mieux comprendre ce que je faisais. Merci.

À mon père, Nabil Harfoush, dont le calme a su me rassurer pendant les moments difficiles de mon processus créatif. Merci.

À ma sœur aînée, Rania, qui a toujours cru en moi. *Arigato* !

À mes éminences grises, Dan Dzombak, Kane Sarhan, Niamh Hughes, Kalsoom Lakhani, Fabian Pfortmuller et DJ Saul. Vous étiez là dès le départ. Merci.

À Richard et Ilse Straub, vos conseils, votre amitié et votre soutien ont été de merveilleux cadeaux. *Danke*.

À mes coachs, Michelle Saul, Willow O'Brien et Mary Jane Braide, votre patience, vos conseils et votre sagesse m'ont donné le courage d'aller au bout de ce que j'avais commencé. Merci.

Aux cafés parisiens qui sont devenus mon second chez-moi. Channa et Virginie chez Loustic qui ont fêté chaque étape avec moi. Vincent et Martin chez Kodama qui m'ont redonné le sourire face à la page blanche. Merci.

À Sylvain Debonnet, mon coach de self-défense, merci de m'avoir aidée à reprendre confiance en moi, à vaincre la peur et à trouver mon équilibre. Merci.

À mes chers amis : Mitch Joel, Erica Dhawan, Erin Bowser et Gerry, Erin Dahl et PC, Joel Halpern, Lindsay Tramuta, Nate Nicols, John Egan, Sarah Roocroft, Nalini Singh, Amber Mac, Enrique Vessuri et Dan Ariely. Merci.

À tous ceux qui ont publié des suggestions, des avis, des histoires et des points de vue sur les réseaux sociaux. Merci.

NOTES

Introduction

1. « Elle bosse du lundi au vendredi, travaille du mendredi au dimanche », extrait de la chanson *Six Inch Heels* de Beyoncé de son album *Lemonade*.
2. Swash R., 2010, "Let's Hear It for Beyoncé, the Hardest-Working Woman in Showbusiness", *theguardian.com*
3. Bayley L., 2014, "Solange on Sister, Beyoncé: Her Work Ethic Is Insane", *glamourmagazine.co.uk*
4. Venturi R., 2014, "Cast Your Jealousy Aside. The Idea the French and Spanish Work Fewer Hours Than the Rest of Us Is More Fiction Than Fact", *bbc.com*
5. INSEE, 2020, « Heures travaillées selon le statut, la catégorie socioprofessionnelle et le sexe en 2019 », Donnés annuelles, *insee.fr*
6. Bellaiche A.-S., 2019, « Les cadres français restent des bourreaux de travail », *usinenouvelle.com*
7. Duport P., 2019, « Un cadre sur deux avoue avoir connu le *burn-out*, selon un sondage », *francetvinfo.fr*

Chapitre 1

1. "Merlin Mann", *en.wikipedia.org*

2. Griffiths A.J., *Observations on Some Points of Seamanship: With Pratical Hints on Naval Economy*, 2nd ed., pp. 27.

3. U.S. Bureau of Labor Statistics, American Time Use Survey, 2015, "Charts by Topic: Houselhold Activities", *bls.gov*

4. Pailhé A., Solaz A. et Souletie A., 2019, "How Do Women and Men Use Extra Time? Housework and Childcare after the French 35-Hour Workweek Regulation", *European Sociological Review*, 35 (6).

5. Hall J., 2013, "Why Men Don't Take Paternity Leave", *forbes.com*

6. Reid D., 2017, "Tens of Thousands of People in France Are Demanding Longer Paternity Leave", *cnbc.com*

7. Pailhé A., Solaz A. et Souletie A., 2018, "Can Daddies Learn How to Change Nappies? Evidence from a Short Paternity Leave Policy", *Working Paper*, 240.

8. Camille, 2016, « Quand la reprise du travail ne se passe pas bien : les expériences d'Étoile et d'Urbanie + quelques conseils pour toi », *dans-ma-tribu.fr*

9. Camille, 2016, « Quand le retour au travail ne se passe bien : les expériences de Doupiou, Die Franzoesin et Miss Chat », *dans-ma-tribu.fr*

10. Satara-Barko C., 2020, « Retour de congé maternité : les discriminations ont la vie dure », *parents.fr*

11. Lamont M., 1995, *La morale et l'argent. Les valeurs des cadres en France et aux États-Unis*, Métailié.

Chapitre 2

1. Étude IBM Global CEO Study, 2010, « Tirer parti de la complexité », *Compagnie IBM France*.

2. Adobe Stock, 2019, « Pourquoi la créativité est le nouveau graal des entreprises », *blogs.adobe.com*

3. Platon, *La République*.

4. Morner K. et Rausch R., 1997, *NTC's Dictionary of Literary Terms*, Chicago: NTC Publishing Group.

5. *Ibid.*

6. Jeffcut P. et Pratt A.C., 2002, "Managing Creativity in the Cultural Industries", *Creativity and Innovation Management*, 11(4).

7. Sawyer R.K., 2006, *Explaining Creativity: The Science of Human Innovation*, Oxford University Press.

8. "Wallis' model of the Creative Process", *members.optusnet.com.au*, d'après Herrmann N., 1989, *The Creative Brain*, Ned Herrmann Group.

9. *American Men and Women of Science* est une collection de livres de références biographiques sur les personnalités scientifiques majeures américaines et canadiennes.

10. Valls II's Government, 2014, "Creative France: 'France Is Changing, and Its Image Needs to Change Too'", *gouvernement.fr/en/*

11. Raunig G., Ray G. et Wuggenig U. (eds.), 2011, *Critique of Creativity: Precarity, Subjectivity and Resistance in the "Creative Industries"*, mayflybooks.org, pp. 74.

12. Wilson E., 2003, *Bohemians: The Glamorous Outcasts*, Tauris Parke.

13. Étude menée en mars et avril 2012 auprès de cinq mille personnes aux États-Unis, au Royaume-Uni, en Allemagne, en France et au Japon.

14. Rothman J., 2014, "Creativity Creep", *newyorker.com*

15. World Creativity & Innovation Week, "History", *wciw.org*

Chapitre 3

1. « Ne deviens jamais dépendant de la dope que tu vends. »

2. « Karōshi », *fr.wikipedia.org*

3. "Getting a grip on Karōshi", *japantimes.co.jp*

4. Associated Press, 2015, "Japan's Plan to Stop Employees from Working Selves to Death", *nypost.com*

5. The Economist, 2007, "Japanese Employees Are Working Themselves to Death", *economist.com*

6. McNeill D., 2014, "Overwork Remains a Fatal Flaw in Japanese Society", *irishtimes.com*

7. McCurry J., 2016, "Kensuke Miyazaki to Become First Ever Japanese MP to Take Paternity Leave", *theguardian.com*

8. IFO Institute : *ifo.de*

9. McCurry J., 2016, "Kensuke Miyazaki to Become First Ever Japanese MP to Take Paternity Leave", *theguardian.com*

10. Associated Press, 2015, "Japan's Plan to Stop Employees from Working Selves to Death", *nypost.com*

11. OECD, "Average Annual Hours Actually Worked per Worker", *stats.oecd.org*

12. Remarque : le nombre d'heures travaillées par les Américains a également diminué, mais la plupart des experts s'accordent à dire que le nombre réel d'heures travaillées est supérieur du fait des heures supplémentaires non déclarées et de la surcharge générale supportée par les cols blancs.

13. OECD, 2020, "Hours Worked", OECD Employment Outlook, *data.oecd.org*

14. OECD, 2019, "GDP per Hour Worked", OECD Compendium of Productivity Indicators, *data.oecd.org*

15. United States Temporary National Economic, 1941, *Investigation of Concentration of Economic Power. Final Report and Recommendation*, Temporary National Economic Committee, pp. 105.

16. Zonderman M.D.A., 1992, *Aspirations and Anxieties: New England Workers and the Mechanized Factory System, 1815-1850*, Oxford University Press, pp. 33.

17. Klein P.S., 1976, *A History of Pennsylvania*, Pennsylvania State University Press, pp. 221.

18. Walter B.E., 1999, *South Carolina: A History*, University of South Carolina Press, p. 88.

19. *Ibid.*

20. "1911 Encyclopædia Britannica/Owen, Robert", *en.wikisource.org*

21. Münsterberg H., 1913, "Psychology and Industrial Efficiency", *Classics in the History of Psychology*, York University Toronto.

22. Robinson S., 2012, "Bring Back the 40-hour Work Week", *salon.com*

23. Chapman S., 1909, "Hours of Labor", article de recherche paru dans *The Economic Journal.*

24. Casarotti A. et Pichard L. (INSEE), Renouvel S. et Roger S. (Apur), 2016, *25 000 emplois créatifs créés en cinq ans dans la métropole parisienne*, INSEE Île-de-France, n° 33, *insee.fr*

25. Case A. et Deaton S.A., 2017, "Mortality and Morbidity in the 21st Century", *brookings.edu*

26. Adobe, 2016, "State of Create: 2016", *adobe.com*

Chapitre 4

1. Prévost T., 2016, « La génération Y gagne beaucoup moins bien sa vie que les précédentes », *konbini.com*

2. Dans son ouvrage, Malcom Gladwell expose cette règle selon laquelle dix mille heures de pratique dans n'importe quelle discipline feront de vous un expert incontesté.

Chapitre 5

1. White G.B., 2015, "Most Millenials Want to Own Home", *theatlantic.com*

2. Jane Fox E., 2016, "Bill Gates Admits He Was a Nightmare Boss", *vanityfair.com*

3. "How Many Hours a Week Does Mark Zuckerberg Actually Work at the Facebook Office?", *quora.com*

4. Rampton J., 2015, "Zuckerberg, Musk and Gates Have a Not-So-Secret Productivity Hack – Work Constantly", *entrepreneur.com*

5. Tate R., 2011, "Tim Cook: Apple's New CEO and the Most Powerful Gay Man in America", *gawker.com*

6. Carlson N., 2012, "The Truth About Marissa Mayer: She Has Two Contrasting Reputation", *businessinsider.com*

7. "Starbuck's CEO Howard Schultz Profile", *The Business Journals*, 2008.
8. McAlone N., 2017, "These Are the 18 Most Popular YouTube Stars in the World – and Some Are Making Millions", *businessinsider.com*
9. Stanford News, 2005, "'You've Got to Find What You Love', Jobs Says", *news.stanford.edu*
10. Tokumitsu M., 2015, *Do What You Love: And Other Lies about Success and Happiness*, Regan Arts.
11. Myerscough P., 2013, "The Pret Buzz", *London Review of Books*, 35(1).
12. Singh A., 2016, "Want the UK to Leave Europe? You're Suffering from British Special Snowflake Syndrome", *independent.co.uk*
13. Newport C., 2012, "Solving Gen Y's Passion Problem", *hbr.org*
14. Moore B., 2010, "The Worst Generation?", *nypost.com*
15. Gray P., 2015, "Declining Student Resilience: A Serious Problem for Colleges", *psychologytoday.com*

Chapitre 6

1. Kay A., 2013, "At Work: Job, Self-Esteem Tied Tightly Together", *eu.usatoday.com*
2. Martin M.W., 2012, *Happiness and the Good Life*, OUP USA.
3. Ciulla J., 2001, *The Working Life: The Promise and Betrayal of Modern Work*, Currency.
4. Kay A., *op.cit.*
5. McGrath E., 2001, "Self-Esteem at Work", *psychologytoday.com*
6. Schwartz T., 2010, "How Much Are You Worth?", *hbr.org*
7. Havas Global Comms, 2015, "The Modern Nomad: Connect Me If You Can", Prosumer Reports, *download.havas.com*
8. Swant M., 2015, "We're Not Nearly as Busy as We Pretend to Be, According to a New Study", *adweek.com*
9. Statista, "Number of Self-Employed Persons Aged 15 Years Old and Older in France Between 2008 and 2018", *statista.com*

10. The School of Life, “You Are Not What You Earn”, *theschooloflife.com*

11. Huerta A., 2017, “Why I Left Google: Thoughts on Trading in Pride and Security for Authenticity”, *huffpost.com*

Chapitre 7

1. Immordino-Yang M.H., Christodoulou J.A. et Singh V., 2012, “Rest Is Not Idleness: Implications of the Brain’s Default Mode for Human Development and Education”, *Perspectives on Psychological Science*, journals.sagepub.com

2. Payne J.D., Ellenbogen J.M., Walker M.P. et Stickgold R., 2008, “The Role of Sleep in Memory Consolidation”, *Learning and Memory: A Comprehensive Reference*, 2: 663-685.

3. Christoff K., Gordon A.M., Smallwood J., Smith R. et Schooler J.W., 2009, *Experience Sampling during MRI Reveals Default Network and Executive System Contributions to Mind Wandering*, Proceedings of the National Academy of Sciences.

4. Rock D., 2009, *Your Brain at Work: Strategies for Overcoming Distraction, Regaining Focus, and Working Smarter All Day Long*, Harper Business.

5. *Ibid.*

6. Schoenewolf G., 1990, “Emotional Contagion: Behavioral Induction in Individuals and Groups”, *Modern Psychoanalysis*, 15: 49-61.

7. McGonigal K., 2013, *The Willpower Instinct: How Self-Control Works, Why It Matters, and What You Can Do to Get More of It*, Avery.

8. Kramer A.D.I., Guillory J.E. et Hancock J.T., 2014, “Experimental Evidence of Massive-Scale Emotional Contagion Through Social Networks”, *PNAS*, 111(24): 8788-90.

9. Selig M., 2015, “Why Saying Just One Word Can Calm Runaway Emotions”, *psychologytoday.com*

10. Rivera J., 2013, “Calm Yourself by Labeling Negative Feelings”, *lifehacker.com*

11. HAMILTON J., 2008, "Think You're Multitasking? Think Again", *npr.org*

12. KLEIN S., 2015, "What's Really Happening in Your Brain When You Multitask", *huffpost.com*

Chapitre 8

1. KUSZEWSKI A.M., 2009, "The Genetics of Creativity: A Serendipitous Assemblage of Madness", *METODO Working Papers*, 58.

2. *Ibid.*

3. WALLAS G., 1926, *The Art of Thought*, New York, Harcourt Brace.

4. ROSSMAN J., 1931, *The Psychology of the Inventor*, Washington DC, Inventor's Publishing.

5. OSBORN A., 1953, *Applied Imagination*, New York, Charles Scribner.

6. RUNCO M.A., MILLAR G., ACAR S. et CRAMOND B., 2010, "Torrance Tests of Creative Thinking as Predictors of Personal and Public Achievement: A Fifty-Year Follow-Up", *Creativity Research Journal*, 22(4).

7. PHARES E.J. et CHAPLIN W.F., 1997, *Introduction to Personality*, 4th ed., Longman, pp. 8-9.

8. OWENS D.A., 2011, *Creative People Must Be Stopped: 6 Ways We Kill Innovation (Without Even Trying)*, Wiley and Sons.

9. MILLER T., 2013, "The Seven Elements of a Creative Personality", *lifehacker.com*

10. STAFFORD L., NG W., MOORE R. et BARD K., 2010, "Bolder, Happier, Smarter: The Role of Extraversion in Positive Mood and Cognition", *Personality and Individual Differences*, 48(7): 827-832.

11. Souvenez-vous : « Brooks était ici, Red aussi ! »

12. GALTON R., 1869, *Hereditary Genius*, Introductory Chapter B.

13. KYAGA S., LICHTENSTEIN P., BOMAN M., HULTMAN C., LANGSTROM N. et LANDEN M., 2011, "Creativity and Mental Disorder: Family Study of 300 000 People with Severe Mental Disorder", *The British Journal of Psychiatry*, 199(5) : 373-379.

14. TAN Y.T., MCPHERSON G.E., PERETZ I., BERKOVIC S.F. et WILSON S.J., 2014, "The Genetic Basis of Music Ability", *Frontiers in psychology*, 5 ; UKKOLA-VUOTI L., KANDURI C., OIKKONEN J., BUCK G., BLANCHER C., RAIJAS P., KARMA K., LÄHDESMÄKI H. et JÄRVELÄ I., 2013, "Genome-Wide Copy Number Variation Analysis in Extended Families and Unrelated Individuals Characterized for Musical Aptitude and Creativity in Music", *PloS One*, 8(2).

15. *Ibid.*, UKKOLA-VUOTI L., KANDURI C., OIKKONEN J., BUCK G., BLANCHER C., RAIJAS P., KARMA K., LÄHDESMÄKI H. et JÄRVELÄ I., 2013.

16. *Ibid.*

17. ENGELMANN J.B., DAMARAJU E., PADMALA S. et PESSOA L., 2009, "Combined Effects of Attention and Motivation on Visual Task Performance: Transient and Sustained Motivational Effects", *Frontiers in Human Neuroscience.*

18. HEILBRONNER S. et PLATT M., 2013, *Causal Evidence of Performance Monitoring by Neurons in Posterior Cingulate Cortex during Learning*, Neuron.

19. LEECH R. et SHARP D.J., 2013, "The Role of the Posterior Cingulate Cortex in Cognition and Disease", *Brain*, 137 (Pt. 1): 12-32.

20. PEARSON J.M., HEILBRONNER S.R., BARACK D.L., HAYDEN B.Y. et PLATT M.L., 2011, "Posterior Cingulate Cortex: Adapting Behavior to a Changing World", *Trends in Cognitive Sciences*, 15(4): 143 –151.

21. KRAUS C., GANGER S., LOSAK J., HAHN A., SAVLI M., KRANZ G., BALDINGER P., WINDISCHBERGER C., KASPER S. et LANZENBERGER R., 2014, "Gray Matter and Intrinsic Network Changes in the Posterior Cingulate Cortex After Selective Serotonin Reuptake Inhibitor Intake", *NeuroImage*, 84: 236-244.

22. MANN J.J., HUANG Y.Y., UNDERWOOD M.D., KASSIR S.A., OPPENHEIM S., KELLY T.M., DWORK A.J. et ARANGO V., 2000, "A Serotonin Transporter Gene Promoter Polymorphism (5-HTTLPR) and Prefrontal Cortical Binding in Major Depression and Suicide", *Archives of General Psychiatry*, 57(8) : 729-38.

23. JONES B.F., BARNES J., UYLINGS H.B.M. *et al.*, 2006, *Differential Regional Atrophy of the Cingulate Gyrus in Alzheimer Disease: A Volumetric MRI Study*, Neuroscience.

24. MOORE D., BHADELIA R., BILLINGS R., FULWILER C., HEILMAN K., ROOD K. et GANSLER D., 2009, "Hemispheric Connectivity and the Visual-Spatial Divergent-Thinking Component of Creativity", *Brain and Cognition*, 70(3): 267-272.

25. GOLDMAN B., 2015, "Researchers Tie Unexcepted Brain Structures to Creativity – And to Stifling It", *medstanford.edu*

26. JUNG R.E., BRITTANY S.M., CARRASCO J. et RANEE A.F., 2013, "The Structure of Creative Cognition in the Human Brain", *Front. Hum. Neurosci.*

27. *Op. cit.*, GOLDMAN B., 2015.

28. KLINGE K.G., 2016, "Mapping Creativity in the Brain", *theatlantic com*

Chapitre 9

1. HAMILTON C.V., 2008, "Why Did Jefferson Change 'Property' to the 'Pursuit of Happiness'?", *historynewsnetwork.org*

2. ARGYLE M., 1989, "Do Happy Workers Work Harder? The Effect of Job Satisfaction on Work Performance", *in* VEENHOVEN R. (eds.), *How Harmfull Is Happiness? Consequences of Enjoying Life or Not*, University Pers Rotterdam, 90.

3. WARR P., 2009, *The Joy of Work? Jobs, Happiness and You*, Routledge.

4. MORROW I.J., 2011, "Review of the Joy of Work? Jobs, Happiness, and You'", *Personnel Psychology*, 64(3): 808 –811.

5. SMITH M., 2018, "How to Be Happy (According to the World's Happiest Man)", *esquire.com*

6. TAN C.-M., "Everyday Compassion at Google", TEDPrize@UN, *ted.com*

7. DAVIES W., 2016, *The Happiness Industry: How the Government and Big Business Sold Us Well-Being*, Verso Books.

8. PEARCE C. et HIROZAWA MEMBERS AND MCFERRAN, 2016, "Decision and Order", *MetroPCS Communications, and Communications Workers of America*, 171.

9. GLOBAL HAPPINESS COUNCIL, 2018, *Global Happiness Report*.

10. BRUCKNER P., 2000, *L'euphorie perpétuelle,* Grasset.

11. MEDICAL NEWS TODAY, "Happiness Has a Dark Side", *medicalnewstoday.com*

12. SGROI D., 2015, *Happiness and Productivity: Understanding the Happy-Productive Worker,* SMF-CAGE Global Perspectives Series.

13. PARKES-HARRISON-WARWICK K., 2014, "Google Is Right: We Work Better When We're Happy", *futurity.org*

14. ANCHOR S., 2012, "Positive Intelligence", *hbr.org*

15. AMABILE T. et KRAMER S., 2011, "Do Happier People Work Harder?", *nytimes.com*

16. HARVARD BUSINESS REVIEW, 2012, "The Science Behind the Smile", janvier-février.

17. ECKERSLEY R., 2009, "Progress, Culture and Young People's Wellbeing", *in* FURLONG A. (eds), *Handbook of Youth and Young Adulthood: New Perspectives and Agendas,* Routledge, pp. 353-360.

18. *Organizational Behavior and Human Decision Processes,* 2009, 108(1): 25-38.

19. WILLIAM D.K., 2016, "Did You Know Happiness Can Make You Less Creative and Competitive?", *webwriterspotlight.com*

20. Pour citer Alanis Morissette dans sa chanson *Ironic* : "*It's like rain, on your wedding day. It's a free ride, when you've already paid. It's good advice, you just can't take. Who would have thought, it figures?*" (C'est comme la pluie le jour de ton mariage. C'est un tour gratuit quand tu as déjà payé. C'est un bon conseil que tu n'as pas suivi. Qui l'eût cru ?).

Chapitre 10

1. EXOS : *teamexos.com*

2. LOEHR J. et SCHWARTZ T., 2001, "The Making of Corporate Athlete", *Harvard Business Review,* janvier.

3. *Ibid.*

4. HEWLETT S.A. et BUCK LUCE C., 2006, "Extreme Jobs: The Dangerous Allure of the 70-Hour Workweek", *Harvard Business Review,* décembre.

5. *Ibid.*
6. WORKAHOLICS ANONYMOUS, 2005-2007, "Living with a Workaholic – For Friends and Family", *workaholics-anonymous.org*
7. NEWS STAFF, 2014, "Workaholics: The Socially Acceptable Addiction of the 21st Century", *science20.com*
8. HEWLETT S.A. et BUCK LUCE C., 2006, "Extreme Jobs: The Dangerous Allure of the 70-Hour Workweek", *Harvard Business Review*, décembre.
9. WARTZMAN R., 2008, "Conditioning the Corporate Athlete", *bloomberg.com*
10. Se prononce : Mi-haïe Chic-sainte-mi-aïe.
11. CSÍKSZENTMIHÁLYI M., [trad. FARNY C.-C.] 2006, *La créativité. Psychologie de la découverte et de l'invention,* Robert Laffont.
12. SILVIA P.J., KAUFMAN J.C., REITER-PALMON R. et WIGERT B., 2011, "Cantankerous Creativity: Honest-Humility, Agreeableness, and the HEXACO Structure of Creative Achievement", *Personality and Individual Differences*, 51(5): 687-689.
13. THE BODY ODD, 2011, "Creative Types Are Full of Themselves, Study Confirms", *bodyodd.nbcnews.com*
14. GALINSKY A.D., MAGEE J.C., INESI M.E. et GRUENFELD D., 2009, "Losing Touch", *insight.kellogg.northwestern.edu*
15. PORATH C.L., 2009, "Overlooked but Not Untouched: How Rudeness Reduces Onlookers' Performance on Routine and Creative Tasks", *Organizational Behavior and Human Decision Processes*, 109(1): 29-44.
16. ZELDIN T., 1977, "France, 1848-1945", *Intellect, Taste and Anxiety*, 2: 270-271.
17. COOK M. et DAVIE G., 1999, "Reader in the Sociology of Religion Grace Davie Psychology Press", *Modern France: Society in Transition*, pp. 242.
18. Bien d'autres facteurs ont joué un rôle sur la question du temps libre en France, dont le traumatisme d'après-guerre, l'avènement de la société de consommation américaine et un grand nombre d'autres éléments culturels profondément enracinés.

19. Si l'article affirme que les heures de travail ont globalement diminué et que le temps libre a augmenté, le document de recherche ne s'intéresse qu'à la période de 1965 à 2003 où, comme nous l'avons vu aux chapitres 2 et 3, les salariés bénéficiaient de plus de stabilité et de pouvoir. Cette situation a changé, en même temps que la durée du temps de travail, avec et suite à la crise de 2008.

20. U.S. Bureau of Labor Statistics : *bls.gov/tus/*

21. Kahneman D., Krueger A.B., Schkade D. et Schwarz N., 2006, "Would You Be Happier If You Were Richer? A Focusing Illusion", *Science*, 312(5782): 1908-10.

22. Kuhn P. et Lozano F., 2008, "The Expanding Workweek? Understanding Trends in Long Work Hours Among U.S. Men, 1979-2004", *NBER Working Paper*, n° 11895.

Chapitre 11

1. Kaschka W.P., Korczak D. et Broich K., 2011, "Burnout: A Fashionable Diagnosis", *Deutsches Ärzteblatt International*, 108 (46): 781-787.

2. Brumley J., 2014, "Author Cites Alarming Trends in Preacher Burnout", *baptistnews.com*

3. Schaufell W. et Enzmann D., 1998, *The Burnout Companion to Study and Practice: A Critical Analysis*, CRC Press.

4. Golkar A., Johansson E., Kasahara M., Osika W., Perski A. et Savis I., 2014, "The Influence of Work-Related Chronic Stress on the Regulation of Emotion and on Functional Connectivity in the Brain", *PLoS ONE*, 9(9).

5. Organisation Mondiale de la Santé (OMS), 2019, « Dans la classification internationale des maladies, le *burn-out*, ou épuisement professionnel, est considéré comme un "phénomène lié au travail" », *who.int*

6. Malvin J., 2014, "Millions of French Workers Close to Burnout", *thelocal.fr*

7. Travail-Emploi, ANACT et INRS, 2015, *Le syndrome d'épuisement professionnel ou burnout. Mieux comprendre pour mieux agir*, travail-emploi.gouv.fr

8. ASINTA, 2020, “France: Dealing with Employee Burnout, a Perspective”, *asinta.com*

9. UCL News, 2010, “UCL Study: Overtime Bad for Your Heart”, *ucl.ac.uk*

10. Sorenson S. et Garman K., 2013, “How to Tackle U.S. Employees’ Stagnating Engagement”, *news.gallup.com*

11. Harnois G. et Gabriel P., 2000, *Mental Health and Work: Impact, Issues and Good Pratices*, Nations of Mental Health.

12. Johnson B., 2012, “Former France Telecom CEO Indicted Over 35 Suicides”, *gigaom.com*

13. Cooper C., 2014, “Depression and Burn-Out at Work Afflict One-Third of Employees”, *independent.co.uk*

14. DW, 2013, “Workplace Stress Is Costing Germany Time, Money, Health”, *dw.com*

15. NeuroSky, 2015, “Stress: A $300 Billion Cost to the American Economy”, *neurosky.com*

16. Hassard J., Teoh K., Cox T. et Dewe P., 2014, *Calculating the Cost of Work-Related Stress and Psychosocial Risk*, European Agency for Safety and Health at Work.

17. Weiner J., 2015, “Analysis of Global EAP Data Reveals Huge Rise in Depression, Stress, and Anxiety Over Past Three Years”, *workplaceoptions.com*

18. World Federation for Mental Health, 2012, “Depression: A Global Crisis”, *who-int*

19. World Health Organization, 2016, “Investing in Treatment for Depression and Anxiety Leads to Fourfold Return”, *who.int*

20. *Ibid.*

21. Robb A., 2014, “How 2014 Became the Year of Mindfulness”, *newrepublic.com*

22. Gelles D., 2016, *Mindful Work: How Meditation Is Changing Business from the Inside Out*, Eamon Dolan/Mariner Books.

23. Douglas D., 2014, “Why Work-Life Integration Trumps Work-Life Balance”, *fastcompany.com*

24. Leberecht T., 2015, *The Business Romantic*, HarperCollins.

25. Friedman S.D., 2014, *Leading the Life You Want: Skills for Integrating Work and Life*, Harvard Business Review Press.

26. Adkins A., 2015, “Majority of U.S. Employees Not Engaged Despite Gains in 2014”, *news.gallup.com*

27. Levesque L., 2014, “A Ticking Time Bomb: The Workplace Stress Epidemic”, *hrzone.com*

28. Garrow V., 2016, *Presenteeism: A review of Current Thinking*, IES Report, *employment-studies.co.uk*

29. Bartnik M., 2013, « Avec la crise, de plus en plus de salariés travaillent, même malades », *lefigaro.fr*

30. McCurry J., 2014, “Japanese Firms Encourage Their Dozy Workers to Sleep on the Job”, *theguardian.com*

Chapitre 12

1. Shermer M., 2012, *The Believing Brain: From Ghosts and Gods to Politics and Conspiracies – How We Construct Belief and Reinforce Them as Truths*, St Martin’s Griffin.

2. *Ibid.*

3. Cookson J., 2010, “The Neurological Origins of Religious Belief”, *bigthink.com*

4. Borg J., Andrée B., Soderstrom H. et Farde L., 2003, “The Serotonin System and Spiritual Experiences”, *AM J Psychiatry*, 160(11) : 1965-9.

5. The School of Life, “The Duty Trap”, *theschooloflife.com*

6. Thagard P., 2002, *Coherence in Thought and Action*, The MIT Press.

7. Rose A., 2016, “Joe Biden Sent His Employees a Memo About Spending Time with Family”, *archive.attn.com*

Chapitre 13

1. Stray J., 2016, “The Age of the Cyborg”, *crj.org*.

2. Olewitz C., 2016, “A Japanese A.I. Program Just Wrote a Short Novel, and It Almost Won a Literary Prize”, *digitaltrends.com*

3. HOFFMAN R. et CASNOCHA B, "About the Book", *thestartupofyou.com*

4. MENEGUS B., 2016, "Lyft Thinks It's 'Exciting' That a Driver Was Working While Giving Birth", *gizmodo.com*

5. JONES O., 2018, "Talk to Deliveroo Couriers. See a Dystopia That Could Be Your Future", *theguardian.com*

6. BHUIYAN J., 2014, "What Uber Drivers Really Make (According to Their Pay Stubs)", *buzzfeednews.com*

7. HELLING B., 2020, "How Much Do Uber Drivers Make?", *ridester.com*

8. LEVIN S., 2018, "Uber Drivers Often Make Below Minimum Wage, Report Finds", *theguardian.com*

9. BUTLER S., 2018, "Gig Economy Union Seeks to Raise £50,000 to Fund Deliveroo Fight", *theguardian.com*

10. BUTLER S., 2017, "Deliveroo Wins Right Not to Give Riders Minimum Wage or Holiday Pay", *theguardian.com*

11. *Ibid.*

12. BUTLER S., 2018, "Deliveroo's Hiring Conditions to Face Scrutiny by MPs", *theguardian.com*

13. U.S. BUREAU OF LABOR STATISTICS, 2017, "Contingent and Alternative Employment Arrangements", *Economic News Releas, bls.gov*

14. DEPILLIS L., 2018, "For Gig Economy Workers in These States Rights Are at Risk", *money.cnn.com*

15. WEIL D., 2018, "Gig Economy Is No Excuse for Lax Protections for American Workers", *thehill.com*

16. HELLER C., 2017, "Uber Is Pushing Anti-Union Propaganda to Its Drivers", *theoutline.com*; HERN A., 2016, "Uber and Lyft Pull Out of Austin After Locals Vote Against Self-Regulation", *theguardian.com*

Chapitre 14

1. FRAYNE D., 2016, "Against Meaninglessness and Precarity: The Crisis of Work", *roarmag.org*

2. BARTLETT E., 2015, "This Is How Anarchists Welcomed Us Back to Work", *indy100.com*

3. GRAEBER D., 2013, "On the Phenomenon of Bullshit Jobs: A Work Rant", *strike.coop*

4. SAMPLE I., 2016, "AI Will Create Useless Class of Human, Predicts Bestselling Historian", *theguardian.com*

5. HESTER H. et SRNICEK N., "The Crisis of Social Reproduction and the End of Work", *bbvaopenmind.com*

6. VEBLEN T., 1899, *The Theory of the Leisure Class: An Economic Study of Institutions*, Aakar Books. Traduction française : ÉVRARD L., *Théorie de la classe de loisir*, Gallimard, coll. « Tel », n° 27.

7. GERSHUNY J. et FISHER K., 2014, "Post-Industrious Society: Why Work Time Will Not Disappear for Our Grandchildren", *Sociology Working Paper*, 2014-03, University of Oxford.

8. *Ibid.*, pp. 8.

9. HOCHSCHILD A.R., 2009, *The Time Bind: When Home Becomes Work and Work Becomes Home*, CA Henry Holt.

10. MENKES J., 2012, "Tackling the Trauma of Unemployment", *hbr.org*

11. JAUHIAINEN A. et MÄKINEN J.-H., 2018, "Universal Basic Income Didn't Fail in Finland. Finland Failed It", *nytimes.com*

12. HAWKING S., 2016, "Science AMA Series: Stephen Hawking AMA Answers!", *reddit.com*

13. DELANEY K.J., 2017, "The Robot That Takes Your Job Should Pay Taxes, Says Bill Gates", *qz.com*

14. NIDESS D., 2017, "Why a Universal Basic Income Would Be a Calamity", *wsj.com ;* MIAN A., 2016, "Don't Fall for Universal Basic Income – It's an Utopian Fiction That Wastes Public Money on the Rich", *independent.co.uk*

Conclusion

1. « Le chemin le moins emprunté », référence à Scott Peck.

81751 – (I) – OSB 80° – NOC – GCO
Dépôt légal : février 2021
Imprimerie CHIRAT – 744, route Sainte Colombe
42540 Saint-Just-la-Pendue

Imprimé en France